중위권 **내아이**
서울대
따라잡기

3년 연속 일반고
서울대 진학률 1위,
현직교사의 대학입시 전략

중위권 내아이
서울대
따라잡기

배상기 지음

배 선생님이 아직 출간되지 않은 원고를 내게 미리 보내주셨다. '왜 내게 먼저 보내주셨을까?'하고 조금 의아했지만 '학생부종합전형에 대한 이해가 깊은 분'이라는 걸 알고 있었기에 관심을 가지고 읽기 시작했다. 기대했던 대로 '학생 선발을 위한 학생부종합전형'에 담긴 의미를 정확하게 짚고 계셨고, 학생들이 그와 같은 대학의 요구에 맞춰 어떤 전략을 가지고 준비할 것인지에 대해 세심하게 다루고 있었다. 선생님께 감사를 드린다. 먼저 읽을 기회를 주셔서.

원고를 읽어가는 동안 가장 먼저 느꼈던 것은 다른 책에서 찾아보기 어려운 많은 이야기들을 만날 수 있었다는 점이다. 용기를 가지고 '서울대를 꿈꾸고 도전하라'는 격려와 동시에 서울대 합격 자체가 아니라 그런 도전을 통해 바람직한 삶으로 나아갈 수 있다는 제언에도 크게 공감했다. 그래서 원고를 읽어가는 동안 '입시전략서'를 표방하는 것처럼 보이지만 오히려 제자들에 대한 애정이 진득하게 묻어 있는, 삶의 지침서를 읽고 있는 것 같다는 강한 끌림이 느껴졌다. 단언하건대 아마 독자 여러분도 일단 이 책을 손에 잡게 되면 단숨에 마지막 페이지까지 읽어내게 될 것이다.

서울대는 '서울대학교 학생부종합전형안내'에서 지난 2000년도에 학생부종합전형의 전신인 입학사정관제를 준비했다고 밝히고 있다. 정부가 입학사정관제 도입을 발표한 것이 2004년이고 실제로 대학입시에 적용된 것은 2008학년도부터라는 점에서 보면, 서울대가 2000년부터 입학사정관제를 준비해왔다는 것은 특별한 의미로 읽힌다. 성적이 좋은 학생을 선발하기 위해서라면 서울대가 굳이 입학사정관제를 준비해야 할 이유가 없기 때문이다.

입학사정관제를 통해 선발하고자 하는 학생은 바람직한 인생을 살아가기 위해 준비하는 학생, 그런 태도를 갖고 있는 학생이다. 서울대는 이것을 '학업역량', '학업태도', '학업 외 소양'이라는 개념으로 구체화 하고 있다. 지금은 입학사정관제가 학생부종합전형으로 이름이 바뀌어 학교생활기록부를 중심에 놓고 선발하지만 대학이 원하는 학생상은 변하지 않았다.

이 책을 통해 배 선생님이 강력하게 권하는 핵심은 "한번쯤은 반드시 서울대를 목표로 잡고 준비하라."는 말이라고 생각한다. 단 1%의 가능성이라도 있다고 생각되면 서울대를 목표에서 제외하지 말라는 것이다. 이것은 학생들에게 '성적 올리기'라는 목표에 기반한 공부로부터 벗어나 '진정한 학습'을 하라는 말과 같은 뜻이라고 나는 생각한다. 서울대에 합격하는 학생은 이와 같은 '진정한 학습'을 한 학생이며, 서울대가 아니더라도 미래를 개척하는 인재는 바로 이런 학생이기 때문이다.

배 선생님은 "실패에 대한 두려움 때문에 일찌감치 도전 의지를 접고 포기하는 사람들도 있다. 그들은 자신이 가지고 있는 잠재력을 전혀 인정하지 않는다."라고 지적하면서 이렇게 제안한다.

"반드시 서울대가 목표일 필요는 없다. 목표를 갖는 것이 중요하다. 그 목표로 인해 가슴이 뛰고 노력하고자 하는 마음이 든다면 성공이라고 할 수 있다."

이것은 '서울대학교 학생부종합전형 안내' 책자와 홍보자료의 곳곳에서 찾아볼 수 있는 '도전'의 가치를 말하고 있는 것이다. 이 도전의 가치는 서울대가 추구하는 가치이며, 동시에 이 시대 모든 젊은이들이 가져야 마땅한 가치라고 할 수 있다.

이밖에 입시에 대한 이야기를 떠나 풍요로운 삶을 위한 제언들도 곳곳에 담겨 있는데, 구구절절 옳은 말이다. 교과 공부만이 절대 진리는 아니기 때문이다. 마지막으로 눈에 띄었던 두 문장, 나 역시 꼭 기억하고 싶은 말을 소개하며 추천사를 닫고자 한다.

"선생님은 도움을 요청하는 학생을 기꺼이 돕는다."

"마음의 근육을 단련시켜라."

서울대를 가야 하는 이유, 따로 있다

서울대 합격! 대부분의 부모들이 아이를 키우면서 한번쯤은 생각해보고 기대 또한 가져보았을 것이다. 당사자인 학생들 역시 다르지 않다. 그러다가 학년이 올라가고, 성적이 따라가지 않으면 "나는 서울대에 갈만한 실력이 못돼." "우리 아이는 서울대에 갈만큼 머리가 좋지 않아."라는 생각을 하게 되고 지레 포기한다. 그저 서울대 입학이라는 꿈을 이룬 다른 학생들을 부러워하면서 서울에 있는 대학이라도 갈 수 있으면 좋겠다는 소망으로 바뀐다. 입시를 앞둔 학생들을 가르치고 학부모들을 만나면서 내가 수없이 경험했던 일이다.

2004년 봄, 나는 서울대학교 대학원에 등록했다. 그동안 접고 있었던 서울대에 대한 꿈을 우연한 기회에 대학원 입학을 통해 이루게 된 것이다. 내가 학생들에게 서울대를 목표로 삼으라고 권하기 시작한 것도 그때부터였다. 물론 정해져 있는 입학정원으로 인해 매우 좁은 통로를 넘지 못하고 탈락할 확률이 더 높다. 그럼에도 도전하도록 권한다. 그 도전이 실패로 끝날 수도 있겠지만 도전 자체에 큰 가치가 있다고 믿기 때문이다.

도전하는 것조차 포기해버린다면 아예 가능성 자체가 사라진다.

목표를 세우고 도전을 결심하자. 그래야만 설혹 최고의 성과를 얻지 못한다고 해도 도전하지 않은 것보다는 더 나은 기회를 얻을 수 있다.

도전할 엄두조차 내지 못하는 학생들이 너무나 많다. 학생 자신이 도전 의지가 없는 탓도 있겠지만 근본적으로는 부모가 가지고 있는 생각과 말로부터 비롯되는 경우가 대다수다. 많은 부모들이 아이들의 도전의지를 무시하거나 꺾어버린다. 부모들이 아이들의 능력과 미래를 낮춰보고 그에 따라 아이들은 부모의 영향을 받아 자신의 능력과 미래를 회의적인 시선으로 보게 되는 것이다. 즉 아이들에게 "네가 노력만 한다면 충분히 서울대에 갈 수 있어."라고 설득하고, 기대를 걸고, 지원하는 경우보다 불가능하다고 미리 단정해버리는 경우가 너무나 많다. 이런 부모들 슬하에서 입시를 준비하는 아이들은 자신이 가지고 있는 꿈을 향한 도전을 지레 포기해버리기 마련이다.

부모가 먼저 변해야 한다. 아이가 꿈을 가지고 도전할 수 있도록 격려해야 한다. 서울대를 목표로 준비하다 보면 만약 실패를 하더라도 아예 도전하지 않았을 경우에 비해 더 좋은 대학 정도는 진학할 수 있을 것이다. 최소한 서울에 있는 대학에는 무난히 합격할 수 있다.

나는 자녀를 서울대에 보내고 싶은 부모들을 위해 이 책을 썼다. 아니 자녀가 성공적인 인생을 살아가도록 준비시키고 싶어 하는 부모들을 위해서

이 책을 썼고, 그분들의 자녀들이 읽고 용기를 내 도전했으면 하는 바람을 가지고 이 책을 썼다. 그리고 고등학생 자녀를 둔 부모님들과 학생들은 물론 중학생과 초등학생 자녀를 둔 부모님들이 어떻게 아이들을 준비시켜야 하는지 비전을 그릴 수 있도록 돕고 싶었다.

세부적으로는 학생부종합전형이 대세인 현재의 대학입시에서 그 학생부종합전형을 잘 준비시키고 싶어 하는 부모들과 학생들에게 도움을 주고 싶었다. 학생부종합전형이 무엇인지, 어떻게 준비해야 하는지에 대해서도 설명하고 싶었다. 부모들이 이해하고, 학생들이 실천한다면 더 좋은 기회를 만들 수 있다는 확고한 믿음을 가지고 돕고 싶었다.

내가 이 책을 쓰면서 생각했던 것은 전방부대에서 근무했을 때 보았던 한 중년 대대장의 마음이었다.

오래전 일이다. 몹시도 추운 날이었다. 신병으로 전방부대에 배치된 김 이병은 찬바람이 몰아치는 한데에서 찬물로 빨래를 하고 있었다. 얼음처럼 차가운 물에 젖어 꽁꽁 언 손을 불어가면서. 마침 지나가던 소대장이 안쓰러웠던지 한마디 건넸다. "김 이병, 취사장에 가서 뜨거운 물을 얻어다 하도록 해." 소대장의 말을 들은 김 이병은 기뻤다. 소대장의 명령이므로 뜨거운 물을 얻을 수 있다는 기대를 품고 뜨거운 물을 얻으러 취사장으로 갔다. 하지만 취사장 상급자들로부터 돌아온 것은 뜨거운 물이 아니라 군기가 빠졌다는 핀잔뿐이었다. 빈손으로 돌아와 찬물로 빨래를 하고 있는 김 이병을 보고 지나가던 중대장이 한 마디 했다. "김 이병, 손에 동상 걸리겠다. 저기 취사장에 가서 뜨거운 물 좀 얻어다 해라." 김 이병은 "알겠습니다."라고 대답은 했지만 취사장으로 가지는 않았다. 상급자들로부터 야단만 맞을 것이 뻔했기 때문이다.

　그때 대대장이 찬물로 빨래를 하고 있는 김 이병을 보고 걸음을 멈추었다. 그리고 이렇게 말했다.

　"김 이병, 지금 취사장에 가서 내가 세수를 한다고 말하고 그 대야에 더운 물을 좀 받아오도록 해!"

　김 이병은 대대장의 명령에 따랐다. 대야에 뜨거운 물을 받아 가져오자 대대장은 이렇게 말했다.

　"김 이병, 더운 물로 손을 녹여가며 하도록 해. 양은 충분치 않겠지만 동상은 피할 수 있을 거야."

　찬물로 빨래를 하고 있는 김 이병을 안타깝게 여긴 것은 소대장이나 중대장, 대대장 모두 같았다. 그래서 모두 따뜻한 물을 얻어다가 빨래를 하라고 권했다. 그러나 실제로 김 이병의 처지를 이해하고, 김 이병이 뜨거운 물을 얻을 수 있도록 해 준 것은 대대장뿐이었다.

　해마다 8월이면 고등학교 3학년 아이들은 수시 원서를 쓰느라 바쁘다.

지원할 여섯 개 대학을 결정해야 하고, 그에 따른 유리한 점과 불리한 점을 신속하게 판단해야 한다. 그래야 합격 가능성을 높일 수 있기 때문이다.

수시전형은 학생부교과전형과 학생부종합전형, 논술전형과 적성고사, 특기자전형, 특별전형이 있다. 대부분의 학생들은 학생부종합전형과 교과전형으로 대학에 진학한다. 그러나 서울 소재 상위 15개 정도의 대학들은 학생부종합전형에 매우 큰 비중을 두고 있기 때문에 앞으로는 학생부종합전형을 잘 준비해야 하는 상황이다. 특히, 서울대는 수시전형을 100% 학생부종합전형으로 선발하고, 고려대도 2018학년도에는 논술전형을 없애고 학생부종합전형으로 선발하기로 하였다. 학생부종합전형의 위력이 갈수록 커지고 있는 것이다.

서점에는 이미 학생부종합전형에 대해 설명하고 분석하는 많은 책들이 나와 있다. 하나같이 훌륭한 전문가들이 집필한 책들이다. 그 책들은 대부분 학생부종합전형이란 무엇이고, 어떤 학생부가 좋은 것인가에 관한 내용들을 다룬다. 하지만 학생부종합전형으로 대학에 가기 위해서는 생활기록부를 어떻게 관리해야 하는지에 대해서만 주로 다루고 있을 뿐 '훌륭한 생활기록부를 만들기 위해서는 무엇을 어떻게 해야 하는지'에 대한 설명은 부족하다는 생각이 들었다. 이미 합격한 학생들의 경험담도 중요하지만, 지금 당장은 부족하더라도 서울대 진학을 목표로 도전하고자 하는 학생들이 '무엇을 어떻게 준비해야 하는지'에 대한 조언도 부족하다는 생각이 들었다. 이 책을 쓰게 된 이유다.

나는 앞에서 김 이병에게 더운 물을 선물한 대대장과 같은 마음으로 이 책을 썼다고 했다. 소대장과 중대장은 "학생부종합전형에서 학교생활기록부가 중요하니 잘 준비하여야 한다."고 말한다. 하지만 대대장은 "학생부종합전형을 잘 준비하기 위해서는 이런 점을 이렇게 준해야 한다."고 알려 준다.

나는 이 책을 통해 많은 학생들이 꿈을 가지고 서울대에 도전하도록 용기를 주고 싶다. 물론 도전한다고 해서 모두 합격하는 것은 아니다. 하지만 '도전한다'는 그 자체로 아름답고, 도전하는 과정에서 스스로 변화를 이끌어내며 더욱 발전할 수 있다. 바로 이러한 점이 더 훌륭한 삶을 살아갈 수 있는 시금석이라고 나는 믿는다. 최고의 목표를 향해 도전하는 과정을 통해 현재의 즐거움을 뒤로 미루는 인내, 노력, 성실함을 배울 수 있기 때문이다.

로마의 카이사르는 이렇게 말했다.

"인간이라면 누구에게나 모든 게 다 보이는 것은 아니다. 많은 사람은 자기가 보고 싶어 하는 것밖에는 보지 않는다."

서울대의 전형방법을 알아야 전략이 가능하다

전략 3. 서울대 학생 선발방법을 이해하라

전략 4. 서류평가요소와 평가방법

ㅎㄷ
성적을 뛰어넘는 입시전략, 대학이 달라진다

탄은

FREE PASS

우리 아이,
정말
서울대 갈 수 있을까?

서울대 입학, 어떤 부모가 원하지 않을까? 다만 실제로 그런 소망이 현실로 이루어지기도 하고, 그렇지 못한 차이가 있을 뿐 분명한 것은 목표를 성취한 부모는 아이의 능력과 미래를 믿고 지지하고 격려하며 키웠을 것이란 점이다.

매주 많은 사람들이 복권을 산다. 1등은 45개의 숫자 중에서 6개의 숫자를 맞춰야 한다. 확률이 무려 814만 분의 1. 벼락에 맞을 확률보다 작다고 한다. 2등이 될 확률은 약 135만 분의 1이고, 3등이 될 확률도 3만 5천 분의 1이라고 한다.

그렇다면 서울대에 합격할 확률은 얼마나 될까? 서울대 신입생은 3,300명 정도. 수험생을 60만 명으로 가정하면 서울대에 합격할 확률은 약 200분의 1이다. 그리고 최상위권 대학에 갈 수 있는 확률은 50분의 1이다. 로또에 당첨될 확률과 비교할 수 없을 정도로 높다. 그럼에도 사람들은 로또는 살지언정 자녀가 최고 대학에 입학할 수 있는 확률에 대해서는 무시하는 것 같다. 스스로 아이의 한계를 정하고, 불가능한 목표로 여긴다. 부모가 이런 태도를 가지고 있다면 그 자녀들이 자신이 가지고 있는 가능성을 믿고 자신감을 가지고 도전하기는 어렵다. 복권을 사면서 1등을 꿈꾸는 것처럼 내 아이에게서 성공자의 모습을 찾아야 한다.

그렇다면 어떤 태도나 마음가짐을 가져야 할까? "내 아이가 정말 서울대에 갈 수 있을까?"라는 회의를 갖기 전에 "어떻게 하면 갈 수 있을까?" 하는 방법, 전략에 먼저 궁금증을 가져야 할 것 같다. 그렇게 할 때 꼭이나 서울대가 아니더라도 원하는 대학에 갈 수 있는 길이 열린다. 아이를 믿고 지원할 때 비로소 서울대에 갈 수 있는 가능성이 열린다. 다만 시간이 좀 걸리는 길이며, 힘들고 지루한 여정일 것이다. 때론 좌절감에 빠지고, 포기하고 싶어질 수도 있다. 슬럼프도 극복해야 한다. 그럼에도 도전할만한 충분한 가치가 있다는 것만은 분명하다.

전략 1.

무모한
도전이 아닌
후회 없는 선택

인생은 도전의 연속선상에 있다. 그리고 살아가는 동안 앞을 가로막는 수없이 많은 과제를 두고 도전할 것인지, 물러설 것인지 선택하는 여정이기도 하다. 도전할 것인가, 포기할 것인가? 삶의 방향을 좌우하는 선택을 앞에 두고 고민에 빠지지 않을 사람은 없다. 인생을 결정할 정도로 중요한 선택에서라면 말할 필요도 없다.

　어떤 도전은 거의 불가능해서 무모한 선택인 것처럼 보인다. 하지만 뼈를 깎는 인내와 노력을 요구하며, 대부분의 도전자들이 실패하는 길일지라도 후회하지 않는 선택으로 남는 길도 있다. 서울대 도전! 도전할 것이냐, 물러설 것이냐의 갈림길에서 어떤 길을 선택할 것인가?

　후회는, 무모해 보이는 도전을 선택했다가 실패했을 때보다 그냥 뒤로 물러나 외면했을 때 찾아오는 경우가 더 많다. 물론 전혀 준비되지 않은 상태에서, 누가 보더라도 불가능해 보이는 도전을 하라고 부추기고 있는 것은 아니다. 풍차를 향해 돌격하는 돈키호테처럼 무조건 도전해야 한다고 말하는 것이 아니다. 후회 없는 선택을 하라고 말하는 것이다. 그리고 선택했다면 최선을 다해 충실한 준비를 갖춰야 한다고 말하는 것이다.

도전을 포기한 사람에게는 결코 아무런 결과도 주어지지 않는다. 서울대 따라잡기, 지금 무모한 도전이라고 생각하는가? 아니면 후회하지 않을 선택이라고 생각하는가? 무모한 도전에 그치는 것이 아니라, '후회 없는 선택'의 기회를 잡기 위한 준비, 지금 시작해야 한다.

서울대, 두려워하지 말고 도전하라

혹시 내 아이가 서울대에 도전하겠다고 말하면 무모한 목표, 망상이라는 생각이 드는가? 나는 절대로 그렇게 생각해서는 안 된다고 확신한다. 어렵고 긴 과정이며, 쉽지 않은 도전이지만 후회하지 않을 최고의 선택이라고 생각한다.

먼저 몇몇 3학년 학생들을 상담하면서 아쉬움이 느껴졌던 경험에 대해 이야기해보고자 한다.

여름방학 때, 한 2학년 학생이 지인을 통해 내게 상담을 하러 왔다. 지방 소도시의 일반계 고등학생이었다. 성적이 매우 좋았고 독서경험도 아주 훌륭했다. 학생부를 살펴보니 서울대에 갈 수 있는 가능성이 충분했다. 단지 보완해야 할 점들이 몇 가지 있었는데, 그에 대한 대비가 필요했다.

나와 상담을 하고 돌아간 그 학생은 3학년 새 학기가 막 시작되기 전인 다음 해 2월, 다시 나를 찾아왔다. 그는 화학부 지원을 결정했고, 나는 준비사항을 다시 검토해 조언했다. 하지만 1단계에서 실패를 하고 말았다.

또 다른 상담자는 특목고 학생이었다. 학생부를 살펴보니 충분한 가능성을 갖춘 학생이었지만 문제는 서울대를 목표로 준비를 해오지 않았다는 점이었다. 상담을 했을 때가 3학년 여름 무렵이어서 바로 수시원서를 써야 하는 시점이었다. 이 학생의 경우에는 더 이상 내가 어떻게 해 줄 수 있는 게 없었다. 처음부터 서울대를 목표에서 제외하고 있었고 당연히 준비가 되어 있지 않았기 때문이다. 좀 더 일찍 서울대를 목표로 선택했다면 더 좋은 결과를 얻을 수 있었으리라는 아쉬움이 남는 학생이었다.

위에서 이야기했던 두 학생의 공통점은 도전을 두려워하고 있었다는 점이다. 사실 첫 번째 학생은 지방학교 학생이라는 환경을 반영해 준비하고, 거기에 맞춰 자기소개서를 잘 썼더라면 충분히 가능했을 것이다. 하지만 그는 내 조언보다는 아버지가 원하는 대로 자기소개서를 작성했었다.

두 번째 학생은 갑작스럽게 목표를 바꿔 서울대에 지원하는 데 대한 심리적인 어려움을 겪었던 것 같다.

나는 진학부장을 맡아 학생들을 상담할 때 성적이 어느 정도 수준에 있는 학생들이라면 서울대를 목표로 하라고 독려한다. 학교의 목표가 아니라 자기 인생 목표를 이루기 위해 두려워하지 말고 도전하라고 격려한다. 서울대에 들어간다는 것이 자신의 꿈을 이루는 데 얼마나 큰 영향을 미치는지에 대해 생각하면서 강한 동기를 갖도록 하는 것이다.

서울대는 매우 우수한 학생들이 모여드는 곳이다. 당연히 합격의

문도 매우 좁다. 하지만 설령 합격을 하지 못하더라도 준비하는 그 과정에서 얻을 수 있는 기쁨, 경험, 신장된 능력으로 말미암아 충분히 다른 좋은 대학에 합격할 수 있고, 미래의 훌륭한 자산이 된다.

서울대를 목표로 도전에 나서는 것은 돈키호테의 무모함이 아니다. 한 사람의 삶에서 가장 후회 없는 선택 중 하나가 될 것이라고 나는 믿는다.

서울대는 학교 안에서 성장한 학생들을 기다린다

서울대는 어떤 학생을, 어떤 방식으로 선발할 것인지 이미 공표하고 있다. 학교 안에서 성장해온 학생들을 기다리고 있다는 것이다.[1]

▶ 서울대는 주어진 여건에서 최선의 노력을 다한 학생을 선발하고자 한다. 간혹 특정 재능과 경력이 없거나 재학생이 적어 교과성적 등급이 높게 나오지 않아도 고등학교에 재학하는 동안 돋보이는 성취를 보이고 적극적으로 노력한 학생이라면 우수한 평가를 받을 수 있다.

▶ 고등학교에 재학하는 동안 교사, 동료 학생들과 함께 지적 호기심을 가지고 문제를 해결하고자 했던 노력을 인정받을 수 있다면 지원이 가능하다. 대학 진학을 위한 보여주기식 활동이 아니라 학업능력을 향상시킬 수 있는 공부, 인성을 길러주

---

1) 서울대학교 입학처 《서울대 수시모집 평가의 이해》 동영상 자료.

는 모둠활동 경험을 인정받을 수 있다면 지원이 가능하다. 교실에서 지식을 전달하는 수업보다 학생들이 가지고 있는 재능과 적성을 발휘할 수 있는 학습과 과제를 충분히 제공하는 수업을 했다면 지원이 가능하다. 학교는 교내활동 과정에서 인성을 쌓아갈 수 있도록 학업 외 활동 또한 적극적으로 지원해야 한다. 그러므로 학교생활을 충실히 하면서 학업능력과 인성을 키운 학생들이라면 서울대에 지원할 수 있다.

많은 학생과 학부모들은 학생부종합전형을 준비하는 게 매우 힘들다고 하소연한다.

과거 학력고사와 수능 점수만으로 대학에 가던 시절에는 성적만 좋으면, 아니 문제만 기계적으로 잘 풀면 대학 진학이 해결됐다. 그런데 지금은 학생부종합전형으로 선발하다보니 매우 복잡하고 해야 할 일이 많은 것처럼 보이는 것이다.

학생부종합전형은 교과성적을 관리하면서 수능시험을 준비해야 하고, 동아리활동, 봉사활동까지 해야 한다. 그렇게 준비를 해도 합격 여부를 명쾌하고 단순하게 알 수 없다. 학생과 학부모들이 부담스러워하는 한편으로, 부정적인 생각을 가지고 공정성과 객관성을 요구하는 이유다.

사실 학교에 가서 공부를 하는 것은 학생의 당연한 본분이다. 친구들과 어울려 자신이 원하는 활동을 하는 것도 자연스러운 일이다. 또한 더불어 사는 사회, 공동체의식을 가지고 봉사활동을 하는 것 역시 청소년 시절에 당연히 배워야 할 덕목이다. 이런 면에서 본다면, 학생부종합전형 준비라는 것이 생각보다 어려운 것만은 아니라고 나는 생각한다. 어렵다고 생각하기 때문에 어렵다. 학생으로

서 당연히 해야 할 일을 하는 것이라고 받아들이면 크게 어려울 일
도 없는 것이다.

사실 대학을 졸업하고 사회에 진출하게 되면, 대학입시처럼 모든
일들이(입사, 직장생활 등등) 문제풀이 능력으로는 해결되지 않는다.
따라서 대학생활이나 장래의 진로, 직업 활동을 위해서도 학생부
종합전형 준비는 아주 좋은 경험이라고 할 수 있다. 학력고사나 수
능성적으로 대학에 가던 시절에 비해 학교생활에 더욱 충실해야 하
고, 학업 이외에도 여러 가지 해야 할 것들이 많다는 부담이 있기는
하다. 하지만 장차 사회생활에 있어서도 큰 도움이 될 수 있기 때문
에 결코 손해가 아니라고 생각한다.

마지막이라고 생각하며 도전해보자

시신屍身을 만져본 경험을 가지고 있는 사람은 그다지 많지 않을
것이다. 나는 그런 경험이 여러 번 있다. 군대에서 새벽 불침번을 서
다가 한 병사가 이발소에서 자살을 했다는 전갈을 받고 수습하는
데 동참했던 게 첫경험이었다. 가위로 심장을 찔러 사망한 이발병이
었는데, 피가 흥건하게 고여 있었고, 가슴에는 세 번이나 찌른 상처
가 뚜렷했다. 나는 군 병원으로 시신을 옮기는 앰뷸런스에 함께 탔
다. 공간이 협소해서 차가 덜컹거릴 때마다 시신에 손을 짚을 수밖
에 없었는데. 그때마다 뜨악한 느낌에 손이 저절로 움츠러들었다.
병원에 도착하자 담당 병사가 시신을 인계받아 냉동고에 안치했다.
그의 표정은 태연했다. 충격이었다. 나는 그날 아침 선임하사가 사
준 밥도 먹지 못했는데 말이다.

그 이후로 나는 시신을 대하는 마음자세가 많이 달라졌다. 교회 회원이 세상을 떠나면 염습을 하는 일도 종종 맡곤 했다. 염습을 할 때는, 알코올로 돌아가신 분들의 몸을 깨끗이 닦고, 수염과 손톱, 발톱까지 깎아드린다. 그리고 깨끗한 수의로 갈아입힌다.

죽음을 대하는 것은 언제나 슬픈 일이다. 연세가 들어 돌아가신 분의 몸을 씻고 수의를 입힐 때는 그래도 좀 덜 슬프다. 그러나 젊은 분인 경우에는 많이 다르다. 어린 아이들을 두고 떠난 중년의 엄마, 아내와 아들 하나를 남겨둔 젊은 아빠, 직장의 부조리함을 비판하다가 따돌림을 당하자 자살한 젊은 후배 교수, 심장 정맥이 파열돼 사망한 초등학생 아이까지 다양한 이들을 씻기고 옷을 갈아입혔었다. 그때마다 정말 슬펐다. 그러면서 한편으로 그들이 추구했던 삶이란 어떤 것이었는지 궁금한 생각이 들곤 했다.

내 첫 번째 학교에서 인연을 맺었던 한 제자는 아내와 두 아들을 남겨두고 37세의 젊은 나이에 대장암으로 세상을 떠났다. 그는 호스피스 병동에 머물고 있던 마지막 무렵, 일주일에 두 번 면회를 오는 두 아들과 소중한 추억을 쌓으며 시간을 보냈는데, 아이들과 놀아주다가 힘에 부치면 그네에 앉아 아이들이 노는 모습을 지켜보곤 하였다. 그때 그는 놀고 있는 아이들을 보면서 무슨 생각을 했을까? 아이들에게 남겨주고 싶었던 삶의 가치는 어떤 것이었을까?

스티븐 코비는 『성공하는 사람들의 7가지 습관』에서 자신이 죽어 관속에 누웠을 때, 당신을 사랑하는 사람들이 모여 장례식을 치르며 조사弔詞를 하는 네 사람이 어떤 말을 해 주기를 바라는지를 생각하면서 목표를 확립하고 행동하라고 했다. 첫째, 가족과 친인척을 대표하는 사람, 둘째, 친구들 중의 한 사람, 셋째, 직장이나 같은 전문 분야에서 일하는 동료 중 한 사람, 넷째, 당신이 봉사하기 위하여 몸담았던 교회나 지역 사회의 단체에서 온 한 사람의 조사에서 말이다.

내가 듣고 싶고, 우리 아이가 들었으면 하는 헌사獻詞가 있다면 그것을 목표를 세워 도전해야 하지 않을까? 그 조사를 통해 들을 수 있는 훌륭한 헌사가 우리 아이가 걸어가야 할 훌륭한 삶의 길일 것이고, 목표를 세우는 중요한 기점基點이 아닐까 생각한다.

길고 힘든 길일지라도 후회 없는 선택을 하라

서울대에 가고 싶은가? 그렇다면 긴 준비 과정을 걸을 각오를 해야 한다. 공부는 기본이다. 동아리활동과 봉사활동, 학교생활 역시 충실하게 해야 한다. 자기소개서를 쓰고 추천서도 받아야 한다. 정시로 가려면 수능성적도 좋아야 한다. 오랜 준비와 노력이 필요하다. 도전정신도 필요하다.

그러나 그 무엇도 도전을 포기하게 만들 정도는 아니다. 그 도전을 통해 목표를 성취할 수 있다면 그 무엇보다 행복한 인생의 한순간을 맛볼 수 있을 것이다. 성공경험을 통해 더 나은 삶을 이어갈 자신감을 얻을 수 있을 것이고, 그 어려운 관문을 통과한 동료 능력자들과 인연을 맺고 함께 하면서 새로운 세상을 꿈꾸는 귀중한 기회를 선물로 받을 수 있다.

물론 합격하지 못했다고 해서 불행해지는 것도 아니다. 서울대가 원하는 인재상에 부합하기 위해 오랫동안 치열하게 노력했던 결과를 통해 이미 스스로 많은 변화를 이루었을 것이고, 또 이미 성취한 것도 많기 때문이다. 그러한 습관과 능력, 역량이야말로 눈에 보이지 않는 또 하나의 이득이고 보람이다.

나는 이 책을 읽고 있는 모든 학생, 학부모들에게 한번쯤은 반드시 서울대 진학을 목표로 세워 준비하라고 강력하게 권한다. 100% 불가능하다고 확신한다면 어쩔 수 없지만 단 1%의 가능성이라도 있다고 생각되면 도전을 선택하라고 권한다. 그러면 목표를 이룰 방법 또한 떠오르게 된다.

나는 지금 서울대가 인생의 전부라는 말을 하고 있는 게 아니다. 다만 상상할 수 있는 최고의 목표를 설정하라고 말하는 것이다. 그런 면에서 고등학생에게 서울대는 한 번쯤 꿈꿔볼 수 있는 목표인 것 또한 분명하다. 그리고 현실의 서울대가 아니더라도 우리 모두의 가슴에는 또 다른 서울대가 있다. 정말로 하고 싶고, 가고 싶은 곳이 바로 그 서울대이다. 가슴속의 서울대를 향해 도전하고 모든 에너지를 쏟아내며 노력하자.

도전은 절대 무모한 치기에 그치지 않는다. 시작하면 어떤 식으로든 끝을 볼 수도 있지만, 시작조차 하지 않으면 남는 것은 후회뿐이다. 어려운 길임은 분명하다. 하지만 두려워해서는 안 된다. 나도 할 수 있다는 생각을 가져보자. 그리고 현실로 만들 수 있는 길을 찾아보자. 지성이면 감천이다. 최선을 다하면 길이 보인다. 영화 〈명량〉에서, 이순신 장군은 '왜군에 대한 두려움에 사로잡힌 군사들과 백성들이 용기를 갖도록 할 수만 있다면 이길 수 있다.'고 하였다. 그리고 첩첩한 난제를 뚫고 방법을 찾아, 사즉생死卽生의 정신으로 병사와 백성들과 함께 왜군을 물리쳤다. 우리는 이순신 장군이 보여준 사즉생의 교훈을 실천해야 한다.

아랍 속담에는 이런 것이 있다.

"무엇인가 하고 싶은 사람은 방법을 찾아내고, 하기 싫은 사람은 구실을 찾아낸다."

J. 허슬러는 이렇게 말했다.

"인생은 언제나 스스로 부딪혀 경험하고 도전하는 사람에게 더 큰 영광을 안겨준다."

미국의 코미디언 루실 볼^{Lucille Ball}은 또 이렇게 말했다.

"하지 않은 일을 후회하기보다는 차라리 해놓은 일들을 후회하리라."

가슴 뛰는 인생, 두 번은 없다

"가슴 뛰는 인생이지만 두 번은 없다."

내가 고등학교 3학년 담임을 하면서 자주 해 주는 말이다. 서울대를 비롯한 명문대학에 갈 수 있는 충분한 가능성을 가지고 있음에도 노력이 부족한 학생, 무한한 잠재력을 가지고 있으면서도 노력을 포기해버린 학생, 꿈을 향해 도전하기보다 현실에 안주하려는 학생들을 보면 그런 말과 함께 격려하고 도전하도록 등을 떠밀었다. 3학년 시기를 어떻게 보내느냐에 따라 제자들의 인생이 달라진다는 걸 알고 있었기 때문이다.

사람은 자신의 이상형을 만나면 가슴이 뛴다. 마찬가지로 꿈을 이룬 자신의 모습을 떠올릴 때 또한 가슴이 뛴다. 상상만으로도 감격스럽다. 도전 과제가 높을수록 그 성취에 대한 기쁨도 더욱 커진다. 그리고 그런 성취에 대한 기쁨을 상상하면서 용감하게 도전을 선택하게 된다.

서울대에 도전장을 낸 학생들은 바로 성공을 상상하면서 실패의 두려움에 무릎 꿇지 않고 용감하게 도전했던 이들이다. 그들은 자신의 목표를 달성하기 위해 스스로 방법을 찾고, 주저 없이 도움을 요청하고, 성공을 경험한 이들로부터 지혜를 구한다. 그리고 더 중요한 것은 그들의 부모들이 자녀가 어린 시절부터 꿈을 꾸고, 꿈을 키워가며, 꿈을 이룰 수 있도록 준비를 시켜온 경우가 많다는 것이다. 그런 과정을 거치면서 아이는 점점 더 자신의 성공에 대한 믿음과 자신감을 갖게 되고, 그에 따라 더욱 더 노력하는 선순환을 거친다는 것이다.

반면 실패에 대한 두려움 때문에 일찌감치 도전의지를 접고 포기하는 사람들도 있다. 그들은 자신이 가지고 있는 잠재력을 전혀 인정하지 않는다. 다른 사람들의 말에 과민하게 귀를 열고 자신이 가지고 있는 잠재력을 평가절하 하는 경향이 많다. 이들은 자신을 믿지 못하는 사람들이고, 자신의 잠재력에 대해 정확한 진단을 내리지도 못한다. 당연히 아무런 꿈도 없다. 무엇인가 성취하고자 하는 이상이라고 하는 것도 있을 리 없다. 이미 시들어버린 꽃처럼 그들은 아무런 자극도 받지 못하고 하루하루를 수동적으로 보낼 뿐이며, 유익한 정보를 얻고자 하는 노력, 생각 자체가 없는 경우가 많다.

목표는 가슴을 뛰게 한다

언젠가 우리학교의 동아리 멤버들과 상위권 학생들 중에서 희망자들을 모아 서울대로 견학을 갔던 적이 있었다. 1학년생인 K는 그들 중 하나였다. K는 기흉을 앓아 아버지가 차로 통학을 시켜줘야 할 정도로 몸이 매우 약했지만, 내가 인솔한 그 견학팀에는 동참했다. 나는 K에게 물었다.

"몸이 그렇게 아픈데 어떻게 참가할 생각을 했지? 몸은 괜찮아? 견딜 수 있겠어?"

그는 대답했다.

"네, 괜찮아요. 꼭 참가하고 싶었어요. 서울대에 가고 싶어서요. 몸이 아프지만 제가 노력하면 갈 수 있다고 믿어요."

K는 아버지의 차를 타고 견학에 참가했다. 서울대에 가고 싶다는 열망이 그를 견학에 참가하도록 이끈 것이다. 그리고 서울대 견학은 K의 가슴을 뛰게 만들었으며, 열망의 불꽃을 키웠다. 물론 아버지의 지원이 없었더라면 그 아이는 그 견학에 참가하지 못했을 것이다. 부모의 열정과 지원은 그만큼 큰 영향을 끼친다.

결론을 말하자면, K는 몸이 아팠음에도 불구하고 열심히 노력해 서울대에 합격했다.

몇 년 전 서울대에 입학한 P라는 학생이 있다. P는 공부를 열심히 했지만 스스로 서울대에 갈 능력이 없다고 생각하는 학생이었다. 가고 싶었지만 자신감이 없었다. 나는 P의 생활기록부를 살펴보고 담임교사와 이야기를 나눠본 뒤 충분히 서울대 합격이 가능할 것이라고 판단했다. 그리고 다른 대학을 목표로 잡고 있는 P에게 서울대에 지원하도록 권했다. P는 자신이 없다면서 지원 자체가 무리라고 고개를 저었다. 나는 여러 가지로 설득을 하면서 P에게 앞으로 살아가는 동안 꼭 이루고 싶은 꿈이 있다면, 그 꿈을 이루는 데 서울대가 어떤 도움을 줄 수 있는지에 대해 깊이 생각해보고, 그런 모습을 상상해보라고 조언했다. P는 많이 고민하고 갈등했다. 하지만 우여곡절 끝에 용기를 냈고, P는 당당히 서울대에 합격해 학교 생활에도 잘 적응하고 있다.

뒤에 다시 P를 만났을 때 나는 이런 질문을 했다.

"만약에 그때 네가 서울대에 지원하지 않았다면 어떻게 되었을까?"

그는 이렇게 말했다.

"서울대에 지원하기를 정말 잘했다고 생각해요. 만약 지원하지 않았더라면 많이 후회했을 거예요. 선생님이 지원하라고 하셨을 때 저는 안 된다고 생각하고 있었어요. 그래서 원망도 많이 했고 걱정도 많았는데, 서울대에 간다고 생각하니 마음이 설렜어요. 꼭 붙고 싶다는 생각을 했어요. 떨어지면 다른 대학에 가면 된다고 생각하니 마음도 편해졌고, 올해가 아니면 내 생전에 서울대에 지원할 수 있는 기회가 다시 주어지지 않는다는 생각이 들었습니다. 그래서 지원했어요. 그런데 운 좋게도 합격을 하였습니다. 감사합니다."

자신의 한계를 정하면 가능성도 사라진다

몇 해 전 3학년 담임을 맡았을 때였다. 반 학생들에 대해 파악해본 결과, 나는 우리 반에서 4명 정도는 서울대에 보낼 수 있을 것 같다고 판단했다. 잘 성장하도록 지도한다면 그들 모두 충분히 좋은 결과를 얻을 수 있다고 생각했고, 적어도 서울에 있는 명문 사립대학은 보낼 수 있다는 자신이 있었다. 나는 네 학생의 상황에 맞춰 지도하기 시작했다. 네 학생들은 정말 열심히 공부했지만 차츰 그들 사이에 차이가 나타나기 시작하였다. 두 학생은 정말 매일 매일 발전하는 듯했고, 한 학생은 좀 부족함이 느껴졌지만 그럼에도 최선을 다하고 있었다. 나머지 한 학생이 문제였다. '내가 게으른 천재'라는 별명을 붙여준 아이였는데, 노력이 부족했다.

결국 매일매일 발전해갔던 두 아이들은 서울대와 D대학 치의학과에 진학했다. 그러나 게으른 천재는 실패했다. 처음에는 내 말에 동의하고 노력을 하는가 싶었지만 차차 나태한 모습을 보이기 시작했고, 생활태도까지 엉망이 되면서 목표를 잃고 말았다. 그는 점점 자신감을 잃었고 급기야 자신이 가지고 있는 잠재력은 물론 능력까지 부정하기에 이르렀다. 서울대가 아니더라도 수학과 화학처럼 잘하는 과목을 잘 살리면 원하는 대학에 갈 수 있으니 함께 노력해보자고 설득했지만 허사였다. 그 아이의 머릿속에는 온통 부정적인 생각들로 가득 채워져 있었다.

그 '게으른 천재'는 지방에 있는 한 사립대학에 진학했다가 한 학기를 마치지 못하고 자퇴했다. 그리고 평소에 하고 싶어 하던 랩 음악을 하는 길로 들어섰다고 한다. 물론 좋은 선택일 수도 있지만, 기회가 있었을 때, 벅찬 감동을 느끼기 위한 노력을 좀 더 했더라면 좋지 않았을까 하는 아쉬움이 진하게 남아 있다.

그는 공부를 매우 잘하는 학생이었음에도 자신이 가지고 있는 가능성을 낮게 보았고, 두려움 때문이었는지는 모르지만 스스로 자신의 한계를 정했다. 그리고 자신은 해내지 못할 것이라고 규정하고 점점 원하지 않던 길로 들어섰던 것이다.

반면에 나머지 한 아이는 애초 내가 서울대는 조금 어렵지 않을까 하고 생각하던 학생이었는데, 선생님이 가능하다고 격려하니까 믿고 따랐던 경우였다. 그 아이의 어머니 역시 나와 뜻을 같이해 최대한 뒷받침을 해 주기로 하셨다. 그리고 정말 최선을 다했다. 그 아이는 비록 서울대에서는 떨어졌지만 명문사학인 K대에 논술로 합격했다. 주변 사람들은 모두들 기이하게 여겼는데, 논술로 합격을 했다니 믿기 어렵다는 눈치였다. 하지만 나는 그 아이를 믿었고 부모 또한 간절한 마음으로 원하고 기도했다고 한다. 지금도 논술로 원하는 대학에 간 그 학생을 생각하면 말로 형언할 수 없는 행복감을 느낀다.

'마음에는 원이로되 육신이 약하도다.'(마태복음 26장 41절) 라고 하면서 자고 있는 제자들을 향해 말씀하시던 예수 그리스도의 표현처럼 우리는 서울대를 원하지만 스스로 부족하다고 생각하고 포기하는 경우가 많다. 그렇지만 자신이 원하는 것에 대해 생각만 해도 잠이 오지 않을 정도로 설레고 즐거웠으면 좋겠다. 그런 정도는 아니더라도 충분한 가능성을 가지고 있다고 믿었으면 좋겠다.

서울대를 목표로 하는 것 자체가 가슴을 뛰게 한다

고등학생들을 가르쳐 오는 동안 이제 그들의 마음에 대해 조금은 알 것 같다. 지독한 사춘기를 겪는 아이들을 많이 보았다. 그래서 반항을 하고 방황을 하기도 한다. 이는 자아가 생기고 정체성이 확립되면서 부모로부터 한 인격체로 독립하고자 하는 자연스러운 현상일 것이다. 그럼에도 한편으로 집에서는 부모와, 학교에서는 선생님과 특별한 관계를 맺고 싶어 하고 사회적, 정서적 지지를 받고 싶어 하는 욕구를 가지고 있다. 그래서 사회적, 정서적 지지를 해주면 아이들은 많은 힘을 내고 반항과 방황도 많이 줄어든다.

그럴 때 아이가 가지고 있는 생각에 지지를 보여주자. 선생님과 부모님으로부터 지지를 받는 학생들은 목표를 즐겁게 받아들인다. 그 목표가 부모님이나 선생님의 욕심이 아니라 학생 자신이 세운 것이고, 또한 부모님과 선생님으로부터 지지를 받는 목표라면 더욱 그렇다.

사실 많은 학생들은 스스로 '서울대에 갈 수 있다'는 자신감을 갖기 어렵다. 하지만 상담을 통해 충분히 자신감을 갖도록 격려를 해주면 즐겁게 도전에 나서는 모습을 많이 보았다. 진학부장으로서 학생들을 상담하며 해마다 겪었던 사실이다.

한편 서울대를 목표로 잡으라는 조언 자체에 부담을 갖는 학생도 있다. 그러나 시간만 충분하다면, 단계를 나눠 목표를 하나씩 성취하는 경험이 쌓이면서 서울대라는 목표를 멀지 않게 느끼게 된다. 문제는 자존감을 세워주고, 내면에 잠들어 있는 잠재력을 불러낼 자신감을 갖도록 하는 데 있다.

반드시 서울대가 목표일 필요는 없다. 목표를 갖는 것이 중요하다. 그 목표로 인해 가슴이 뛰고 노력하고자 하는 마음이 든다면 성공이라고 할 수 있다. 현재 자신의 상황보다 더 높은 목표, 충분히 가능하다고 믿을 수 있는 목표가 가슴을 뛰게 한다. 그렇지 못한 아이에게는 그렇게 생각하도록 격려해야 한다. 스스로 결심하도록 도와주고 기다려 주어야 한다. 부모의 성공 스토리를 들려주고 참고하도록 하자. 그리고 성공할 수 있다고 믿어주자.

우리는 한 번뿐인 인생을 산다. 가슴 뛰는 인생이다. 두 번의 기회는 없다. 그래서 가슴뛰는 인생을 살아야 한다. 하지만 누구는 가슴 뛰는 인생을 살고, 또 누군가는 그렇지 못하다. 언제 가슴이 뛰는가? 자신이 꿈에서도 도달하고자 하는 목표가 있고, 그 목표를 향해 하루하루 치열하게 노력할 때 사람은 가슴이 뛴다.

아이와 함께 서울대 입학이라는 목표를 가져보자. 누구나 한 번쯤은 가고 싶다고 생각하는 곳이 아니던가. 그 교문을 드나드는 자신의 모습만 생각만 해도 뿌듯해지고 자랑스러워지는 곳이 아니던가. 서울대 학생이 된 내 아이의 모습을 상상하는 것만으로도 가슴이 벅차오르지 않은가. 서울대에 가고 싶었고, 보내고 싶었던 그 마음이, 자녀가 성장하면서 다른 목표로 바뀐다 하더라도 그렇게 목표를 세워 노력해본다는 것만으로도 가슴이 뛰어야 한다. 1%의 가능성이 99%의 불가능을 이긴다. 그것이 인생이라고 나는 생각한다.

성적이 안 된다고 지레 포기하지 마라

지난해 핀란드에 가서 학교를 시찰할 기회가 있었다. 국민 세금으로 얻은 그 소중한 기회를 통해 교육에 대해 더 깊고 넓게 생각해볼 수 있었다. 정말 감사한 기회였고, 많은 충격을 받았던 시간들이기도 했다. 그 중에서도 한 교육청을 방문해 브리핑을 받았을 때 내 눈을 사로잡은 한 페이지가 있었다. 〈Finland, a country of people who love to learn!〉이라는 비전이었다. 그 비전은 10개 항목을 제시하고 있다.

1. Stupid is not really stupid
2. Grades do not represent the full scope of learning
3. Teachers must not work alone
4. Tear the school down, build a village

5. Focus on competence, not degrees

6. More development, less red tape

7. Fairness replaces equality

8. Technology is about humans, not devices

9. Education is worth taking to places where it does not exist

10. Love cannot be measured but it can be seen

　위에 적은 열 가지 내용을 읽고 교육청 관계자의 설명을 들으면서 나는 가슴이 뛰었다. 그리고 감동이 쓰나미처럼 밀려왔다. 바로 이것이 바로 내가 하고자 하는 내용인데, 하는 생각이 들었다. 내가 추구하는 교육 지향점과 핀란드의 지향점이 너무나도 닮아 있었다. 그 중에서 가장 내 마음을 흔들었던 것은 첫 번째의 항목인 "Stupid is not really stupid." 우리가 흔히 바보라고 생각하는 사람도 실제는 바보가 아니라는 뜻이다.

　이 말을 학과 성적이라는 관점에서 보자. 성적이 나쁘면, 수업을 제대로 따라가지 못하는 바보라고 생각하기 쉽다. 하지만 그 학생이 과연 바보일까? 우리는 아이가 가지고 있는 잠재력을 잘 이해하지 못하고 단편적으로 드러난 성적으로만 판단하고 있는 것이다.

　바보처럼 보일 수는 있지만 진짜 바보는 없다는 걸 하버드대 토드 로즈^{Todd Rose} 교수의 예를 통해서 확인할 수 있다. 모 방송국 다큐 프로그램에서 다룬 토드 로즈 교수의 성공 스토리는 우리에게 많은 시사점을 준다. 토드 로즈 교수가 성공하기까지는 부모님의 신뢰가 있었다.

토드 로즈 교수는 어린 시절에 틱 장애를 앓았다. 그는 학교에서 늘 말썽쟁이였고, 낙제생이었으며, 친구들로부터 괴롭힘을 당하는 '왕따'였다. 그렇게 학교에서 힘든 시간을 보내다가 구겨진 마음으로 집으로 돌아오는 어린 토드를 부모님은 꼭 안아주었다. 성적이 절망적인 수준이었을 때에도 그것이 토드가 가진 모든 것들을 말해 주는 것은 아니라고 생각했다. 토드의 어머니는 '아들을 어떻게 공부시켜야 할까'를 고민하는 대신 아들이 '어떻게 하면 자신을 사랑하도록 할 수 있을까' 하는 점에 집중했다. 토드가 주변 사람들의 비난과 괴롭힘과 따돌림에도 낙심하지 않고 꿋꿋이 설 수 있는 유일한 버팀목 역할을 한 것이다.

토드 역시 공부를 잘하고 싶어 했다. 시를 쓰는 과제를 받았을 때는 3일 동안 밤을 새우면서 정말 열심히 시를 썼다. 하지만 선생님은 칭찬은 고사하고 낙제(F)점을 주었다. 얼마나 열심히, 최선을 다해 시를 썼는지 알고 있던 어머니가 담당 선생님을 찾아가 항의했지만 소용이 없었다. 평소 토드 로즈의 행동을 볼 때 이런 수준의 시를 쓸 수는 없다는 게 선생님의 대답이었다. 억울함을 누르고 집으로 돌아온 토드의 어머니는 낙담한 아이를 위로하면서 사랑과 신뢰로써 격려했고, 토드의 아버지는 아들이 '자신은 부모님의 사랑을 받고 집은 안전한 곳'이라는 확신을 갖도록 노력했다. 그렇게 자신이 안전하다고 느낄 수 있을 때 비로소 다른 꿈을 꿀 수 있으리라 믿었기 때문이다.

계속되는 따돌림과 어려움을 극복하고 고등학교를 마친 토드에게도 잠시 방황하는 시기가 찾아왔다. 부모는 변함없이 아들을 믿고 기다려 주었다. 아들이 스스로 선택할 권리가 있다고 그들은 생각했고, 잠재되어 있는 가능성을 응원했다. 그리고 토드도 자신 속에 잠들어 있는 가능성을 깨닫게 되었다.

토드는 '게으른 것이 아니라 도전이 필요한 것'이라는 부모님의 조언에 따라 커뮤니티 칼리지[2]에 들어가 열심히 공부를 했다. 그리고 내면에 축적되어 있던 긍정적 에너지가 발현되고 교육학 공부에 열의를 보임으로써 하버드대 대학원에 지원해 합격했다.

현재 토드는 교육학 분야의 석학으로서 학생들을 가르치고 있으며, 획일적인 교육 평가에 문제를 제기하면서 교육개혁을 주도하고 있다. 그는 이런 말을 했다.

'미국 우주비행사의 옷을 만들기 위해 100명의 우주비행사의 신체 사이즈를 측정했다. 그리고 평균을 냈다. 옷도 평균치에 맞춰 만들었다. 그리고 그 옷을 비행사들에게 입혔다. 과연 몇 명이나 그 옷이 맞았을까? 결론은 한 명도 맞지 않았다.'

여기서 그는 평균이란 어떤 의미인지에 대해 이의를 제기한다. 즉 아무런 의미도 없다는 것이다. 사람에 따라 키가 클 수도 있고, 허리가 굵을 수도 있고, 팔이 길 수도 있다. 그런 것을 평균에 맞춘다면 키를 자르고 팔을 잘라야 되지 않을까? 그는 우리의 교육도 그렇다고 설명했다. 평균적인 인간을 추구하는 교육은 그 누구를 위한 교육도 아니다. 각자의 신체조건에 맞춰 옷을 맞추듯 교육도 그러해야 한다는 것이다.

이제 교육에서 '평균'의 의미는 사라지고 있다. 나 역시 학교에서 학생들을 가르치지만 한 과목만 가르친다. 한 과목의 전문적인 지식을 배우고 능력을 키워서 아이들을 가르치는 것이다. 그럼에도

---

2) 커뮤니티 칼리지는 미국에서 쉽게 입학하고 공부할 수 있는 대학으로, 누구나 입학이 가능하며 비용이 저렴하다.

우리는 여전히 평균적인 성적에 대해 말한다. 그리고 그것을 우리는 학업능력이라고 말한다. 일견 맞는 말일 수도 있고, 틀린 말이라고 할 수도 있다. 다른 나라에서는 틀린 말이지만 우리나라 상황에서는 맞다고 할 수도 있을 것이다. 그러나 선진국에서 잘못된 방향이라고 인정받고 있다면 우리 또한 깊이 고민해볼 필요는 있지 않을까?

그렇다면 우리나라에서도 토드 로즈 교수와 같은 사람이 나올 수 있을까? 바보처럼 보이지만 진짜 바보가 아닌 진주를 골라낼 수 있을까?

우리나라 교육환경에서 그런 진주를 발굴해 키워내기는 쉽지 않다. 학생들을 가르치는 본연의 일뿐 아니라 잡다한 일들로 인해 격무에 시달리는 교사들에게 그런 기대를 갖는 것은 무리다. 결국 가정에서 부모님이 그 역할을 해야 한다. 그렇다면 우리는 내 아이 속에 잠들어 있는 진주가 밖으로 드러나 반짝반짝 빛을 내도록 할 수 있을까? 나는 할 수 있다고 믿는다. 조금만 더 관심을 기울여 아이를 살펴보고, 학교에서 가져오는 성적에 따라 아이의 한계를 설정하는 대신 아이 자체에 초점을 맞춘다면 가능하다고 생각한다. 아이의 미래, 그 가능성을 믿는다면 가능하다고 생각한다. 서울대 대학원에 다니던 시절, 몇몇 친구들을 보며 나는 그런 확신을 얻었다.

한 친구는 흔히 말해 지방대학 출신이었다. 같은 교수님께 지도를 받았던 그 친구는 연구실도 함께 썼다. 그는 정말 열심히 공부해 교육학 석사학위를 취득했고 서유럽으로 유학을 떠났다. 그리고 유학을 마치고 돌아와 다시 서울대에서 박사학위를 받기 위해 학업을 계속하고 있다.

그동안 가지고 있던 서울대에 대한 많은 편견들이 깨졌던 것도 그때였다. '우리나라에서도 열심히 노력하면 최고의 대학에서 공부할 기회를 잡을 수 있구나. 이 친구도 나처럼 고등학교 때는 명석하다는 평가가 아니라 바보에 가까운 평가를 받았을 텐데 서울대학교에서 학위를 받다니 놀랍다.'

현재 바보처럼 보인다고 해서 정말로 바보인 것은 아니다. 잘하는 면이 다를 뿐이고 그것이 사회적으로 제대로 가치를 인정받지 못하고 있을 뿐이다. 아이가 가지고 있는 가치를 찾아내 발현될 수 있도록 한다면 반짝반짝 빛나는 진주가 될 수 있지만, 아이가 가진 잠재된 가치에 눈을 감고 믿어주지 않는다면 바보로 남을 것이다. 바로 이러한 부분에서 교사를 비롯한 교육자, 그리고 부모의 책임이 무겁다는 생각을 한다.

말썽쟁이 낙제생 아이를 토드의 부모님은 믿어주었다. 잘할 수 있다고 신뢰를 보여주고 기다려 주었다. 다른 모든 사람에게 'Stupid'로 보였던 토드가 'not stupid'라는 걸 알아차리고 믿어준 것은 교사가 아닌 부모였다. 만약 토드의 부모가 성적을 올리라고 아이를 닦달하기만 했더라면 토드 로즈 교수는 없었을 것이다. 하지만 토드의 부모는 끝까지 아들을 믿어 주고 기다려 주었다. 그렇게 토드는 성장할 수 있었다. 평균적 능력이 아닌 자신의 잠재력을 발휘할 기회를 찾았고 훌륭한 삶을 꾸려갈 수 있었다.

토드의 부모님처럼 우리도 자녀들을 믿어주고 기다려 줄 수 있어야 하지 않을까? 내 아이의 능력이 부족하다는 생각이 들거나, 능력을 발휘하지 못한다고 느낀다면 이렇게 생각하자. '내 아이는 바보가 아니다. 내가 알지 못하는 다른 능력을 가지고 있다.'

아이의 성적이 좋지 않으면 성적에 대한 기대뿐 아니라 인간으로

서의 기대까지 저버리는 부모도 자주 볼 수 있다. 성적이 아이의 모든 것을 보여준다고 생각하고, 아이의 미래에 대한 평가를 내리는 어리석음을 범하기도 한다.

이제 내 아이가 제2의 한국판 토드 로즈라고 생각하자. 내가 경험한 바로는 아무리 자주 말썽을 부리고 공부를 못하는 아이도 '공부를 더 잘하고 싶은 욕망'을 가지고 있다는 것이었다. 그리고 그들도 기회가 된다면 서울대에 도전하고 싶다는 욕심을 가지고 있다는 것이었다. 다만 지금까지 서울대에 갈 수 있는 인재로 대우받지 못했고, 그렇게 생각하지 못하도록 억압받고 교육받아 왔을 뿐이다. 그런 꿈을 꾸는 것조차 두려워하고 있을 뿐이다.

대화를 통해 아이가 가진 꿈을 끄집어내보자. 그리고 그 꿈을 믿어주자. 아이가 어떤 세상을 살게 될 것인지는 아무도 알지 못한다. 조언을 해 줄 수는 있을지언정 선택하고 결정할 권한은 아이에게 있다는 점을 바로 보자. 지금은 아무리 성적이 낮고 공부를 못하는 바보처럼 보인다 하더라도 아이는 바보가 아니라는 것을 잊지 말자. 지레 겁을 먹지 말자. 용감하게 도전하도록 격려하고 시작도 하기 전에 포기하도록 만들지 말자. 그렇게 도전하다 보면 서울대는 아니더라도 원하는 대학 정도는 충분히 갈 수 있을 것이다.

성적이 좋지 않은 고등학교 2학년생이라 해도 충분히 가능하다. 지금부터 할 수 있는 일에 집중적으로 노력한다면 기회는 온다. 어렵다고 생각하면 어렵다. 그러나 목표가 있다면 열정이 생긴다. 그리고 그 열정이 잠재력을 깨우고 멀게만 보였던 목표에 한걸음 더 다가서도록 만든다. 아이들에게는 그런 능력이 있다. 그런 능력을 스스로 인식하도록 아이를 격려하자.

"Stupid is not really stupid."

부모가 아이를 볼 때 마다 반드시 기억해야 할 말이다. 지레 겁먹지 말자.

중위권 학생이라도 충분히 가능하다

"중위권 학생이라 해도 충분히 서울대에 갈 수 있다."

현재 몇 학년인가에 따라 대처 방법이 다르기는 하지만 중위권 학생도 가능성은 충분하다. 기회균형전형 대상자라면 가능성이 더 높다. 쉽지는 않지만 일반 학생이라고 해도 가능하다. 단 1%의 가능성뿐이라고 해도 그 가능성을 100% 신뢰하고 서울대가 요구하는 조건을 갖추기 위해 노력한다면 충분히 가능하다.

물론 중위권 고등학생이라면 서울대에 들어갈 수 있는 확률은 크지 않다. 그러나 3학년이라면 불가능하지만 2학년 초반이라면 가능성이 있고, 1학년이라면 확률은 더 커진다. 1학년이라면 수시를 준비해도 좋지만 2학년은 정시에 목표를 두고 최선을 다한다면 두 번의 기회가 있다. 정시를 목표로 잡고 열심히 공부하다보면 성적이 올라 수시 지원도 가능해질 수 있기 때문이다. 물론 중학생과 초등학생이라면 얼마든지 가능하다.

내 후배의 아들은 서울대 수의예과 졸업을 앞두고 있다. 그는 천안에 있는 한 평범한 고등학교를 다녔는데, 성적이 중간 정도였다. 그는 2학년 초 자신의 미래에 대해 고민하기 시작하다가 이대로 시간을 보내면 안 되겠다는 생각에 공부를 해야겠다는 결심을 했다고 한다. 그리고 이왕이면 서울대에 가겠다고 결심하고 도전에 나섰다. 수업시간마다 맨 앞자리에 앉아서 선생님의 설명에 집중했고,

그날 수업시간에 배운 것은 그 시간에 모두 이해하고 암기한다는 결심으로 공부에 매진했다. 기숙사에서 생활했기 때문에 사교육 접근이 어려워 스스로 공부 문제를 해결해야 했는데, 아침에 일어나서 잠을 잘 때까지 집중한 것은 수학이었다. 영어는 책상에 앉아서 한 적이 없었다. 영어를 책상에 앉아서 공부하기에는 시간이 너무 아까워 수업시간을 통해 잘 정리한 메모지를 들고 다니면서 걸어갈 때나 밥을 먹을 때, 화장실에 앉아 있을 때나 가리지 않고 공부했다고 한다. 밥을 먹는 동안에도 메모지에서 눈을 떼지 않고 영어 공부를 했다. 그 결과 그는 정시로 서울대 수의대에 진학을 했다.

『서울대 합격자 100인의 학생부종합전형』에서 서울대에 합격한 Y는 고등학교 1학년 1학기 교과성적 등급이 국어는 전체 중간이었고, 수학, 영어, 과학, 사회 및 기타 과목이 3~4등급이었다. 그런데 3학년 1학기에는 전 과목 1등급을 받아 전교 1등을 했다. 서울대 수시전형에 지원할 때의 전체 교과 성적은 2등급 초반이었다. 그런데 합격했다.

나는 여러 학생들의 경험을 분석해보면서 특목고나 자립형 사립고가 아닌 보통의 일반고에서 교과성적이 중위권인 학생도 충분히 서울대에 갈 수 있다고 믿게 되었다. 성적이 향상된 중위권 학생들이 모두 서울대에 합격하는 것은 아니지만 서울에 있는 명문대학에 합격하는 것은 많이 보았다.

비록 지금 중위권 학생이라고 해도 서울대를 목표로 공부하자. 노력 여하에 따라 다르고, 지원자 풀에 따라 달라질 수 있겠지만 최소한 작은 꿈에 머물러 있는 것보다는 좀 더 높은 곳에 설 수 있을 것이다.

첫 번째 고개 : 자존감과 수학 효능감

중위권 학생이 서울대에 가기 위해 넘어야 할 첫 번째 고개는 자존감과 수학 효능감이다. 상위권과 달리 중위권 학생들은 성공 경험이 부족하다. 그래서 성취감을 느껴본 경험이 적고 자존감이 낮은 경우가 많다. 따라서 그들이 먼저 넘어야 할 고개는 성공경험의 축적이다. 아주 작은 것이라도 성공경험을 축적할 수 있는 기회를 찾고 만들어야 한다. 학업적인 면에서라면 더욱 좋다. 가장 좋아하는 과목에서부터 그렇게 하는 것이 좋을 것이다. 그 과목의 성적을 올리면서 공부의 재미를 느끼고 선생님과 학생들의 인식이 바뀌는 것을 경험하면 더 큰 성공에 도전할 수 있게 된다.

한 과목이라도 성적이 오르면 존재감이 커진다. 그런 경험을 하게 되면서 자존감이 커지고 자신감을 회복할 수 있으며 할 수 있다는 효능감이 커진다.

좋아하는 과목을 잘한다 해도 중위권 학생들이 가장 어렵게 생각하는 과목은 역시 수학이다. 수학에 대해 알레르기 반응을 보이는 경우도 있지만, 서울대를 비롯한 최상위권 대학에 가려면 수학을 정복하는 것은 필수다. 수학을 잘하기 위해서는 수학 효능감이 필요하다. 즉 수학을 잘할 수 있다는 스스로에 대한 믿음이다.

중위권 학생이 수학 효능감을 갖게 되는 것은 아주 중요하다. 서울대에 갈 수 있고 없고의 열쇠는 바로 수학에 대한 효능감을 키울 수 있느냐 없느냐에 달려 있다고 해도 과언이 아니다. 수학 자체를 즐길 수 있다면 최상이겠지만 그렇게까지는 못하더라도 수학을 잘할 수 있다는 자신감만은 있어야 한다. 서울대 도전에서 수학은 필수다. 수시나 정시 모두 그렇다.

수학 효능감을 갖기 위해서는 몇 가지가 필요하다. 첫째는 성공 경험을 축적하는 것이다. 즉 수학문제를 풀어 정답을 찾는 경험을 쌓아야 한다. 처음에는 쉬운 문제로부터 시작해도 좋을 것이다. 몇 번이고 반복해서 자신감을 갖도록 해야 한다. 수업시간에 배운 내용을 온전히 이해하고 응용할 수 있는 경험을 쌓아야 한다. 자신과 비슷한 학생이 수학을 잘하기 시작하는 것을 보고서도 효능감을 가질 수 있지만 수학에서 그런 경우는 많지 않다. 자기 스스로 그런 모델이 되고자 하는 목표를 가져야 한다.

두 번째로 교육에 관련돼 있는 학생 주변에 있는 어른들의 언어적 설득, 즉 칭찬이 중요하다. 비록 어른들의 기준에는 미흡하지만 격려와 칭찬이 가미되면 더 자신감을 갖게 된다. 그 칭찬에는 미래에 대한 기대도 포함돼 있어야 한다. 부모님과 교사의 역할이 중요한 시점이다. 그러므로 수학 선생님과 친밀한 관계를 맺도록 하고, 선생님이 내편이라는 생각으로 믿고 질문하고 찾아가야 할 것이다. 수학 효능감을 가진 학생은 그렇지 않은 학생에 비해 고소득 전문직으로 진출할 확률이 60% 이상 높다는 통계 보고도 있었다.

『서울대, 늦지 않았다』의 저자 박성원은 이렇게 말했다.

"고등학교 2학년, 성적도 중위권이었던 내가 문득 서울대에 갈 수 있겠다는 생각이 들었다."

그는 자신의 강점과 약점을 분석하였으며, 무엇에 집중을 할 것인가, 시간을 어떻게 배분하여 사용할 것인가, 그리고 왜(why), 무엇을(What), 어떻게(How)라는 질문에 대답을 하면서 실천함으로써 서울대 정시에 합격했다고 한다.

중위권 학생들도 서울에 있는 대학은 물론 서울대에 갈 수 있다. 중학생이라면 중요한 수학과 과학에 흥미를 갖도록 하고 성취 경험을 쌓도록 하자. 고등학생이라면 학업능력을 수학을 통해서 나타내고, 독서로 보완하라. 동아리활동도 열심히 해야 하고, 학업능력과 열정을 보여야 한다.

고등학교 2학년 2학기라면 교과성적과 수능 준비를 동시에 하되, 비교과 활동을 통한 수시전형에 지원할 생각보다는 오로지 학과 공부에 매진하는 것이 좋을 것이다. 고등학교 1학년 중위권이라면 교과성적 향상이 최우선이고 그에 걸맞는 동아리와 독서활동이 필요하다. 그러나 학업성적이 향상되지 않으면 모든 가능성은 사라진다.

두 번째 고개 : 필요성과 절박함으로

중위권 학생들이 서울대에 가고자 한다면 필요성(Need)과 절박함(Urgency)을 가져야 한다. 아주 강한 필요성을 느끼고 절박한 마음을 가지고 있어야 한다. 중위권 성적이었다가 서울대에 합격한 선배들의 수기를 찾아보라. 그들이 가졌던 것과 같은 마음이 필요하다.

미국 시골 마을에 이제 막 결혼한 조Joe라는 청년이 있었다. 마을의 산에는 인적이 드문 공동묘지가 있었기 때문에 조는 조금 멀지만 그 산을 돌아서 직장에 다녔다. 그러던 어느 날, 비가 추적추적 내리는 날이었다. 일이 좀 늦게 끝나서 퇴근 시간이 늦어 이미 어두워지고 있었다. 집에서 자신을 기다리고 있을 신부를 생각하자 조는 조바심을 느꼈다. 결국 조는 평소처럼 산을 빙 돌아서 가기에는 시간이 너무 오래 걸릴 것이라는 생각에 산을 가로지르는 지름길로 가기로 결정했다. 비가 내리는 밤, 공동묘지가 있는 산은 으스스했다. 겁을 집어먹은 조는 냅다 달리기 시작했다. 그러다가 갑자기 누군가 파놓은 구덩이에 빠지고 말았다. 장례를 치르기 위해 미리 파놓은 구덩이였다.

당황한 조는 구덩이에서 빠져나가기 위해 무진 애를 썼다. 하지만 구덩이가 깊은데다 비까지 와서 흙이 미끄러웠기 때문에 올라갈 수가 없었다. 절망에 빠진 조의 귀에 누군가의 목소리가 들려왔다.

"아무리 해봐도 당신은 이 구덩이에서 나갈 수가 없을 거요."

조가 돌아다보니 흰 옷을 입은 사내가 자기를 바라보고 있었다. 귀신을 보았다고 생각한 조는 소스라치게 놀라서 단숨에 구덩이를 뛰어올랐다. 아무리 애를 써도 빠져나갈 수 없었던 구덩이를 단숨에 벗어난 것이다. 조는 뒤도 돌아보지 않고 달려서 집으로 돌아왔다.

다음날 마음을 안정시킨 조는 마을 사람들과 함께 그 구덩이로 가보았다. 구덩이에는 웬 중년 사내가 앉아 있었다. 스미스라는 남자였다. 그 역시 조처럼 산을 넘다가 그 구덩이에 빠졌던 것이다.

조와 스미스는 같은 구덩이에 빠졌다. 그런데 어떻게 조는 빠져나올 수 있었고 스미스는 빠져 나오지 못했을까?

먼저 구덩이에 빠졌던 스미스는 아무리 구덩이를 벗어나려 해봤지만 소용이 없다는 걸 깨닫자 더 이상 빠져나가려는 노력을 포기하고 있었던 것이다. 그런데 조가 구덩이에 빠져 자기가 그랬던 것처럼 실패를 반복하는 것을 보고는 헛된 힘을 쓰지 말라고 충고를 했고, 조는 그를 귀신이라고 오해했다. 귀신에 대한 공포, 죽음에 대한 두려움이라는 절박함이 조를 구덩이에서 벗어날 수 있는 힘이었던 것이다. 만약에 스미스라는 존재가 없었더라면 조는 그런 힘을 내지 못했을 것이다.

변화는 조의 경우처럼 죽을힘을 다할 때 온다. 선택한 목표를 향해 도전장을 쓴다고 해서 저절로 오지 않는다. 선택한 목표를 달성하지 못하면 죽는다는 절박함이 있을 때 비로소 변화가 온다.

대학 1학년 때였다. 교수님 아들을 가르치고 월급 3만 원을 받았다. 돈을 받고 집에 가다가 어두운 골목길에서 깡패를 만났다. 나는 도망쳤고 그들은 쫓아왔다. 무섭기도 했지만 돈을 빼앗길 수 없다는 절박한 마음으로 정말 죽을힘을 다해 달렸고, 집에 도착했다. 그런데 대문이 잠겨 있었다. 깡패들은 더 가까이 다가오고 있었다. 문을 열어줄 때까지 기다릴 여유가 없었던 나는 담장 위에 손을 짚고 뛰어넘었다. 바닥에 떨어지면서 손과 다리를 조금 다치기는 했지만 신기하게도 내 키보다 높은 담을 가볍게 넘을 수 있었다.

절박감이 사람으로 하여금 초인적인 힘을 발휘하게 한다. 중위권 학생이라면 깡패가 쫓아오거나 조처럼 공동묘지의 구덩이에 빠졌다고 생각해보자. 구덩이에는 나를 잡아먹으려는 무서운 맹수가 있고, 나를 때리고 돈을 빼앗으려는 깡패가 쫓아온다고 가정해보자. 중위권 학생이 서울대에 가기 위해서는 바로 이런 생존에 대한 필요성과 절박함이 선행되어야 한다.

현명한 선택이 최고의 도전을 만든다

나는 목표를 선택하고 그 목표를 향해 도전하는 것이 인생의 전부라고 생각해왔다. 살아오는 동안 늘 무엇인가를 선택해야 할 상황의 연속이었다. 그렇게 선택한 길을 가기 위해 치열하게 도전해야만 했다. 선택은 곧 도전의 다른 이름이었고, 도전은 곧 선택의 반

면이었다. 즉 삶은 곧 선택이라는 점들로 이어진 선이었다.

"Life is C between B and D."

프랑스의 위대한 사상가 장 폴 사르트르가 한 말이다. 인생은 출생(B: Birth)과 사망(D: Death) 사이의 끝없는 선택(C: Choice)이라는 뜻이다. 나 역시 크게 공감을 하는 말이다. 비록 평범한 교사이기는 하지만 내가 걸어온 모든 상황들 또한 선택의 연속이었기 때문이다. 그리고 현재도, 앞으로도 무언가를 선택해야 하는 순간들이 끊임없이 찾아오고, 그렇게 선택한 과제를 풀기 위해 도전을 해야만 할 것이다. 이것이 우리와 우리 아이들이 가지고 있는 숙명이다.

무엇인가를 얻기 위해 선택했을 때에는 온힘을 다해 노력해야 하고, 그런 노력에 방해가 되는 것이라면 과감하게 버리고 가야 하는 때가 있었다. 또한 무언가를 포기하는 선택을 했을 때에는 왜 포기했는지 스스로 납득할 만한 이유가 있어야 한다. 그런 면에서 인생은 선택과 도전, 도전과 선택 그 이상도 그 이하도 아닌 것처럼 보인다.

서울대 선택은 또 하나의 도전

나는 학생들에게 가능하면 최고의 능력을 끌어내야 이룰 수 있는 목표를 선택하라고 말한다. 1학년 담임을 맡았을 때에는 그들에게 맞는 최고 수준의 선택을 하도록 강조하고, 3학년 담임을 할 때에는 그들이 처한 현실에서 가장 적절한 선택을 조언한다.

그런 선택에는 희생이 따른다. 희생을 감내할 만한 용기를 필요로 한다. 그러므로 선택은 도전의 다른 말이다. 선택하겠다는 것은 도전하겠다는 것이고, 도전하겠다는 것은 선택한다는 것이다. 즉 선택(Choice)이 곧 도전(Challenge)이다. 그러므로 인생은 출생과 사망 사이의 도전(Challenge)이라고도 할 수 있을 것이다.

선택과 도전이 없는 인생은 가치가 없다. 주체적일 수도 없고 행복을 가져다 주지도 못한다. 단지 숨을 쉬는 것에 불과하다.

아이들은 태어나서 기어다니다가 어느 순간 일어서기 위한 도전에 나선다. 본인의 의지든 본능이든 관계없이 수십 번의 도전과 실패를 겪으면서 드디어 일어선다. 그런 후에는 한 걸음씩 떼어 놓게 되고, 차츰 잘 걷게 된다. 이것은 본능이기도 하지만 성취감을 느낄 수 있는 일이기도 하다. 부모들은 그런 아이의 모습을 보며 대견하게 여기고 한없는 기쁨을 느낀다. 아마, 아이 스스로도 기쁠 것이다.

우는 것으로 의사를 표현하던 아이는 옹알이를 하고 웃기도 하고 차츰 간단한 단어를 말하기 시작하고 그러면서 어느 순간 문장 형식으로 말하기 시작한다. 그냥 저절로 그렇게 되는 것 같지만 그 아이 입장에서는 얼마나 어려운 도전을 극복해낸 것일까?

아이들은 그렇게 성장해 초등학교를 다니고 중학교 과정을 마치고 다시 고등학교에 들어가 대학입시를 준비한다. 이런 교육과정을 거치는 동안 어떤 아이들은 일찍부터 최고의 목표를 세워 도전하기도 하고, 어떤 아이들은 그냥저냥 학교를 다닌다. 물론 가능한 이른 시기에 최고의 대학을 목표로 삼아 도전하는 것이 보다 유리할 것이다. 즉 입시라는 점에서 본다면, 처음 시작하여(Beginning) 목표점(Domination)에 도달하는 과정을 선택하는 것이다. 또한 도전(Challenge)하는 것이고, 목표점의 상태로 변화하는(Change) 것이다.

입시 문제를 두고 학생들의 목표를 정하는 것을 보면, 부모들이 자녀의 현재 상황을 분석해 도전의 폭과 한계를 결정하는 경우가 많다. 초등학교 시기든 중·고등학교 시기든 관계없이 그렇게 하는 경우를 너무나도 많이 보았다.

하지만 나는 그렇게 해서는 안 된다고 생각한다. 아이가 가지고 있는 꿈에 집중하는 선택을 하고, 그렇게 선택한 목표에 도전하도록 격려해야 한다고 생각한다. 현재 초등학교에 다니는 아이들 중에서 서울대에 갈 수 있는 학생은 극소수에 불과하다. 같은 학년의 전체 학생 중 약 0.5%만이 그런 자격을 얻는다. 중·고등학교 학생도 마찬가지다. 그렇기 때문에 일찌감치 적당한 목표를 가지고 공부를 하거나 아예 아무런 목표도 없이 학교를 다닌다. 서울대를 목표로 도전한다는 선택 자체를 제한하는 사회적 압력을 받기도 한다.

그것은 잘못된 것이다. 내가 오랫동안 교직에서 경험한 바에 의하면 그것은 절대로 옳은 방향이 아니다. 학생이 처해 있는 현재의 상황을 가지고 분석해보았을 때 서울대에 갈 만한 준비가 전혀 되어 있지 않다고 생각했던 아이들이 합격하는 모습을 종종 보았다. 그래서 나는 아이가 도전할 만한 목표를 정할 때, 현재 상태를 분석하는 것에서부터 출발하라고 권하고 싶지 않다. 꿈을 꾸고 목표를 세우는 것부터 시작하라고 권하고 싶다. 특히 초등학생, 중학생, 그리고 고등학교 1학년 학생들에게는 그렇다. 그들의 도전 목표에 반드시 서울대를 포함시키라고 조언한다. 그리고 목표를 달성하기 위한 치열한 노력을 통해 스스로를 혁명하고 변화시키도록 격려한다. 많은 교육전문가나 입시전문가들의 이야기에 귀를 기울이는 대신 자기 내면의 욕구와 열정을 선택하도록 조언한다.

서울대를 선택하는 것은 성장해가는 과정에서 얼마든지 할 수 있는 지극히 평범한 일이다. 주눅 들지 말라. 오랫동안 준비해 합격한 학생들이 많기는 하지만 1, 2년을 죽어라고 노력해 성공한 경우도 많다.

도전(Challenge)은 선택(Choice)이고 변화(Change)다

서울대를 가고 싶어 하는 학생들에게 가장 큰 도전은 바로 서울대를 목표로 결정하는 선택 자체이고, 선택한 목표를 달성하기 위해 자신을 변화시키는 의지다. 내가 학생들에게 늘 하는 말이 있다.

"여러분이 원하는 것이 있다면 마음껏 원하라. 그러나 원하는 것을 이루기 위해서는 여러분 자신이 먼저 변화해야 한다. 여러분이 원하는 사회적 지위나 위치, 자격이 있다면 그에 걸맞게 여러분 자신이 변화되어야 한다. 의사가 되고 싶다면 의사처럼 변해야 하고, 법관이 되려면 법관처럼 변해야 한다. 성공한 사람의 모습을 모델로 보고 자신의 모습을 변화시켜라. 그러면 여러분은 자신이 원하는 것을 성취할 수 있다. 내가 장담한다."

인간은 사실 매우 나약한 면이 있다. 마음은 원하지만 행동이나 생활은 그대로인 경우가 많다. 거지처럼 살면서 부자가 되기를 꿈꾸는 것은 소용없는 일이다. 자신이 원하는 시험에 합격하기를 바라면서 평소처럼 공부한다면 시간과 돈만 낭비할 뿐이다. 죽을힘을 다해야 한다. 그렇게 자신을 바꾸지 않는다면 선택은 단지 마음을 속이는 데 불과할 뿐이고 말의 유희에 지나지 않는다. 적극적 사고방식이 필요하다. 죽도록 노력해도 죽지 않는다는 사고방식.

〈Whiplash(위플래쉬)〉라는 영화를 본 적이 있는가? 없다면 한번 보도록 권한다. 이 영화를 보면 현재 중위권 성적인 학생이 서울대를 가고 싶다면 어떻게, 어떤 의지를 가지고 공부해야 하는지에 대한 시사점을 얻을 수 있다.

드러머가 되고 싶다는 꿈을 가진 앤드류 매기넘은 세이퍼 음악학교에 입학한다. 그리고 학교의 Studio Band에 들어가고 싶다는 소망을 가지고 연습에 매진한다. 아주 유명한 플래처 교수가 지도하는 밴드다.

어느 날 앤드류는 플래처 교수에게 발탁돼 혹독한 훈련을 받기 시작한다. 플래처 교수는 "영어에서 가장 좋지 않은 말이 있다면, Good Job(그만하면 됐어)"이라는 신념을 가진 사람이다. 자신의 한계를 넘어서기 위해서는 그만한 노력이 필요하다는 지론이다.

플래처 교수는 칭찬은커녕 인격 모독까지 서슴지 않을 정도로 아주 혹독하게 앤드류를 대한다. 앤드류 또한 메인 드러머 자리를 빼앗기지 않으려고 손바닥이 터져 피가 흘러도 밴드로 응급처치를 하면서 연습을 멈추지 않는다. 연습을 하는 동안 북과 심벌즈에 피가 튀는 장면, 피가 흐르는 손을 얼음물에 담그면서 연습에 매진하는 장면은 앤드류의 열정과 처절한 노력을 웅변한다.

시간이 흐르고, 몇 가지 사건으로 인해 플레처 교수는 학교를 사임한다. 그리고 우연히 앤드류와 다시 만났을 때, 자신의 밴드가 카네기홀에서 연주를 할 것이라며 합류하지 않겠느냐고 제안한다. 연주곡은 Studio Band 시절 연습했던 '카라반과 Whiplash'라고 하면서.

카네기홀에서 연주가 있던 날, 앤드류는 팀에 합류를 한다. 그러나 공연 첫 곡은 앤드류가 생각하지 못했던 곡이다. 당황한 앤드류는 실수를 연발하고 플래처는 그 자리에서 앤드류를 해고한다. 무대를 떠나 퇴장하는 앤드류를 복도에서 기다리고 있던 아버지가 안아주면서 집으로 돌아가자며 위로하자, 앤드류는 아버지의 손을 뿌리친다. 그리고 다시 무대로 돌아간다. 아직 두 번째 곡을 연주하기 전이다.

앤드류는 플래처의 지시도 받지 않은 채 연주를 시작한다. 첫 곡에서 당했던 수치를 만회하기라도 하려는 듯이 플래처를 노려보면서 스틱을 두드린다. 플래처가 비난을 퍼붓지만 앤드류는 단호하게 말한다. "내가 신호를 보낼 겁니다!" 그리고 단원들에게 신호를 한다. 단원들도 함께 연주를 시작한다. 한참을 쳐다보던 플래처 교수는 지휘를 시작하고 앤드류의 연주는 더욱 빛을 발한다.

플래처 교수는 악마와도 같은 교수법으로 앤드류가 꿈을 실현하도록 채찍질을 했다. 앤드류의 한계를 제한하지 않고 충분한 기량을 끌어내도록 몰아세웠다. 여기에서 플래처를 극복하기 위해 분투하는 앤드류의 모습이 필요하다. 플래처 교수의 교육 방법이 나쁠지는 몰라도 그의 교육 철학에 대해서는 나 역시 일정 정도 공감한다. "Good Job!"이라는 말은 동기를 부여하는 좋은 말일 수도 있지만, 어쩌면 자신의 한계를 뛰어넘고자 하는 노력을 방해하는 말인지도 모르기 때문이다.

성공을 하고 싶다면 우리 또한 앤드류를 모델로 삼아야 한다. 절박하게 원하는 자신의 모습이 있고, 그것에 대한 열망이 있으며, 그렇기에 손바닥이 터져도 연습을 멈추지 않는 불굴의 노력. 자신이 이루고 싶은 것이 있다면 지불해야 하는 대가에 대해서도 이해해야 한다. 그리고 기꺼이 지불할 수 있어야 한다.

나는 그동안 자신의 목표를 성취해낸 학생들을 자주 보아왔다. 그들의 공통점은 앤드류처럼 피가 흘러도 쉬지 않는다는 것이다. 그들은 자신이 원하는 수준에 오를 때까지 결코 멈추지 않으며 자신의 능력을 최대치로 끌어낸다. 그들에게는 앤드류처럼 분명한 목표가 있었고 플래처를 닮은 대상이 곁에 있었다. 그들은 그들의 플레처를 극복했고, 자신의 한계를 극복했으며, 열망하던 목표를 성취해냈다.

나는 플래처를 바라보는 앤드류의 분노와 오기로 가득한 눈빛에서 그의 꿈을 읽을 수 있었다. 앤드류는 손바닥이 터지는 것을 그만 쉬라는 신호가 아니라 견디고 넘어서야 한다는 신호로 받아들였다. 그의 변화가 느껴졌다. 바로 그 변화가 원하던 것을 얻어내는 열쇠였다.

성공을 가져올 변화는 손바닥이 터져 피가 흐를 때 휴식을 취하며 치료하는 것으로부터 일어나지 않는다. 그와 같은 개인적 혁명은 밴드를 붙인 뒤 다시 스틱을 잡을 때 일어나는 것이고, 상처투성이 손을 얼음물에 담그며 이를 악물고 고통을 극복할 때 일어나는 것이다. 플래처가 해고했을 때 묵묵히 무대를 빠져나가 집으로 돌아갈 때 일어나는 것이 아니라 플래처를 노려보며 자신의 능력을 보여주겠다고 도전할 때 일어나는 것이다.

말로 떡을 하면 조선 사람이 다 먹을 수 있다는 속담이 있다. 말로만 하는 노력은 변화를 일으키지 못한다. 실제로 떡을 먹으려면 스스로 움직여야 하고, 스스로를 변화시켜야 한다. 누군가는 말했다. "Success is change!" 변화하지 않으면 성공은 없다.

영화 〈Whiplash〉에서는 "그만하면 되었다.(Good Job)"는 말을 가장 나쁜 말로 표현한다. 더 변화하고 더 발전할 수 있음에도 그렇게 할 기회를 가로막기 때문이다.

기회가 주어지는 최고의 선택에 도전하라

"인생에서 안전함만을 원한다면 감옥에 가라. 그럼 최고의 안전을 만끽할 수 있을 것이다."

미국 34대 대통령인 아이젠하워의 말이다. 선택은 안전을 보장하지 않는다. 그렇지만 미래를 보장하는 무기는 될 수 있다. 갑부^{Kabbu}는 『생존』에서 이렇게 말했다.

"세상에는 능력이 있음에도 성공하지 못한 사람들이 부지기수다. 능력을 인정받지 못한 천재들도 많다. 자신이 가능하다고 생각하는 것보다 더 많은 것을 행할 수 있는 인간은 없다. 기회를 '보는' 사람과 기회를 '잡는' 사람은 완전히 다른 종류의 인간이기 때문이다."

또 이렇게도 말했다.

"인생에서 승리의 전리품은 결과에 100% 헌신한 사람들, 즉 무슨 일이 있어도 '기필코'라는 태도를 가진 사람들에게 돌아간다."

디즈레일리는 이렇게 말했다.

"분명한 목표를 위하여 존재하려는 인간의 의지에 저항할 수 있는 것은 아무것도 없다."

이 책을 통해 내가 하고자 하는 말은 '반드시 서울대를 가야만 한다'는 게 아니다. 선택의 기회에서, 할 수 있는 최고의 선택을 하자는 것이다. 그런 기회조차 없다면 하는 수 없지만 기회가 있다면 과감하게 선택하고 도전을 해보자는 것이다. 도전을 해서 실패하면? 다시 도전하면 된다.

어쩌면 자신의 내면에서 "내가 갈 길이 아니야!"라는 목소리가 들려올 수도 있을 것이다. 물론 그럴 때에는 다른 선택지로 돌아가면 된다. 그런 과정 없이 최고의 선택을 할 수 있는 기회로부터 스스로 물러서는 것은 자신을 세상으로 보내준 신에게 대한 배신이라고 나는 생각한다.

물론 선택하고 도전한다고 해서 모두가 자신을 혁명하고 그를 통해 성공을 거둘 수는 없다. 서울에서 부산으로 자전거 여행을 한다고 치자. 어떤 이는 자전거의 성능이나 다리 근력 등 모든 여건이 좋아서 빨리 도달할 수 있을 것이다. 어떤 이는 불행하게도 날씨의 방해를 받을 수도 있을 것이다. 그러나 선택을 하고 도전하다 보면 지금 멈춰 서 있는 곳을 떠나 대전이든 대구든 어딘가에는 도달해 있을 것이다. 높이 오르고자 하는 사람은 낮은 곳을 목표로 한 사람보다 더 높이 올라갈 수 있을 것이다.

서울대에 도전장을 내는 이유는, 우리의 삶이 도전과 선택으로 이루어져 있기 때문이다. 그리고 학생으로서 서울대가 최고의 선택일 수 있기 때문이다.

브로니 웨어는 『The Top Five Regrets of the Dying』에서 5가지의 후회 중에서 가장 후회되는 것은 자기 자신에게 솔직한, 자신만을 위한 삶을 살고자 하는 용기가 부족했었다고 고백한다. 그는 이렇게 말했다.

"대부분의 사람들은 자기 꿈의 반도 이루지 못했고, 그것이 자신이 내린 혹은 내리지 않은 선택들 때문이었다는 것을 깨달은 채 죽어야 했다."

현명한 선택을 하고 최고에 도전하라. 그 선택과 도전이 훌륭한 결과를 안겨 줄 것이다.

전략 2.

서울대는
이런 학생을 기다린다

서울대가 추구하는 현재와 미래상은 '세계적 소명을 실천하는 창
의적 지식공동체'이다.[3] 그에 맞게 서울대는 5가지의 특성을 가진
인재들을 기다린다. 이 5가지의 특성은 모두 재학하고 있는 학교
내에서 성장해 온 학생들이어야 한다는 것이다. 5가지 특성은 다음
과 같다.

　첫째, 학교 교육과정을 성실히 이수하고 학업능력이 우수한 학생

　둘째, 학교생활에서 적극적이고 진취적인 태도를 보인 학생

　셋째, 글로벌리더로 성장할 수 있는 자질을 지닌 학생

　넷째, 다양한 교육적, 사회적, 문화적 배경과 경험을 가진 학생

　다섯째, 약자에 대한 배려심과 공동체의식을 가진 학생

---

3) 서울대학교 입학본부, 《2018학년도 서울대학교 학생부종합전형 안내》 p.2

교과성적과 함께 학업능력을 키워라

서울대에 지원하려면 기본적으로 학교 교육과정에 충실하고 학업능력이 우수해야 한다. 서울대가 원하는 인재는 충실한 학교생활을 통해 우수한 학업능력을 갖추게 된 학생이다. 즉 서울대를 목표로 도전하고자 한다면 교과성적과 함께 학업능력을 키워야 한다.

수시전형으로 서울대에 합격하려면 우선 학업능력이 우수해야 한다. 보통 지역균형으로 합격한 학생들의 교과성적은 일반고가 1.0~1.5등급 정도이고 합격자 평균은 1.15등급 정도다. 특목고는 1.0~1.9등급 사이다. 일반전형은 일반고가 1.0~2.0등급 정도이고 평균은 1.56등급 정도다. 교과성적이 매우 높다. 그러므로 학교에서 배우는 교과성적이 낮으면 합격이 어렵다. 교과성적은 지원자의 성실성뿐 아니라 열정, 지속적인 노력과 우수성을 가늠할 수 있는 기본 자료이기 때문이다.

그러나 교과성적만 좋다고 모두 합격하는 것은 아니다. 지역균형에 지원했다가 불합격하는 경우에도 교과성적은 매우 높다. 일반고에서 서울대 지역균형에 지원했다가 불합격한 경우의 평균 교과성적은 약 1.27등급 정도이고, 일반전형에서 불합격한 경우의 교과성적 평균은 1.9등급 정도였다. 지역균형이나 일반전형 모두 불합격한 경우에서 최고 교과성적은 1.0등급이었다. 이는 교과성적이 아무리 좋아도 합격하기 어렵다는 것을 의미하며, 또한 교과성적이 상대적으로 낮다고 해도 합격할 수 있다는 뜻이다.

이런 결과가 나온 것은 서울대가 교과학생을 선발하지 않고 학업능력을 기준으로 선발한다는 의미다. 교과성적을 평가함에 있어 내신등급을 반영하는 것이 아니라 개인의 점수, 평균, 과목별 표준편차, 응시자 수 등을 참고해 학생의 우수성을 판단한다. 또한 세부능력 및 특기사항을 면밀하게 살펴서 학생이 가진 장점과 열정, 우수성 등을 파악한다. 수상기록을 통해서도 학생의 학업능력을 판단하고, 독서활동을 통해서도 파악한다. 아울러 학생이 제출한 자기소개서를 통해 학교생활기록부에 기록되지 않은 학업에 대한 열정과 능력, 우수성을 파악한다. 학업성적을 비롯하여 다양한 항목의 기록을 살펴서 지원자가 우수한 학업능력을 가진 학생이라고 판단된다면 2단계 면접 대상자로 선정하는 것이다.

학교 교육과정과 내신등급의 이해

교육과정敎育課程 또는 커리큘럼curriculum은 교육 목표를 달성하는 데 필요한 교육내용과 정해진 수업의 교육내용 및 학습활동을 종합적으로 편성하여 체계적으로 정리한 전체 계획을 말한다. 매 학년마다 학습 상황을 시간표로 정리해 두는 것도 교육과정의 일부이다. 즉 교육기관에서 학생들 또는 학습자들이 배워야 한다고 생각되는 것을 정한 교육내용이다. 학습자의 입장에서는 학습해야할 내용이고 교수자의 입장에서는 가르쳐야 할 내용이 된다. 즉 교육과정은 학교에서 가르쳐야 할 교과들의 목록이나 교과별, 학년별 교수 내용의 체계라고 보는 것이다. 각 학년별로 무슨 과목을 어떻게 배치하여 수업을 진행할 것인지, 각 과목의 단위수는 어떻게 할 것인지를 계획하고 결정하여 시행한다. 이 교육과정은 각 고등학교가 앞으로 어떤 방향으로 학생을 지도해 갈 것이며, 학생들에게 어떠한 학습경험을 하도록 할 것인지, 목표로 하고 있는

지를 알 수 있게 하는 것이다.

그러나 학교마다 교육과정이 다르다. 각 학교의 교육과정에 명시되지 않은 교육내용에 대해 소홀히 할 수 있다. 그러므로 학교에서 교육과정을 계획하는 것은 매우 중요하며, 그 교육과정에 따라 학생부종합전형의 결과가 달라질 개연성이 농후하다. 서울대는 해마다 전국의 각 고등학교에서 실시하고 있는 학교 교육과정을 제출받아 검토하고 있으며, 각 학교의 학생 지도 방향과 목표를 감안해 살펴보고 있다. 교육과정을 보면 학생들이 가지고 있는 학습 부담과 학업의 총량, 학업능력을 개발하기 위해 학생들이 얼마나 노력할 수 있을 것인가를 가늠할 수 있기에 합격에 영향을 줄 수 있는 요소이다.

고등학교에서 활용하는 교과 내신등급은 어떤 과목을 수강하고 있는 전체 학생을 성적에 따라 9등급으로 나눈 것을 말한다. 이 등급기준은 대학수학능력시험에도 똑같이 적용되는데, 각 등급별 구간의 차이는 다음의 표와 같다.

등급 \ 비율	비율 (%)	비율 누계 (%)	백분위 (%)	100명 기준의 인원수와 등위		300명이 수강하는 과목의 내신 등급	
1등급	4	4	96	4명	1~4등	12명	1~12등
2등급	7	11	89	7명	5~11등	21명	13~33등
3등급	12	23	77	12명	12~23등	36명	34~69등
4등급	17	40	60	17명	24~40등	51명	70~121등
5등급	20	60	40	20명	41~60등	60명	122~181등
6등급	17	77	23	17명	61~77등	51명	182~233등
7등급	12	89	11	12명	78~89등	36명	234~269등
8등급	7	96	4	7명	90~96등	21명	270~291등
9등급	4	100	0	4명	97~100등	12명	292~300등

위 표에서 보듯이 1등급은 성적이 가장 좋은 학생 4%만이 받을 수 있는 등급이다. 그 다음의 2등급은 7%가 받을 수 있다. 그러므로 1, 2등급을 합해서 11%의 학생이 여기에 해당된다. 3등급은 12%, 4등급은 17%인데, 5등급이 20%로 가장 많다. 그러다가 6등급부터는 다시 줄어들어 6등급 17%, 7등급 12%, 8등급 7%, 9등급이 4%이다. 100명을 기준으로 성적순으로 보면 1등급은 1등에서 4등, 2등급은 5~11등, 3등급은 12~23등, 4등급은 24~40등, 5등급은 40~60등, 6등급은 61~77등, 7등급은 78~89등, 8등급은 90~96등, 9등급은 97~100등까지이다. 이 비율을 기준으로 하여 동점자가 있을 경우에는 약간의 변동이 있기도 하다.

학교에서 배우는 과목을 예로 들어보면 학생수에 따라 등급의 인원수가 달라지는 것을 알 수 있다. 즉 300명이 수강하고 있는 과목이라고 할 경우, 1등급은 300명의 4%인 12명이 된다. 이 12명은 1등급으로 같은 등급을 유지하지만 실제 성적은 차이가 있다. 1등으로 1등급이 된 학생과 12등으로 1등급이 된 학생의 성적이 차이가 날 수밖에 없다.

학교와 학생들에 따라서 그 격차가 작을 수도 있지만 차이가 매우 큰 경우도 있다. 상위권에 포진해 있는 학생들의 성적이 우수하고 비슷한 실력을 갖춘 학생들의 집단이라면 그 차이가 매우 작겠지만, 상위권의 학생들이 적을 경우에는 같은 1등급의 학생이라도 성적의 차이가 많이 날 수 있을 것이다. 같은 1등급에서도 학업능력의 차이가 존재하는 것이다.

심층적 학습방법으로 학업성적을 올리고 학업능력을 향상시켜라

어떻게 하면 학업능력을 키울 수 있을까? 켄 베인이 쓴 『최고의 공부. What the best college students do』에는 1980년대 스웨덴의 예테보리 대학에서 시작된 실험에서 그 해답을 찾을 수 있다. 학생들에게 일정한 분량의 글을 주고 읽도록 한 다음 그들의 학습 유형을 연구해 3가지 유형의 학습자로 정리한 것이다. 이 연구는 학생들의 유형을 피상적 학습자(surface learners), 전략적 학습자(strategic learners), 심층적 학습자(deep learners)로 분류하고 있다.

피상적 학습자는 나중에 나올 질문을 예상하며 글에 담긴 사실과 단어를 암기하는 데 집중하는 그룹이다. 이런 학습자는 자신이 읽은 내용을 활용하기보다 시험을 통과하는 것에만 집중하는 모습을 보인다. 이런 학생들은 과제에서 벗어나거나 공부가 수월할 때, 그리고 힘들게 공부하지 않아도 될 때 기분이 좋은 학습 기피 유형이다.

심층적 학습자는 글 속에 숨은 뜻과 응용방법을 생각하고 논거와 결론을 구분하고자 했다. 한 가지 아이디어와 추론의 방향이나 사실이 글 전체의 맥락에 어떤 영향을 미치는지, 그것이 자신이 이미 배웠던 것과 어떻게 연결될 수 있는지 파악하려 애를 쓰는 그룹이다. 이들은 열정적으로 과제를 수행했고, 분석, 종합, 평가, 이해 등의 기술을 활용한다. 또한 이들은 새로운 아이디어가 떠오르거나 새로운 것에 대해 더 배우고 싶은 학습 의욕이 느껴질 때 자부심을 느끼는 과제 지향적인 유형이다.

전략적 학습자는 학교를 졸업하거나 전문대학원 진학을 위해 좋은 성적을 얻는 것이 목표이며, 자신이 속한 그룹에서 두각을 나타낸다. 교수가 원하는 바를 파악해 점수를 따는 것에 집중하는

데, 자발적으로 배움을 찾지는 않는다. 좋은 성적으로 인정만 받으면 그만이다. 이 그룹의 학생들은 높은 점수를 받아서 스스로 똑똑하다는 것을 보여줄 때 가장 자부심을 느끼는 자아지향적인 유형이다.

이 세 가지 학습유형 중에서 학업능력을 키우는 데 적합한 것은 심층적 학습자이다. 좋은 점수만을 추구하는 공부는 학업성적을 올릴 수 있을지는 몰라도 학업능력을 키우지는 못한다. 그러나 심층적 학습자는 학업성적을 올리는 데는 시간이 좀 걸려도 학업성적과 함께 학업능력을 키울 수 있다. 자신이 배운 것을 토대로 분석하고 종합할 뿐 아니라, 새로운 아이디어에 접목하고 그것을 즐긴다. 서울대는 배운 내용의 의미를 바로 파악하고, 그것을 다른 것에 적용할 뿐 아니라 독서 등을 통해 더 깊게 알려고 노력하는 태도와 그렇게 함으로써 얻어진 능력, 즉 학업능력을 원한다.

학업능력을 키움에 있어서 학생은 학교 교육과정을 충실히 따르면서 키워야 한다. 특히 중요 과목의 학업성적은 생활기록부의 교과성적과 세부능력을 통해서 우수성을 파악하므로, 교육과정에 충실해야 한다. 그리고 교과과정과 관련된 탐구활동이나 연구활동과 같은 활동 기록과 수상기록은 지원자의 우수성을 말해주는 지표가 된다.

또한 입시에서의 중요도가 덜한 과목에서도 우수한 성적을 거두면서 흥미를 갖고 열심히 노력하는 것, 예체능과목에서 자신의 능력을 최대로 발휘하기 위하여 열정적으로 참여하는 것, 학급회의나 학교를 대표하는 학생회 활동에 적극 참여하면서 학생들을 위해 자신을 희생하는 것, 지속적으로 봉사활동을 하되 학교의 허락 아래 하는 것 등등이 모두 학교 교육과정에 충실한 것이다.

간혹 많은 학부모와 학생들은 학교 교육과정을 지식적인 측면에서만 해석하는 경우가 있다. 교실에서 배우는 국어, 영어, 수학, 과학, 사회, 역사 등의 과목만이 교육과정에서 중요성이 있다고 판단해 그 과목에 치중하고, 입시에서 중요도가 덜하고 교과성적 반영에 별로 큰 영향이 없는 기술, 가정, 실업, 예체능과목은 중요하게 여기지 않는다. 하지만 그렇게 하면 실패할 확률이 높아진다. 서울대는 이미 그런 학생을 선발하지 않는다고 발표했다. 전 과목을 골고루 열심히 공부하도록 권한다. 전공하고자 하는 과목의 성적이 우수하더라도 다른 과목의 성적이 유난히 저조하다면 입시에 필요하지 않은 과목의 수업시간에는 성실하지 못한 것으로 오해를 받을 수 있다. 그러므로 학교에서 배우는 모든 과목을 충실하게 공부하는 가운데 학업성적과 학업능력을 키워야 한다.

입을 열고, 발을 들이고, 경계를 허물어라

서울대가 원하는 두 번째 인재의 조건은 학교생활에 적극적이고 진취적인 태도를 보인 학생이다. 적극적이라는 것은 자신이 필요로 하거나 궁금증을 느끼는 문제의 답을 찾아내기 위해 노력하는 것을 의미한다. 진취적인 태도라 함은 자신이 원하는 것과 알고자 하는 것을 위해서는 불이익을 감수하거나 자신감이 부족하더라도 도전하는 것을 말하며, 그 도전이 이루어질 때까지 멈추지 않는 것으로 해석할 수 있다.

서울대가 원하는 인재는 배우고 싶거나 하고 싶은 일에 도전해 목표를 성취하기 위해 노력해온 학생이다. 그러므로 진취적인 학생으로 인정받기 위해서는 학교생활에서 입을 열고, 발을 들이고, 경계를 허물어야 한다.

학교에 다니는 목적을 생각하자

생각해보자. 왜 학교에 다니는가? 특히 고등학교에 진학한 목적이 무엇인지 곰곰이 되씹어 볼 필요가 있다. 많은 학생들이 학교를 선택하거나 학교로부터 선택을 받아 들어온다. 그리고 막연한 목표를 가지고 3년의 시간을 보낸다. 특목고나 자사고, 일반계 고등학교는 대학 입시를 위해서, 그리고 마이스터고와 특성화 고등학교는 취업과 진학을 위해서 학교를 선택한다.

서울대가 주문하는 것은 고등학교 시절 동안 막연한 생각을 가지고 시간이 흘러가는 대로 따라가는 단순한 학생의 모습이 아니다. 고등학교 과정을 밟는 동안 시간의 흐름을 조절하고 거스를 수도 있는 학생을 원한다.

대학에서의 학습은 단순히 지식을 암기하거나 주어진 지식만을 흡수하는 범위를 넘어선다. 자신의 견해를 밝히고, 자신의 생각과 다른 이론이나 지식을 비판할 수 있어야 한다. 그리고 다른 사람들의 이론이나 기존의 견해에 대한 자신의 생각을 정립하고 그에 대해 분명하게 밝힐 수도 있어야 한다. 그러므로 고등학교에서는 대학에서 공부할 준비, 즉 자신의 생각을 정립할 수 있도록 수업시간에 배운 내용에 대해 질문을 하고, 자신이 가진 호기심을 충족시키기 위해 도전하고 노력하며, 자신의 한계를 제한하지 않고 다양한 분야를 탐색해야 한다.

이제 고등학교 교육은 단순히 지식을 주입받는 시간이 아니다. 이미 우리나라의 대학입시는 주입된 지식을 확인하는 수준을 넘어서고 있다.

학력고사나 수학능력시험은 지식을 얼마나 알고 있으며 얼마나 이해하고 있는지를 측정한다. 시험의 근본적인 목적은 사고력을 측정하고 대학에서 수학할 능력이 있는지 확인하고자 하는 것이지만 5지선다형 시험이 갖고 있는 한계와 EBS 연계출제 정책으로 인해 개인이 가지고 있는 사고 능력이나 과정을 평가할 수 없었고, 그냥 EBS 문제집을 수없이 반복해서 풀어가는 학습을 하게 되었다. 물론 그렇게 반복해서 문제를 푸는 동안 지식도 쌓이고 이해력을 비롯한 다른 여러 능력들이 신장된다는 것도 부정할 수는 없다. 그러나 그렇게 주입되는 지식, 특히 남들 역시 다 알고 있으며, 인터넷 등 다른 곳에서는 너무도 일반화된 정보를 외우고, 외운 것을 확인받기 위해 고등학교에 들어온 것은 아니라는 점을 알아야 한다.

서울대 수시전형의 일반전형은 아예 수학능력시험에 응시하지 않아도 된다. 그러므로 EBS 연계 문제풀이보다는 다른 방향으로 전환을 해야 한다.

수업시간에는 입을 열자

대학입시의 대부분을 차지하고 있는 학생부종합전형을 위해서는 고등학교 수업의 형태와 방법이 바뀌어야 한다. 교사 중심 수업으로부터 학생 중심으로 이동해야 하며, 수동적인 수업에서 능동적이고 적극적인 수업으로 바뀌어야 한다. 교사가 전달하는 지식에 만족하는 것이 아니라 자신이 가진 궁금증을 해소하기 위해 노력하는 시간이 되어야 하고, 교과서에만 의지하기보다는 교과서를 기초로 새로운 궁금증을 해결하기 위한 노력을 해야 한다.

그러므로 수업은 듣는 시간이 아니라 입을 열고 말하는 시간이 되어야 한다. 말을 하는 주인공은 교사가 아니라 학생이 되어야 한다. 특히 서울대가 목표라면 아주 적극적으로 입을 열 필요가 있다. 물론 학생부종합전형으로 대학에 진학하고자 하는 학생이라면 수업시간의 발표에 좀 더 적극성을 가져야 한다. 토론은 물론이고 여러 수업 유형에서도 긍정적이고 적극적인 모습을 보여야 한다.

수업시간에는 적극적으로 입을 열자. 그리고 말하고 또 말하자. 어렵다면 선생님의 질문에 대답하는 것부터 해보자. 그리고 질문을 하고 요약하여 발표하도록 해보자. 처음에는 어색하겠지만 점점 나아질 것이며 즐거움도 생긴다.

서울대 수시전형에서는 면접이 중요하다. 그에 대한 대비로서 수업시간에 입을 여는 것이 좋은 준비방법이다. 지식을 암기하는 것에 그치지 말고 자신의 것으로 체득하여 입을 열고 발표하자. 그리고 질문하자. 그리고 교과서를 넘어 새로운 지식을 추구하는 시간으로 수업시간을 충분히 활용하자.

자신의 진로를 제한하지 말자

보통의 일반고에서는 진로에 따라 흔히 문과와 이과, 그리고 예체능계열로 나눈다. 이것이 절대적으로 옳은 것은 아니지만, 대부분의 학생들은 이것을 절대적으로 받아들이고 그 경계 내에서 진로를 선택하고 결정하고 공부를 한다. 그 경계 내에서만 자신의 능력을 한정하고 있으며 그 범주에서 벗어나지 않으려고 애를 쓴다.

그러나 많은 대학에서는 이 경계가 점점 허물어지고 있다. 다만 자연계의 일부 공과대학 전공과 관련해서는 고등학교 과정에서 수학과 과학 과목을 배우지 않으면 따라가기 어렵기 때문에 한정하는 경우는 예외이다. 즉 통섭과 융합으로, 공과대학에서 경영학을 필수로 선택하도록 하는 것이 작은 예라고 할 수 있다.

서울대는 학과에 따라 제한받지 않고 수강과목을 선택할 수 있도록 시도하고 있다. 미국의 많은 대학에서도 대학에 입학해 공부를 하는 가운데 전공을 결정한다. 그러므로 고등학교에서 분류된 계열에 따라 진로와 학업을 한정짓는 것은 점점 무리가 따르게 되었다.

학생들은 자신이 원하는 진로에 대한 사고의 폭을 넓혀야 한다. 학생들은 어떤 전공을 하고 장래에 어떤 직업을 가지게 될지 모른다. 고등학교에서 분류된 계열대로 살아갈 수는 없다. 그리고 한 계열을 공부했다고 해도 그 계열에 한정된 지식과 능력만으로는 세상을 살아갈 수도 없다.

토론반 학생들을 이끌며 내가 소개했던 책 중 하나는 『자연과학자의 인문학적 이성 죽이기』였다. 캘리포니아대학 생물학과 교수로 일생을 과학 연구와 교육에 매진한 S. 조나단 싱어의 책이다. 과학과 인문학을 함께 통찰할 수 있는 책으로 현대 생물학에 대한 인문주의적 요약이다. 즉 자연과학과 인문학의 경계를 나눈 것이 아니라, 경계를 허물고 융합을 시도한다. 서울대 역시 철학 지식을 가진 자연과학자나 자연과학적 배경을 지닌 인문학자를 길러내고 싶어 한다.

내가 존경하는 교수님 한 분은 영어교육학과 학생들을 가르치셨는데, 영어교육학 박사학위와 함께 화학박사 학위를 동시에 가지고 계셨다. 40여 년 전에 미국에서 공부를 하셨기 때문이지만 이제는 한국도 그렇게 되고 있다. 어느 한 계열, 한 가지 전공만을 공부하는 시대는 지났다. 또한 공부만 하는 시대도 지났다. 공부도 하고, 기타 학업과 관련되지 않은 활동도 잘해야 하는 시대가 되었다.

활동 영역을 넓히고 통합하자

우리나라 고등학생들은 오직 공부만 잘하면 되는 분위기에서 자라왔다. 물론 부모 세대들이 그런 분위기 속에서 성장했기 때문에 이런 분위기가 쉽게 바뀌지는 않을 것이다. 하지만 이제는 성적만 중시하는 시대가 아니라 학생이 가진 능력을 종합적으로 평가하는 학생부종합전형 시대다. 성적과 기타 활동이 모두 중요하게 다루어지는 시대인 것이다.

따라서 어느 한 부분에만 노력을 기울이도록 제한해서는 안 된다. 공부와 기타 활동을 동시에 다 해야 한다. 특히 자신이 원하는 활동이나 공부라면 한계를 정할 필요가 없다. 자신이 하고 싶은 지점까지 추구해 나가야 한다.

9개의 점을 3열로 배열하여 정사각형이 되게 하고, 이 9개의 점을 끊어지지 않는 선을 이용하여 모두 통과시키는 문제를 풀어본 경험이 있을 것이다. 이 문제에서 우리는 9개의 점 내에서만 직선을 그리면 모든 점을 다 통과할 수 없다. 생각을 바꾸어 그 점들의 경계를 벗어나 점의 바깥으로 선을 그어야만 통과할 수 있다.

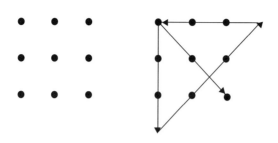

　자신이 하고 싶은 것이 있다면 스스로의 경계를 허물어야 한다. 자신의 능력에 제한을 두지 말아야 한다. 다른 시각으로 보고, 다른 사람의 도움을 받는 걸 부끄러워하지 말아야 한다. 답을 찾기 위해서라면 적극적으로 찾아가고 질문하고 도움을 요청할 수 있어야 한다. 어쩌면 자신이 가진 패러다임을 바꾸어야 할 수도 있다. 그것도 쉽게 생각하자. 중요한 것은 스스로가 배우고 싶은 것을 배우고, 하고 싶은 것을 하는 것이다.

　서울대가 원하는 인재는 하나의 경계 내에 안주하지 않는 학생이다. 창조적 지식공동체를 주창하고 있는 만큼 그에 맞는 인재를 원한다. 창조한다는 것은 이미 기존의 영역에 발을 들이밀고 있는 경계를 허무는 것이다. 찾고, 질문을 하고, 발표를 하고, 자신의 능력과 호기심의 한계와 경계를 허물어라. 그것이 서울대로 가는 길이다.

　서울대 식품영양학과에 재학하고 있는 M은 자신의 경험에 대해 이렇게 요약했다.[4]

　이과생이었던 그녀는 수학과 과학에 집중했다. 그러나 공부에 대한 영역을 확장해 문과 친구들과 토론대회나 스피치 대회 등에

---

4) 서울대학교 입학본부, 〈서울대 수시모집평가의 이해〉 동영상 자료

참여하면서 인문 사회적인 문제에 대해 고민하고 해결 방안을 제시하기도 하였는데, 그것이 큰 장점으로 작용했다고 하였다.

서울대는 한 분야에서 훌륭한 업적을 내는 것도 중요하지만 융합과 통섭 능력을 갖춘 인재를 중요하게 본다.

모범생이 아닌 모험생이 성공한다

서울대가 원하는 인재상의 세 번째 모습은 글로벌리더로 성장할수 있는 자질을 지닌 학생이다. 서울대에서 원하는 글로벌리더란세계 무대에서 활약할 인재를 의미한다. 세계를 선도하는 지식공동체를 지향하는 서울대로서는 글로벌리더로서의 자질을 지닌 학생을선발하고자 하는 것이 당연할지도 모른다. 따라서 그런 글로벌리더로 성장시키고자 하는 의지로, 고등학교 과정에서 그와 같은 잠재력을 보인 학생들을 선발하겠다는 것이다.

글로벌리더는 한국이라는 테두리에 안주하고자 하지 않는다. 한국을 벗어나 세계 무대에 도전하고자 할 것이다. 학문분야에서든, 기업인으로서든, 법과 경제 그리고 사회적, 문학적, 예술적인 부분등 모든 면에서 그러할 것이다. 그러므로 글로벌리더로 성장할 수있다는 것은, 세계를 무대로 활동할 자질을 갖춘 것을 의미한다. 특히 외국어는 물론이고 학문을 비롯한 여러 부분에서 세계의 인재들과 겨룰 수 있는 내적인 강점을 갖고 있어야 할 것이다. 새로운 일을 개척할 수 있어야 하고, 또 도전할 수 있는 역량과 배짱도 있어야 할 것이다. 그러는 가운데 자신의 영역을 개척할 수 있고 끝까지견디는 면도 필요할 것이다.

글로벌리더로 성장하기 위해서는 학교에서 제시하는 것에 만족하는 모범생으로는 부족하다. 오히려 다른 학생들과 학급이나 학교와 같은 지역사회에 도움이 되는 어떤 노력을 통해 성과를 보이는 학생, 즉 누구도 시작하지 못한 일을 시작하는 '모험생'이 되어야 한다. 즉 글로벌리더로 성장할 자질을 갖춘 학생은 오히려 모범생이 아니라 모험생이라고 할 수 있다.

리더와 글로벌리더

리더란 한 조직의 구성원을 이끄는 사람을 말한다. 리더는 조직에 속한 사람들에게 비전을 제시하고 그것을 성취하도록 독려함으로써 성취의 기쁨을 줄 수 있는 능력이 필요하다. 그럼으로써 자신이 속한 조직 문화를 창조하거나 유지할 수 있다.

이런 리더십은 학습을 통해 체화할 수 있고, 주어진 상황 조건에 따라 발전하기도 한다. 그래서 리더십이 없는 것처럼 보였던 사람도 훌륭한 리더로서의 역할을 수행할 수 있다.

리더가 가진 권력의 원천은 강압적 권력(coercive power), 보상적 권력(reward power), 합법적 권력(legitimate power), 전문성 권력(expert power), 준거적 권력(referent power)으로 나눌 수 있다. 리더가 가지고 있눈 이런 권력을 어떻게 사용하는가에 따라 조직원들의 반응은 몰입(commitment), 복종(compliance), 저항(resistance)으로 나타난다. 따라서 리더의 가장 중요한 덕목은 조직원들에게 얼마나 큰 영향을 미칠 수 있는가에 있다. 물론 긍정적인 영향을 줄 수 있어야 할 것이다. 특히 리더의 영향을 받아 조직의 문화를 긍정적으로 변화시킬 수 있다면 아주 좋을 것이다.

학교생활을 하면서 학생들이 경험하는 리더의 역할은 공식적인 직함이 있는 경우와 그렇지 않은 경우로 나눌 수 있다. 그러나 그 두 가지 모두에서 주변의 친구들에게 긍정적인 변화를 끌어낼 수 있어야 한다.

학교에서는 사회 조직체와 달리 강압적이거나 보상적, 그리고 합법적 권력이 존재할 수 없다. 학업이나 다른 활동에서의 전문성 권력이나 준거적 권력을 갖는 것이 전부일 것이다.

전문성 권력은 다른 친구들이 갖고 싶지만 갖지 못한 특별한 전문성, 즉 학업이나 정보, 기술을 가진 경우를 말한다. 준거적 권력은 다른 사람들의 역할 모델이 되는 사람으로서 인기를 누리고 존경을 받는다. 이 두 가지 권력이 학교생활에서 볼 수 있는 권력일 것이다.

그러면 글로벌리더가 갖춰야 할 덕목은 무엇일까?

많은 사람들이 생각하는 글로벌리더의 덕목은 제각각이다. 인문학적 소양, 튼튼한 논리, 감동과 포용성, 불굴의 의지, 도덕적 의무, 인간적 매력, 확고한 목표, 겸손과 배려, 열정, 변화를 선도하는 노력, 성실성, 유연성, 커뮤니케이션 능력과 상식적 가치, 도전적이고 진취적인 자세 등등을 포함할 수 있을 것이다.

나는 글로벌리더로서의 가장 큰 덕목을 전문영역에 대한 능력과 함께 갈등 관리를 잘 하는 능력이라고 말하고 싶다. 탁월한 전문성을 가지기 위해서는 자신감과 성취욕을 바탕으로 자기주도적인 공부가 필요하다. 커뮤니케이션을 위한 외국어는 물론, 창조적 사고, 토론과 발표력, 인문적인 소양 등을 갖추어야 한다. 자신의 생각을 잘 정리해 논리적으로 발표하고 주장할 수 있는 능력을 키워야 하는 것이다.

세계가 가는 길이 우리도 가야 할 길

나는 한국교원대학교 생물교육과에서 교육학 석사과정을 마쳤다. L 교수님의 지도를 받았는데, 사실 공부에 별로 관심이 없었다. 생물학은 깊이 들어갈수록 너무나 어려웠고, 고등학교 과정에서 가르치는 생물학 지식은 한정되어 있기 때문이다. 대신 교수님과 나누는 대화 시간을 너무도 좋아했는데, 그분은 기꺼이 제자들과 함께 하는 시간을 내 주시곤 했다. 수업시간에는 열정적으로 강의를 하시고 과제를 많이 내주셨지만, 사석에서는 아주 친근한 형과 같았고, 교육에 대해 고민을 나누는 멘토가 되어주셨던 분이다.

수업이 끝나면 교수님과 함께 미호의 칼국수집, 호프집을 찾아 많은 대화를 나눴다. DNA의 비밀을 밝힌 제임스 와슨James Watson 박사와의 만남과 그들의 이론에 대해 이야기를 해 주시기도 했고, 미국 유학생활과 실험실 생활, 미국의 교육에 대해 이야기하며 한국의 교육에 대한 고민을 나누기도 했다. 하지만 가장 격정적으로 토로하시던 주제는 역시 교육문제였고, 나 역시 많은 공감을 했다.

L 교수님은 서울대를 졸업한 뒤 잠시 교사로 근무하다가 분자생물학을 공부하기 위해 미국으로 건너가 플로리다주립대학에서 박사학위를 하셨는데, 그때의 지도교수에 대해 종종 이야기하곤 했다. 그 지도교수는 학생들의 요청을 거절하는 법이 없었다고 한다. 아무리 어려운 과제를 선택하더라도, 아무리 돈이 많이 들어가는 실

험을 하고 싶다고 해도 지도교수는 항상 '오케이'였다고 한다. 그것이 연구의 과정이고 훌륭한 연구자를 길러내는 방법이라고 생각하고 있었기 때문이다. 즉 그런 학문 풍토가 현재의 미국을 만들었다는 것이다. 참으로 감명을 받을 수밖에 없는 말이었다. L 교수님 역시 졸업논문 주제를 정할 때에 실험 재료가 비싸서 돈이 많이 드는 주제였지만 그 지도교수님의 적극적인 지도 아래 순조롭게 논문을 마칠 수 있었다고 한다.

국제 공인회계사로 현재 세계적인 대기업인 모 제약회사의 임원으로 근무하고 있는 한 후배가 했던 말이 기억난다.

정규사원이 필요해 우선 인턴사원으로 생명과학을 전공한 2명을 채용했는데, 두 사람 모두 누구나 가고 싶어 하는 대학 출신에 대학원까지 졸업한 대단한 스펙을 가지고 있었다고 한다. 두 인턴사원 모두 명석했고 이해도 빨라서 회사가 요구하는 업무를 매우 훌륭하게 해냈다. 조직 전체의 업무에서 자신에게 주어진 일들에 대해서는 무난히 해내는 편이었다. 후배는 그 인턴들에게 새로운 과제를 주었는데, 회사에서 새로 시작하고자 하는 프로젝트의 일부분인 단순한 과제였다. 사실 두 사람의 인턴을 뽑은 것은 그 때문이었다.

그러나 두 인턴사원은 화려한 스펙에도 불구하고 그 업무 수행을 제대로 하지 못했다. 남들이 하던 일이나 누구나 할 수 있는 일들은 아주 잘했지만 자신의 책임 아래 일을 계획하고 추진해야 하는 일에는 어찌할 바를 몰라 했다. 처음에 주어진 6개월의 기간 동안 프로젝트를 수행하지 못해 다시 6개월이라는 시간을 주었음에도 결국 제대로 된 보고서를 만들지 못했다. 결국 두 인턴은 크리에이티브

creative하지 않다는 이유로 정규직 계약을 하지 못하고 퇴사할 수밖에 없었다. 세계적인 기업에서는 스펙이 아무리 좋아도 크리에이티브하게 일하지 못하면 정규직원이 될 수 없다고 한다.

다른 한 후배는 명문 K대 경제학과를 졸업했다. 그는 유명 증권회사에서 근무하다가 노동운동으로 인해 해고되자, 더 공부를 하기로 하고 미국으로 건너갔다. 그는 MBA(경영학석사) 과정에 등록해 공부했는데, 수업 분위기가 한국과 너무 달라서 한동안 고전했다. 즉 학생들이 수업시간에 자유롭게 자기 의사를 표현하고 활발하게 발표하고 토론했던 경험이 없었기 때문이다. 그는 모든 반원들을 대상으로 발표자가 발표하는 단어의 횟수와 반응, 내용 등을 정리한 다음 자신이 발표할 순서에 정리한 내용을 발표하였다. 그리고 교수로부터 지금까지 이런 새로운 아이디어를 가진 학생이 없었다는 칭찬을 들었다. 어떤 주제든지 자신만의 아이디어를 가지고 연구해 가는 과정을 요구하는 것이다.

하버드대학 교육대학원 교수인 조세핀 김이 감수한 책『글로벌 인재는 어떻게 키우는가』에서는 글로벌 인재로 키우는 미국 교육에 대해 말한다. 미국에서는 다른 사람들이 가는 길을 따라가기보다 자신이 원하는 길을 찾아가도록 한다. 소위 주입식 교육, 수동적인 학습이 아니라 자기주도적인 학습을 하도록 하고, 평가하고 판단하는 것보다는 격려와 칭찬을 통해 학습을 유도한다. 또한 규정과 규칙 준수를 엄격히 하고, 경쟁보다 자신의 발전을 더 중요하게 여기도록 지도해 글로벌 인재로 성장시킨다.

학교생활기록부에서 이러한 점을 찾을 수 있다면 그 학생은 글로벌리더로 성장할 수 있는 잠재력을 가지고 있다고 해도 좋을 것이다. 글로벌리더로 성장할 잠재력이 있다는 것은 하나의 속성이 아니라 복합적이고 종합적인 속성을 갖고 있음을 말한다. 그것은 스스로 선택한 길을 주도적인 노력을 통해 찾고, 규정을 엄격히 준수하면서도 다른 사람과 더불어 상생의 길을 가고자 하는 속성을 가진 학생이라고 할 것이다. 즉 전통적인 모범생보다는 모험생이어야 한다.

창조는 기존의 상식을 무너뜨리거나 변화를 추구하는 모험심에서만 가능하다. 기꺼이 책임도 감수하고자 하는 모험심도 필요하다. 그러한 생각이나 배짱이 없다면 할 수 없는 일이다. 때에 따라서는 손해도 감수할 수 있어야 한다. 그래야만 비로소 글로벌리더로 성장할 잠재력을 가지고 있다고 할 수 있다.

이제 학교에서 가르치는 지식과 가치를 무비판적으로 받아들이는 대신, 왜 그런지, 어떻게 하면 다르게, 더 낫게 할 수 있는지를 고민해보도록 하자. 그것이 세계적인 추세다. 기존의 질서, 체계, 지식을 답습하는 것만으로는 부족하다. 그렇다. 서울대가 원하는 인재는 자신이 이루고자 하는 목표를 위해 망설임 없이 모험에 나서는 사람이다.

더 넓게, 더 깊게 파고들어라

서울대가 원하는 또 다른 인재는 다양한 교육적, 사회적, 문화적 배경과 경험을 가진 학생이다. 즉 다양한 경험을 바탕으로 공부는 물론 다른 활동들에서 더 넓고 깊게 파고드는 학생을 선발하고자 한다. 즉 획일성에서 벗어나는 학생을 선발하고자 한다. 서울대는 국가에 대한 책무를 다하기 위해 노력하는 국립대학법인이라는 점을 인식할 필요가 있다. 때문에 시대적인 발전 과정에서 만들어진 계층적인 구조를 개선하기 위한 노력을 중요하게 여긴다. 즉 다양한 문화와 경험을 수용하고 녹여낼 수 있는 능력을 갖춰야 한다. 이것은 서울대를 목표로 하기 위해서는 학업 이외에도 다양한 경험을 해야 하고, 우수한 결과를 내야 한다. 따라서 학교에서의 활동에서 더 넓게, 더 깊게 파고들어야 한다.

교과서를 벗어나 수업을 생각하고, 수업을 뛰어넘어 학업을 생각하라

우리나라 고등학교는 대학입시를 위해 존재한다고 해도 과언이 아니다. 그래서 대학에 가기 위한 학업과정을 이수하고 지식을 습득하는 것으로 교육의 본질을 곡해를 하고 있는 것 같다. 즉 입시에 필요한 교과목의 지식만 중요할 뿐 그 외의 지식과 능력은 그다지 필요하지 않은 것으로 치부하는 경향을 보인다. 다른 경험을 해보고 싶어도 어쩔 수 없이 점수로 환산할 수 있는 공부에 매진하는 것만이 살길이라고 여겼다. 하지만 다행히 학생부종합전형이 확대되면서 학교에서도 변화가 일어나고 있으며 공교육이 살아나고 있다. 재미없고 수동적인 수업에서 학생들이 스스로 고민하고 문제를 만들고 답을 찾아가는 수업으로 전환되고 있으며, 교사들도 변하고 있다. 학교가 본래 가지고 있는 의미가 되살아나면서 학생들뿐 아니라 주변의 많은 것들에 긍정적인 영향을 끼치고 있으며 학생들의 정체성과 자존감을 찾아주고 있다고 해도 과언이 아니다.

학생부종합전형을 통해 제자들을 대학에 진학시켜야 하는 교사들은 이제 학생 하나하나에 관심을 기울이고 학생이 가진 장점과 특징 그리고 강점과 적성 등에 대해 파악해야 한다. 그런 과정에서 교사와 학생간의 관계가 좋아지고 학생은 더욱 학교와 교사를 신뢰하게 되는 것이다.

한 교사는 지금도 뼈아프게 생각하는 경험을 털어놓았다. 1990년대 초반부터 2009년까지 근 20여년을 3학년 담임과 3학년 학년부장을 역임했던 교사였다. 거의 매일 11시 30분경 퇴근을 하였는데, 그때는 학생들이 모두 자율학습에 묶여 있었고 그것을 아주 당연하게 여기던 시절이었다. 학생들이 사육되고 있다는 것을 알고 있었지만 사회적인 분위기 때문에 그것이 옳은 교육의 방법이라고 생각했다.

"그때는 자율학습 시간에 책을 읽는 녀석은 정신이 나간 놈이었고, 동아리활동을 한답시고 동아리 방에 있으면 철이 없는 놈이었으며, 만약 신문을 읽으면 그 놈은 허무주의자(?)일 가능성이 있거나 사회를 비뚤어진 시선으로 볼 가능성이 있는 놈으로 응징의 대상이었습니다. 지금 생각해보면 이게 말이 됩니까? 책을 읽으면 시간을 낭비하는 걸로 생각하는 세상, 독서는 인생에 손해를 줄 뿐이라고 가르쳤다니. 생각하면 지금도 부끄럽고…."

그때는 그랬다. 교과서 공부를 벗어나는 다른 활동은 응징의 대상이었다. 교과서만이 절대선이었고 다른 것은 모두 사악한 것으로 취급되었다. 그러나 지금은 책을 읽도록 독려 받고 있으며 동아리 활동이나 학교 밖 체험활동도 중요하다. 그러한 활동을 하기 위한 경쟁도 아주 심하다. 이제는 교과서를 벗어나고, 학교를 벗어난 체험활동도 아주 중요한 교육의 방편으로 자리를 잡았다.

교과서를 떠난 수업을 생각해야 한다. 교과서의 내용은 누구나

다 알고 있는 지나간 지식이다. 그 내용을 아무리 많이 알고 있다고 해도 그를 미래지향적인 인재라고 할 수는 없다. 서울대도 그런 학생을 원치 않는다. 교과서에 실린 지식으로 한계를 정하지 말라. 그 이상에 초점을 맞추어라. 교과서를 기초로 하되, 교과서를 벗어난 공부가 필요하다. 수업시간을 벗어나 더 깊은 내용을, 더 넓은 내용을 추구해야 한다.

서울대 공대에 진학한 A는 늘 콧수염이 삐죽삐죽 솟고 약간 긴 머리를 하고 다니던 학생이었다. 성적은 우수했다. 스스로 찾아서 공부하는 학생으로, 어느 날 진학부장인 내게 와서 한 가지 제안을 했다. 정독반 학생들의 학력 증진을 위해 자신이 수학 문제를 내고 학생들에게 답안을 받아서 채점한 뒤에 우수한 성적을 올린 학생을 골라 시상하는 활동을 하겠다는 것이었다. 난 흔쾌히 승낙했다. A는 3학년 1학기 동안 매월 자신이 수학문제를 출제하고, 답안을 받고 시상을 하면서 함께 문제를 푸는 과정을 반복했다. 그런 과정을 거치면서 좀 더 어려운 문제들을 다루며 친구들과 함께 고민하고 대화를 나눴다. 그렇게 그들은 수학 실력을 향상시켰을 뿐 아니라 멤버들과 더 친밀한 관계를 맺는 계기가 되었다.

자신을 내려놓고 다른 사람을 받아들여라

나는 책을 좋아했다. 고등학교 1학년 때는 등교해서 담임선생님이 들어오시기 전까지 늘 책을 읽었다. 그날도 그랬다. 내가 자리에 앉자마자 꺼내 들었던 책은 도산 안창호 선생의 평전이었다. 나는 도산 선생의 이야기를 아주 좋아한다. 특히 구한말 조선 청년들에게 해 주셨던 말씀들이 좋다. "위인이 없음을 한하지 말고 네 스스로 위인 되기를 힘쓰라."라는 말씀은 내게 얼마나 큰 위안을 주는 말이었는지 모른다.

그날 나는 그 책을 읽다가 담임선생님에게 들켰다. 그리고 공개적으로 야단을 맞았다. 반 전체 학생들 앞에서 창피를 당했다. 그래도 입학성적이 우수했던 학생이었기에 담임선생님은 기대를 거셨을 것이다. 그래서 내가 1학년 때부터 최선을 다해 입시준비를 할 것이라고 기대하셨기에 야단을 쳤을 것이다.

다른 여러 가지 이유가 많았지만 지금도 교실 출입문 앞에서 큰 소리로 나를 꾸짖으시던 그 분의 목소리가 들리는 듯하다. 여전히 그 분의 성함이 또렷하게 기억나고, 어떤 옷을 입고 계셨었는지까지 기억이 난다. 그만큼 그때의 사건은 내 삶에서 깊게 각인되어 있다.

그 이후 나는 공부에 흥미를 잃었다. 문학의 밤이나 전시회 등등을 찾아다니며 문화 활동을 즐겼고, 방학이면 계획을 세워서 책을 읽었다. 매일 같이 말이다.

그때의 일을 떠올리면서 '교과서에 실린 지식이 내 인생에 얼마나 많은 영향을 주고 있을까?'를 생각해본다. 고등학교 시절 배운 지식들 중에서 내 인생에 가장 큰 영향과 도움을 준 것은 무엇일까?

그날, 담임선생님이 그렇게 야단을 치시지만 않았어도 나의 인생이 조금은 달라지지 않았을까 하는 생각도 해본다. 내가 읽었던 그 책이 뭐가 나쁘다고 그렇게 질책을 하셨던 건지 지금도 섭섭한 생각도 든다. 나는 그 책을 통해 도산 선생을 내 삶의 지표로 삼고 닮기 위해 노력하고 있었는데 말이다. 난 도산 선생의 그 말씀으로 인해 내가 원하는 것을 이루기 위한 도전에 나서는 것을 두려워하지 않게 되었다. 도전은 그저 삶의 당연한 과정이고, 그 도전이 실패한다고 해도 다시 도전하면 된다고 생각하게 되었다. 끝내 그 도전이 실패로 막을 내리더라도 내게 주어진 길이 아닐 뿐이라며 툭툭 털고 일어나 다른 길을 선택하면 된다는 자신감을 가지고 살아왔다.

이러한 배움은 교과서를 통해서 얻은 것이 아니다. 교과서에 담긴 지식은 마음만 먹으면 길지 않은 시간에 습득할 수 있다고 본다. 단지 기본적인 실력의 정도와 간절함의 정도, 그리고 꾸준히 공부하고 인내할 수 있는가에 따라 달라지겠지만 말이다.

내가 도산 선생의 말씀에 따라서 세상을 향해 감히 도전하겠다고 결심한 것은 하나의 작은 예일 것이다. 학교에서 배우는 경험이나 체험도 학교의 경계를 벗어나야 한다. 그래야 더욱 다양한 경험을 할 수 있다. 물론 학교 교육과정을 통해서 이루어져야 한다.

그러나 다른 사람의 것도 받아들여야 한다. 교과서로 한계를 긋는 공부는 금물이다.

공부의 결과는 성적이 전부가 아니다

서울대는 물론이고 사회 역시 획일적인 사고방식에 사로잡힌 사람을 원하지 않는다. 숫자로 표시되는 점수보다는 숫자로 표시되지 않는 개인의 열정과 소양, 역량에 더 가치를 둔다. 숫자로는 한 개인이 가진 역량이나 능력을 측정하기 어렵다. 그래서 대학뿐 아니라 많은 기업에서는 기본적인 서류전형 이후에 면접을 강화하고 있는 것이다. 학교나 학점을 무시하고 면접만으로 사원을 선발하는 경우도 점점 많아지고 있다. 즉 원하는 인재를 선발하기 위해 직접 면접을 통해서 개인이 가진 역량을 측정하고자 하는 것이다.

숫자로 보여주는 성적은 기본적으로 서울대에 지원하는 다른 학생들과 비슷한 정도면 된다. 그 외에는 내가 가진 소양이나 열정 등 숫자로 나타나지 않는 자질을 측정하기 위한 면접을 통과할 수 있어야 한다. 이 면접의 목적은 학문적인 능력을 알아보기 위함이지만 그 문제를 해결하는 과정에서 다른 자질들에 대해서도 측정하기 위함이다. 학습 결과는 성적으로만 나타나는 것이 아니다. 경험의 기록이고 생각의 발전이다. 생활과 삶에 대한 태도가 드러나고 다른 사람과 협력할 수 있는 능력이다.

현재 서울대는 수시전형, 지역균형전형, 일반전형 모두 면접을 치른다. 지역균형전형은 학생이 제출한 서류를 바탕으로 하는 면접이고 일반전형은 각 학과에서 필요한 문제해결 능력을 측정하는 구술 면접이다. 이러한 면접에서 통과하려면 넓고 깊게 공부한 경험이 바탕이 되어야 한다. 교과서적인 지식만으로는 불가능하다. 한 교과의 내용을 다른 교과의 내용에 접목해 해결할 수 있는 능력도 필요할 것이다. 한 교과의 내용을 고등학교의 수준보다 더 높은 수준으로 해결할 수도 있을 것이고, 자신만의 독특한 방법으로 해결할 수도 있을 것이다.

공부의 결과는 숫자로 표기되는 성적이 전부가 아니다. 교과서를 벗어나 교과서를 공부하고, 자신이 알고 있는 것을 벗어나 새로운 것을 받아들이도록 하자. 그렇게 받아들인 것을 자신의 것으로 만들고 다른 과목이나 영역에 적용해보자. 바로 이것이 서울대가 원하는 것이다.

물러서는 것이 나아가는 것이고, 주는 것이 얻는 것이다

서울대가 원하는 인재의 다섯 번째 속성은 약자에 대한 배려심과 공동체의식을 가진 학생이다. 우리나라 지도자 양성에서 서울대가 가장 큰 몫을 담당하고 있다는 것은 분명한 사실이다. 물론 학자를 길러내는 것이 목표이기는 하지만 사회 각계에서 필요한 지도자를 키워내고 있는 것 또한 주지의 사실이다.

어떤 분야에 있어서든 리더로서의 역할을 올바로 수행하기 위해서는 가장 먼저 자신의 이익에 앞서 공동체의 이익을 우선해야 한다. 즉 다른 사람을 배려하는 태도가 필요하다. 거기에 더해 국가단체 혹은 공공단체나 기관을 이끌어갈 리더라면 더욱 확고하게 공동체의식이 몸에 배어 있어야 한다. 서울대가 지역균형과 기회균형선발특별전형이라는 제도를 통해 열악한 환경에서 열심히 공부하는 잠재력 있는 학생을 선발하는 것은 이 때문이다. 따라서 다른 사람들을 돕거나 지속적으로 봉사하면서 우수한 자질을 가지고 있는 학생이라면 서울대가 원하는 인재라고 할 수 있다.

약자를 앞에서는 뒤로 물러서고 정의를 위해서는 앞으로 나아가며, 가진 것이 없는 자에게는 나누어 주며 함께 가는 공동체의식이야말로 내게 필요한 것을 얻는 것이다.

내가 가진 것은 나누어야 복이다

우리학교에서는 서울대 수시전형에서 매년 합격자를 내고 있다. 강북에 위치한 일반계 고등학교라는 점을 감안한다면 매우 많은 학생들이 서울대에 진학한다. 1단계에서는 늘 전국의 모든 고등학교 중에서 30~50위권을 유지하고, 2단계까지 사정이 끝난 후의 최종 합격자수는 전국에서 50~70위권에 위치하며, 정시합격자까지 포함하면 100위 정도를 한다. 정시보다 수시에 합격자를 많이 내는 것이다.

2017학년도에서도 수시에서 5명, 정시에서 2명으로 총 7명이 합격해 예년과 비슷한 수준을 나타냈다. 내가 진학부장을 하는 동안 서울대 수시전형에서 1차 합격한 학생들은 지역균형을 제외하고 3년간 매년 10명 내외였다. 최종 합격자는 7명 내외로 비슷한 수준을 유지했다. 이는 일반고로서는 매우 높은 숫자이다.

모 대학에서 서울진학지도협의회 교사들을 대상으로, 우리학교가 다른 학교보다 서울대 수시전형으로 합격한 학생들이 많은 이유에 대해 발표하는 세미나가 열렸다. 그때 나는 그 이유를 공통적인 이유와 차별적인 이유로 분석했다.

공통적인 사항은 성적이 매우 우수한 학생들이라는 점이다. 즉 교과성적이 1등급에서 2등급 사이였다. 그리고 다른 이유로는 학생들의 품성이 뛰어나고 다른 학생들과 잘 어울리면서 도움을 주는데 인색하지 않았던 점으로 분석됐는데, 그들이 고등학교 3년간 봉사활동을 한 시간을 대략적으로 살펴보니 약 120여 시간이나 되었다. 학업능력이 우수한데다 봉사활동 시간도 매우 많은 학생들이 대부분이었다.

그 봉사활동의 내용을 보면 더욱 칭찬할 만하다. 그들의 봉사활동은 크게 두 가지 영역으로 나누어 볼 수 있다. 하나는 사회적 약자를 직접 돕는 것이고, 또 다른 하나는 자신의 재능을 기부하는 것이었다. 서울대 합격자들은 학교에서 조직적으로 실시하는 '독거 어르신에 대한 도시락 배달'봉사를 짧게는 1년, 길게는 2년 이상을 지속해온 학생들이었다. 그들은 매주 하루씩 독거 어르신들에게 도시락을 배달한다. 8교시와 석식시간을 이용하여 그 어르신들에게 도시락을 배달하고, 그 어르신들과 대화를 하고 위로하며, 대화를 나눈다. 그리고 필요하면 안마도 해드리고 온다. 비가 오나 눈이 오나 시험기간이거나 관계없이 진행된다. 성적이 좋은데다 소외계층을 위한 봉사정신이 뒷받침 되는 학생들이므로 서울대가 좋아하지 않을 수가 없었던 것으로 보인다.

또 다른 하나는 재능기부인데, 보통 동아리활동을 통해 이루어졌다. 과학동아리, 수학동아리, 컴퓨터동아리, 경제동아리 등등 다양하다. 그들은 이 동아리활동을 통해 학교 축제에서 다른 학생들을 가르치거나 주변 학교, 아동센터, 다문화센터 등을 통해 자신들이 가진 재능을 나누었다. 이들은 대개 도시락 봉사활동과 함께 재능기부를 겸하고 있어서 더욱 의미가 있었고, 합격률이 높았던 것으로 보인다.

더불어 함께 할 줄 아는 학생

몇 년 전에 우리반 학급회장을 맡았던 L은 서울대 수리과학부에 수시전형으로 합격했다. 일반고에서는 생각을 하기 어려운 학부가 수리과학부인데, 우리학교에서는 3년 연속 합격자를 배출해 강북의 평범한 일반고가 해낸 기적이라고 생각하는 사람까지 있었다. 자율전공을 통해 수리과학부에 진학한 학생을 포함하면 4년 연속 합격자를 배출했다.

L은 어떻게 서울대 수리과학부에 합격할 수 있었을까? 성적이

뛰어났던 것은 물론이다. 거기에 대인관계가 매우 좋은 학생이었다. 그는 다른 학생들이 "God OO"라 불렀을 정도로 알고 지내는 모든 학생들이 그를 좋아했다. 그의 주변에는 늘 많은 학생들이 모여들었다. 그럼에도 그는 짜증 한번 내지 않고 어울리며 언제나 즐거운 표정이었다. 담임인 나는 그가 공부할 시간을 빼앗길까 염려가 되었는데, 정작 본인은 개의치 않았다. 그런 모습을 보고 감동한 나는 추천서에 이런 사실을 구체적으로 적어 주었다.

L은 두 가지의 활동을 했다. 하나는 맹인을 위한 점자책을 만드는 봉사활동이었고, 다른 하나는 친구들과 함께 축구팀을 운영한 것이다. 점자책을 만드는 봉사활동은 고등학교 입학부터 3학년 1학기까지 매월 정기적으로 시간을 내서 꾸준하게 했다. 매월 2~3번씩 봉사활동을 하였으며 상당히 많은 시간을 봉사활동에 할애했던 것으로 기억한다.

축구팀은 '정독반'에 소속된 학생들을 중심으로 구성해 활동했다. 우리학교에서는 상위권 학생들을 '정독반'이라는 이름으로 함께 공부할 수 있도록 운영하고 있는데, 물론 본인이 희망하는 학생들만 대상으로 한다. 정독반에 지원하는 학생들이 많아서 일정한 선발기준을 정해 선발하는데, 엄격한 규정을 지켜야 한다. 성적이 아무리 좋아도 규정을 지키지 못하면 즉시 나가야 하고 차점자가 그 자리를 승계한다.

L은 1학년 때부터 정독반에 속해 있었지만 축구를 매우 좋아해서 정독반 친구들을 모아 '청원 Arsenal'이라는 축구팀을 조직해 운영했다. 유니폼도 맞추어 입고, 주말이면 매주 거르지 않고 다른 학교 학생들과 게임을 즐겼으며, 축구팀 운영에 필요한 경비는, 공 몇 개와 필요한 음료수 정도지만 그것도 L이 각종 대회에서 수상한 상품

권과 상금으로 충당했다.

서울대는 그런 곳이다. 성적이 좋아야 하지만 다른 사람과 더불어 함께 할 줄 아는 학생을 선택한다. 매년 지원자 풀에 따라 다르겠지만, 그 지원자 중에서도 이러한 조건을 가장 잘 갖춘 학생이 합격을 하는 것이다.

자신의 것을 나누고자 할 때 기회가 있다

약자를 돕고 보호한다고 하면 매우 거창한 것으로 생각하기 쉽다. 하지만 단순하고 작은 무엇인가로 할 수도 있다. 멘티를 위해서 멘토 역할을 하는 일, 멘티를 위해서 노트를 정리해 주는 일 등 자기의 시간과 노력을 다른 사람의 행복을 위해 쓰는 것이다.

우리학교는 '일인일역'이라는 이름으로 각자가 반에서 담당해야 하는 일을 분담해 지명하기도 한다. 나도 그렇다. 쓰레기를 치우는 사람, 칠판을 닦는 사람, 청소를 하는 사람, 공부를 도와주는 사람 등등이다.

내게는 아들 둘이 있다. 모두 잘 자라고 있어 매우 만족스럽게 생각한다. 큰 아들은 독일에서 귀국한 한 친구가 따돌림을 당하는 걸막아 보호하는 일을 하였고, 둘째는 다리가 아픈 친구를 위해서 일년 내내 가방을 들어주면서 함께 했다.

큰 아들이 중학교 1학년이 끝나갈 무렵 한 어머니가 케이크를 사가지고 우리 집을 방문한 일이 있었다. 독일에서 귀국해 큰 아들과 같은 학교에 배정된 H의 어머니였다. H는 한국말이 어눌해서 아이들로부터 따돌림을 당하고 있었다. H가 학교생활이 매우 힘들어 했을 것은 빤한 일이었다. 그것을 알게 된 큰 아이는 H를 옹호하고 함께 어울려 주었다. 다른 친구들이 H와 어울리지 말라고 종용했을 때에도 큰 아이는 들은 척도 하지 않았다. H에게 아무런 잘못도 없기 때문이라고 했다. 그리고 그런 사실을 뒤늦게 알게 된 H의 어머니가 우리 집을 찾아와 감사를 표한 것이다. H는 중학교를 졸업할 때까지 우리 아이와 같은 반에서 함께 공부했다. 그리고 고등학교는 각자 다른 학교로 진학했지만 무사히 졸업하고 H는 독일로 돌아가 대학에 갔다. 그 일로 인해 내가 아들에 대해 무한한 신뢰를 갖게 된 것은 당연했다.

둘째 아이에겐 이런 일이 있었다. 아내가 공개수업에 참관하기 위해 학교에 갔을 때, 학부모 한 분이 반갑게 인사를 건네며 감사함을 표했다고 한다. 아내가 의아한 표정을 짓자, 그 학부모는 그동안에 있었던 일에 대해 알려 주었는데, 아들이 다리가 불편해 수술을 몇 번을 받았고 아직 다 낫지 않아 목발을 짚고 학교에 다녀야 했다는 것이다. 그러자 둘째 아이가 그 친구를 도와주었고, 그 친구가 국어 수행 과제로 둘째 아이에게 주는 헌시를 써서 수업시간에 낭독했다는 것이다. 그 학부모는 아내에게 그 시를 아내에게 보여 주었는데, 우리는 지금도 그 시를 잘 간직하고 있다.

아이들이 사회적 약자를 배려하는 모습은 얼마든지 찾아볼 수 있다. 다만 그것에 관심을 기울이지 않기 때문에 보지 못하는 것이고, 우선순위에서 제쳐놓고 있을 뿐이다. 혼자 밥을 먹는 친구를 위해 함께 식탁에 앉아주는 친구도 있고, 외톨이로 지내는 아이를 위해서 말을 걸어주는 친구도 있다. 힘들어 하는 친구를 위해서 말없이 함께 공감해 주는 친구도 있다.

나는 앞에서 서울대는 사회적 약자에 대한 배려심과 공동체의식을 갖춘 인재를 원한다고 말했다. 그런 품성을 갖춘 아이로 키우고, 되고 싶은가? 어렵지 않다. 조금만 관심을 가지고 주위를 둘러보면 된다. 그리고 거기에 약간의 시간과 마음을 나누기만 하면 된다. 나의 이익을 얻어내는 데만 몰두하는 것이 아니라 다른 사람의 이익을 위해 조금만 희생할 수 있는 마음을 갖출 수 있으면 된다. 내 주장만 내세우기보다 다른 사람의 의견에 귀를 기울여 줄 수 있는 여유만 있으면 된다. 그러면 친구들이 오히려 더 크게 돌려준다. 더 크고 아름다운 선물로.

FREE PASS

서울대의
전형방법을 알아야
전략이 가능하다

입시준비에서 전략은 필수다. 대부분 고등학교 1학년 무렵 그런 전략을 세우지만 더 일찍 시작하기도 한다. 급한 대로 2학년 때 세우는 경우도 있다. 입시 전략을 세우기 위해서는 먼저 전형방법을 확실하게 이해해야 한다. 전형방법을 제대로 알지 못한다면 전략을 세울 수 없다. 전형방법은 대학 입학처에 공개되어 있으므로 누구든지 확인이 가능하다.

　해마다 'OO학년도 신입학생 선발요강'이 발표되는데, 여기에서는 서울대 입학처 홈페이지에 올라 있는 모집요강과 그에 관련된 서류를 종합해서 정리했다. 입학본부에 모집요강이 공개되었다고 해도 접근하는 것이 쉽지 않고, 설사 접근했다고 해도 쉽게 이해하기 어려운 부분이 있기 때문에 모집요강을 분석해 서울대의 전형방법을 이해하기 쉽게 정리해 주고자 하였다.

전략 3.

서울대
학생 선발방법을
이해하라

서울대 학생선발 방법은 크게 수시선발전형과 정시선발전형으로 나뉜다. 수시선발전형은 지역균형전형과 일반전형, 그리고 기회균형선발특별전형Ⅰ(정원 외 전형)로 모든 전형이 학생부종합전형이면서 면접을 치른다. 지역균형전형과 기회균형전형은 수능시험의 일정한 등급을 최저 학력으로 하고 있기 때문에 수능시험을 잘 치러야 한다. 하지만 일반전형은 수능성적과 관계없이 지원과 합격이 가능하다.

정시선발전형은 수능성적만 반영하는 전형이다. 여기에는 일반전형과 서류평가 및 면접을 통해 합격을 결정하는 기회균형선발특별전형Ⅱ(정원외 전형)가 있다.

학생부종합전형 선발시스템

서울대가 추구하는 미래상은 '세계적 소명을 실천하는 창의적 지

식공동체'이다.[5]

당연히 이런 미래상에 부합하는 인재를 선발하고자 한다. 좀 더 구체적으로 이야기하자면, '우수한 학업능력'과 '적극적인 학업태도' 를 지니고 있는 학생을 선발하는 것이 서울대의 선발기준이라고 할 수 있다. 그리고 이런 기준을 바탕으로 수시에서는 100%로 학생부 종합전형으로, 정시에서는 대학수학능력시험을 중심으로 선발하고 있다.

학생부종합전형이란?

학생부종합전형은 학생부를 종합적으로 판단해 학생을 선발하는 것이다. 서울대가 밝히고 있는 학생부종합전형은 '수치로 계산된 성 적만을 반영하는 것이 아니라 지원자가 제출한 서류를 바탕으로 학 업능력뿐만 아니라 학업에 대한 노력, 의지, 열정, 적극성, 도전정 신, 발전 가능성 등을 종합적으로 평가하는 방식'이라고 하였다.[6]

이것은 학생부에 나타난 성적이나 대입수학능력시험 점수처럼 정 형화된 숫자만으로 한 학생이 가지고 있는 다양한 능력을 모두 보 여주지 못한다고 인식하는 데서 출발한다. 학생들이 가지고 있는 가능성과 자질은 매우 다양하기 때문에 그와 같은 다양한 능력을 평가하기 위해서는 수치나 정형화된 공식뿐 아니라 다른 방법이 필 요하다는 것이다. 학생이 가지고 있는 잠재력이나 학생이 속한 환 경과 학업 동기, 학업에 대한 의지, 열정, 노력과 같은 학생의 내면

---

5) 서울대학교 입학본부, 《2018학년도 서울대학교 학생부종합전형안내》 p.3
6) 서울대학교 입학본부, 《2018학년도 서울대학교 학생부종합전형안내》 p.4

적인 요소를 반영하기 위해서도 학생부의 종합적인 평가가 필요하다는 판단이다.

학생부종합전형에서는 학교생활기록부, 자기소개서, 교사 추천서, 학교에서 제출한 학교소개 서류와 교육과정 등을 종합적으로 평가한다. 그래야 학생의 학업능력, 학업에 대한 노력, 의지, 열정, 적극성, 도전정신, 발전 가능성 등을 판단할 수 있기 때문이다.

학생부종합전형의 필요성

서울대가 밝힌 학생부종합전형의 필요성은 다음과 같다.[7]

"우리의 대입 환경은 고등학교 선생님과 학생, 학부모 모두 많은 시간과 자원을 투입하고도 대학과 사회가 요구하는 창의적인 인재 육성에 충분히 부응하지 못하고 있습니다. 서울대학교는 학생부종합전형의 종합평가 방식을 통해 고등학교 교육이 수능과 내신 위주의 획일적이고 일방적인 교육에서 탈피하여 학생 개개인의 적성과 발전 가능성을 계발하여 창의적인 인재를 육성하는 바람직한 교육 시스템으로 변화시키는 데 기여하고자 합니다.

점수 위주의 선발 방식에서는 매우 미미한 점수 차이에 의해 합격과 불합격이 결정됩니다. 이 같은 방식은 간단하고 편리한 선발 방법이지만, 창의적 인재를 필요로 하는 대학과 사회의 요구에 부응하는 적절한 방식인지는 의문입니다. 서울대학교는 학생들의 학업 능력과 발전 가능성을 면밀히 평가하기 위해 수치의 단순한 합산을

---

7) 서울대학교 입학본부, 《2018학년도 서울대학교 학생부종합전형안내》 p.4

넘어서는 평가 방법을 고민하게 되었습니다. 그 결과 '학교생활기록부 내용에 기반한 종합적이고 다면적인 평가'를 도입하게 되었습니다. 이는 교과성적, 교내외 활동의 결과만을 평가하는 것이 아니라 그 동기와 과정까지 다면적이고 심층적으로 평가하는 방법입니다.

종합적인 평가 방식의 가장 큰 의의는 각각의 점수를 단순히 합산하는 방식으로는 평가할 수 없는 학생들의 학업능력과 잠재력을 더욱 면밀하게 평가할 수 있다는 점입니다. 그리고 학생들이 대부분의 시간을 보내는 학교에서 이루어지는 활동과 노력을 중심으로 평가하기 때문에 학교 교육 안에서 성장하는 데 기여할 수 있습니다."

현재 우리나라 입시환경은 학생, 학교, 학부모가 많은 시간과 노력을 투입하고서도 대학과 사회가 요구하는 인재를 육성하지 못하고 있다는 것이 중론이다. 그러므로 학교생활기록부와 자기소개서, 교사 추천서, 그리고 학교소개 자료 등을 종합적으로 평가함으로써 대학에서 필요로 하는 잠재력을 가진 학생을 선발하고자 하는 것이 학생부종합전형이다.

학생부종합전형의 운영 : 다수의 평가자에 의한 다단계 평가시스템

학생부종합전형은 많은 장점을 가진 아주 훌륭한 선발제도라고 할 수 있지만 평가자의 주관이 개입될 수 있다는 우려가 있다. 그래서 서울대는 한 명의 지원자에 대해 여러 입학사정관들이 여러 단계에 걸쳐 체계적으로 평가함으로써 공정성을 확보하는 다단계 평가

시스템을 운영하고 있다. 서울대가 밝힌 평가시스템을 보면, 현재 전임 입학사정관 26명과 위촉 입학사정관 110명 등이 5단계의 평가 과정을 거친다.[8]

단계	평가 과정
준비 단계	전임 입학사정관은 평가 전문성을 갖추기 위한 노력. 입학사정관의 주관에 따라 평가가 이루어지지 않도록 장기간의 교육과 사전 모의 평가를 통해 서류평가를 준비한다. 또한 고등학생들의 학업 특성을 이해하기 위한 세미나, 데이터 분석, 학교 방문, 교육 전문가와의 공동연구 등을 통하여 다양한 환경의 학생들의 우수성 지표를 파악하고 공정하게 평가할 수 있도록 최선의 방안을 모색.
1단계 : 전임 입학사정관 1단계 평가	전임 입학사정관이 지원자가 제출한 서류를 바탕으로 학업능력, 학업태도, 학업 외 소양 등을 중심으로 창의적 인재로 발전할 가능성을 종합적으로 평가. 각 지원자의 우수한 자질, 면접에서 확인해야 할 사항, 지원자에 대한 평가 의견이 담긴 평가서를 작성
2단계 : 전임 입학사정관 2단계 평가	동일한 지원자에 대해 다른 전임 입학사정관이 1단계 평가와 동일한 방식으로 평가. 평가의 공정성과 신뢰성을 확보하기 위해 2단계 평가자는 1단계 평가 결과에 대한 정보를 제공받지 않은 상태에서 독립적인 평가를 진행
3단계 : 1,2단계 평가 결과에 대한 검토 및 조정	각각 독립적으로 진행한 1단계 평가 결과와 2단계 평가 결과를 비교하고 검토. 동일한 지원자에 대해 1, 2단계 평가 결과가 일정 수준 이상 상이한 경우, 대학입학전형위원회에서 평가 결과를 면밀히 검토하여 조정하는 과정을 거침
4단계 : 위촉 입학사정관 평가	각 단과대학의 교수들로 구성된 위촉 입학사정관이 해당 모집단위에 적합한 인재인지 평가. 한명의 지원자에 대해 2인 이상의 위촉 입학사정관이 평가하며, 1, 2단계 평가를 담당한 전임 입학사정관과 평가에 대한 의견을 교환하기도 하면서 최종 서류평가 결과를 도출
5단계 : 최종 평가	입학 본부와 각 단과대학별 평가 책임자들로 구성된 평가위원회에서 평가 결과를 최종 확인하고 결정. 동일한 지원자에 대해 1~4단계 평가 결과가 상이한 경우, 대학입학전형운영위원회에서 평가 결과를 검토하여 최종적으로 확정

입학사정관들은 지원자들이 제출한 평가 자료의 모든 내용을 바탕으로 학생의 우수성을 평가한다. 각 서류와 항목에 정해진 비율이 없어 평가자가 서류를 평가한 다음 종합적으로 지원자의 우수성을 판단한다. 제출된 모든 서류의 모든 내용을 평가에 반영하며 지원자의 학업능력이 얼마나 우수한지 판단하기 위한 자료로 활용한다.

매년 각 고등학교에서 제출한 학교소개 자료를 받아 학생을 이해

---

8) 서울대학교 입학본부, 《2018학년도 서울대학교 학생부종합전형안내》 p.5

하기 위한 기초자료로 활용하고 있는데, 그에 대한 기법도 다양하다. 고등학교 교사를 대상으로 이에 대한 상황을 설명하고 있으며, 각 학교 교육과정을 해석해 학생이 처한 학교의 교육환경을 이해하고자 노력한다. 또한 연수와 모의 평가와 토론과 협의를 계속하면서 더욱 공정한 평가를 하려고 노력하고 있다. 특히 우리나라 최초로 학생부종합전형을 도입한 서울대는 유수의 외국 대학 사례를 수집해 활용 방안에 대한 연구를 진행해왔다. 현재 서울대 학생부종합전형 선발방식은 모든 대학 중에서 가장 공정하다고 할 수 있다.

서울대 입학전형 방법

서울대의 입학전형은 수시모집과 정시모집으로 나눌 수 있다. 수시모집은 매년 9월초에 지원서를 접수한 후에 서류평가와 면접을 통해 학생을 선발한다. 지역균형선발전형과 일반전형, 그리고 기회균형선발특별전형Ⅰ이 있다. 정시모집은 대학수학능력시험 성적을 가지고 지원자의 성적순으로 선발하는 것으로 일반전형과 기회균형특별전형Ⅱ가 있다. 이를 요약하면 아래의 표와 같다.[9]

구분	전형	전형 소개	전형 요소
수시	지역균형선발전형	다양한 지역적, 사회·경제적 배경에서 고등학교 교육과정을 충실히 이수한 잠재력 있는 인재들을 선발하기 위한 전형	서류평가, 면접
	일반전형	학업능력이 우수하고, 모집단위와 관련된 분야에 재능이나 열정을 가진 학생을 선발하기 위한 전형. 고등학교 교육과정을 이수하면서 다양한 형태로 발현될 수 있는 학생의 열정과 재능을 다각도로 평가하여 모집단위 특성에 부합하는 학생을 선발	서류평가, 면접 및 구술평가

9) 서울대학교 입학본부, 《2018학년도 서울대학교 학생부종합전형안내》 p.3

		다른 학생들에 비해 지역적, 경제적, 문화적, 개인적으로	
수시	기회균형 선발특별전Ⅰ (정원 외 전형)	어려움이 많지만 적극적인 자세와 열정, 도전 정신을 통 해 이를 슬기롭게 극복하여 높은 성취를 이룬 학생들을 선발하기 위한 전형으로 저소득가구 학생과 농·어촌지 역 학생, 농업생명과학대학에 지원하는 농업계열 고교 졸업예정자를 대상으로 운영되는 전형	서류평가, 면접
정시	일반전형	학업능력이 우수한 학생들을 선발하기 위한 전형	대입수능시험 성 적
	기회균형 선발 정형Ⅱ(정원 외 전형)	신체적, 정신적 어려움으로 학업을 수행하는 데 대학의 지원과 배려가 필요한 특수교육 대상 학생들과 북한 이 탈주민을 선발하기 위한 전형	서류평가, 면접

이러한 전형에는 각 전형에 필요한 요구사항이 존재한다. 그러므로 서울대에 지원하고자 하는 학생들은 어느 전형에 해당하는지를 정확하게 파악해야 한다. 그래야만 무엇을 어떻게 준비해야 할지 결정할 수 있기 때문이다.

수시모집 지역균형선발전형[10]

지역균형선발전형(이하 '지역균형'이라 함)은 전국의 모든 지역에 속해 있는 고등학교에서 추천할 수 있는 전형이다. 학교의 수준이나 여건에 관계없이 소속 고등학교장의 추천을 받은 졸업예정자가 대상이다.

지원자격

지원자격은 소속 고등학교장의 추천을 받은 졸업예정자이어야

---

10) 서울대학교 입학본부, 《2018학년도 대학 신입학생 수시모집 안내》 p.13~17

한다. 조기 졸업예정자는 제외된다. 각 고등학교별 추천인원은 2명 이내이며, 각 고등학교는 반드시 학교장 직인이 날인된 추천자 명단을 서류제출 기간 내에 공문으로 제출해야 한다.

이때가 되면 각 고등학교는 매우 바쁘고 긴장감이 넘친다. 학교별로 선발하는 기준을 세워서 선발하는데, 학생과 학부모 사이에 아주 민감한 문제가 생길 수 있으므로 아주 공정하게 선발해야 한다. 학교 기준에 따라서 지역균형선발전형을 위해 준비하는 학생들이 있기 때문에 그들을 설득할 수 있는 절차를 밟아야 한다.

대부분의 학교에서는 교과성적이 가장 좋은 학생을 선발해 추천한다. 서울대의 지역균형선발전형은 학생부종합전형이므로, 대상 학생의 학교생활기록부를 분석해 평가하는 위원회를 구성하여 선발하는 경우도 있고, 평가 영역을 교과성적을 기준으로 선발하는 경우도 있다. 우리학교의 경우에는 대개 성적이 우수한 학생들이 비교과 영역에서도 뛰어나다는 전통과 같은 것이 있어서 교과성적으로만 선발해도 큰 문제는 없었다. 그러나 비교과 영역을 평가하여 선발할 경우에 열성적인 부모로부터 항의를 받기도 하고, 교과성적만으로 선발하였을 경우에는 비교과 영역을 도외시한다는 비판을 받기도 한다.

그러나 학교에서 입시전문가인 진학 관련 교사들의 협의를 통해 추천할 경우에는 크게 어긋나지 않는 성과를 거둘 수 있다. 추천은 매우 신중하고 공평한 기준을 세워 적용되어야 하는데, 각 학교마다의 특성과 과거 지역균형선발전형 추천자의 합격 이력 등을 감안한 학교마다의 규정에 따르면 된다.

서류평가 및 면접

지역균형(지역균형선발전형)의 서류평가 자료는 학생부, 자기소개서, 추천서 등의 제출된 서류이다. 다수의 평가자에 의하여 다단계 종합 평가를 한다. 평가내용은 학업능력, 자기주도적 학업태도, 전공분야에 대한 관심, 지적 호기심 등 창의적 인재로 발전할 가능성을 종합적으로 평가한다. 고등학교 전 과정에서 국어, 영어, 수학, 사회, 과학뿐만 아니라, 음악, 미술, 체육 등 전 교과를 충실히 이수하였는지도 고려한다. 대학입시에 중요하지 않다고 볼 수 있는 예체능 과목이나 기술, 가정 등의 성적이 형편없이 낮다면, 수업에 충실하지 못한 면을 나타내므로 합격하기가 어렵다. 그러므로 서울대를 목표로 하는 학생은 학교에서 제공되는 모든 수업에 충실해야 한다. 학교 수업에 충실하게 참여했다는 점을 보여야 하고 일정 정도 이상의 성적은 필수다. 또한 공동체의식, 교육환경, 교과이수 기준 충족 여부 등을 고려하고 확인한다. 사범대학의 체육교육과는 실기능력을 평가에 반영하기도 한다.

지역균형에 지원한 학생은 모두 면접을 실시한다. 면접 내용은 제출된 서류를 토대로 하여 서류 내용과 기본적인 학업 소양을 확인하는 서류 기반 면접을 실시한다. 주로 인성 관련 질문인데, 지원학과와 관련된 지식 위주의 질문도 가능하고, 제출된 서류의 내용 및 지원학과의 관점에서 전공 관련 지식을 응용하여 질문할 수도 있다. 자기소개서의 내용과 학생부 내용을 꼼꼼히 살펴야 한다.

사범대의 경우는 교직 적성과 인성 면접을 포함한다. 면접 방법은 지원자 1명을 대상으로 하여 복수의 면접위원이 약 10분 내외로 실시한다.

수시모집 지역균형선발전형 수능응시 기준

지역균형에 지원하는 학생은 반드시 수능시험에 응시하여야 한다. 수능시험에 응시할 경우에는 지원하는 학과에 따라 응시기준이 다르므로 주의해야 한다. 만약에 지원하는 학과나 지원단위에서 요구하는 응시기준에 적합하지 않을 경우에는, 수능 최저학력 기준을 통과했다 하더라도 불합격할 수 있기 때문이다.

수능 응시기준은 3가지 유형으로 나누어 제시되고 있다. 이 기준은 대학에서 학생들이 수행해야 하는 학업 내용과 아주 밀접한 관계가 있으며 다음의 표와 같다.

수시모집 지역균형전형 수능응시 기준[11]

유형	모집 단위	응시 기준
I	인문대학 사회과학대학 경영대학 농업생명과학대학 농경제사회학부 사범대학 : 국어교육과, 영어교육과, 독어교육과, 　　　　　불어교육과, 사회교육과, 역사교육과, 　　　　　지리교육과, 윤리교육과 생활과학대학(식품영양학과 제외) 자유전공학부	국어, 수학 '나', 영어, 한국사, 사회/과학탐구, 제2외국어/한문* 또는 국어, 수학 '가', 영어, 한국사, 과학/사회탐구
II	자연과학대학 공과대학 농업생명과학대학(농경제사회학부 제외) 사범대학 : 수학교육과, 물리교육과, 화학교육과, 　　　　　생물교육과, 지구과학교육과 생활과학대학 식품영양학과 수의과대학 의과대학 치의학대학원 치의학과	국어, 수학 '가', 영어, 한국사, 과학탐구
III	간호대학 미술대학 사범대학 체육교육과 음악대학	국어, 수학 '나', 영어, 한국사, 사회/과학탐구 또는 국어, 수학 '가', 영어, 한국사, 과학/사회탐구

---

11) 서울대학교 입학본부, 《2018학년도 대학 신입학생 수시모집 안내》 p.16

- * 유형 l 중 「국어, 수학 '나', 영어, 한국사, 사회/과학탐구, 제2외국어/한문」의 경우
- 제2외국어/한문을 반드시 응시해야 함
- 과학탐구영역 응시기준 : 과학탐구 2개 과목은 서로 다른 분야의 l+ll, ll+ll의 두 조합 중 선택해야 한다. 동일 분야의 l+ll(예, 화학l+화학ll)는 인정하지 않음

수시모집 지역균형선발전형 수능 최저학력 기준

지역균형은 학생부종합전형으로 학생을 선발하지만 대학수학능력시험 성적을 반영한다. 각 고등학교의 교과성적이 우수한 학생은 학교생활을 아주 충실하게 이수한 학생이라고 할 수 있으므로 서울대의 선발요건을 충족한다. 그러나 학업성적이 좋음에도 학업능력이 떨어지는 경우가 있다. 이를 방지하기 위해 수능성적을 어느 기준 이상 취득해야 하는 조건을 걸었다. 대학수학능력시험의 국어, 영어, 수학, 탐구(탐구과목은 2과목 모두)영역 중에서 3개 영역 이상 2등급 이내에 들어야 한다. 이는 각 영역에서 상위 11%에 속하는 성적이다. 각 과목에서 2등급이 11% 이내인데, 3과목 모두 2등급 이내라면 상당히 우수한 성적이다. 그렇기에 수능시험 성적에 부담을 느끼는 학생은 교과성적이 좋고 지역균형전형 추천대상이 되더라도 추천받지 않는 경우도 있다.

지역균형전형은 면접을 실시하기 전에 대입수학능력시험(이하 수능시험)의 성적이 발표되므로, 최저학력 기준을 통과하지 못하면 면접에 응시할 수 없다. 최저학력 기준은 매우 높은 수준이므로 대부분의 지역균형전형에 지원한 학생들은 최저학력 기준을 통과하였을 경우에는 합격률이 매우 높아진다. 지역균형선발전형의 수능 최저학력 기준은 다음의 표와 같다.

수시모집 지역균형선발전형 수능 최저학력 기준[12)

모집 단위		수능 최저학력 기준
전 모집단위 (음악대학 제외)		4개 영역 (국어, 수학, 영어, 탐구) 중 3개 영역 이상 2등급 이내
음악대학	작곡과	4개 영역 (국어, 수학, 영어, 탐구) 중 3개 영역 이상 2등급 이내
	성악과, 기악과	4개 영역 (국어, 수학, 영어, 탐구) 중 2개 영역 이상 3등급 이내
	국악과	4개 영역 (국어, 수학, 영어, 탐구) 중 3개 영역 이상 3등급 이내

● 사회 또는 과학 탐구 영역 2등급 충족 인정 기준 : 2개 과목 모두 2등급 이내
● 사회 또는 과학 탐구 영역 3등급 충족 인정 기준 : 2개 과목 모두 3등급 이내
● 탐구영역 등급 충족 기준에 한국사는 포함되지 않음

직업탐구영역 응시자의 지원 가능 대학

서울대는 마이스터고나 특성화고 졸업자를 위해 직업탐구영역 응시자도 지원할 수 있도록 하고 있다. 모든 대학에 다 지원할 수는 없지만, 일부 대학에서는 지원이 가능한데, 지정된 수능 과목에 응시해야 한다. 직업탐구영역 응시 인정 모집단위와 지정 과목은 다음 표와 같다.

직업탐구영역 응시 인정 모집단위 및 지정과목[13)

모집 단위	지정 과목
경영대학	상업 경제, 회계 원리, 생활 서비스산업의 이해 중 택 2
공과대학	공업 일반, 수산 · 해운 산업 기초
농업생명과학대학	농업 이해, 농업 기초 기술, 인간 발달 중 택 2
생활과학대학	인간 발달, 생활 서비스 산업의 이해
자유전공학부	농업 이해, 농업 기초 기술, 공업 일반, 기초 제도, 상업 경제, 회계 원리, 해양의 이해, 수산 · 해운 산업 기초, 인간 발달, 생활 서비스 산업의 이해 중 택2

---

12) 서울대학교 입학본부, 《2018학년도 대학 신입학생 수시모집 안내》 p.16
13) 서울대학교 입학본부, 《2018학년도 대학 신입학생 수시모집 안내》 p.55

수시모집 일반전형(미술대학, 음악대학 제외)[14]

지원자격

수시모집 일반전형(미술대학, 음악대학 제외)은 고등학교 졸업예정자나 졸업자 모두에게 지원자격이 주어진다. 또한 정규 고등학교가 아닌 학력 인정을 받는 학생들도 자격이 주어진다. 국내 고등학교 졸업 학력검정고시 합격자, 외국 소재 고등학교졸업 및 졸업예정자가 해당된다. 이들 중에서 학업능력이 우수하고 모집단위 관련 분야에 재능과 열정을 보인 학생이라면 서울대 일반전형에 지원해도 좋다. 학교에서 추천을 받을 필요가 없으므로 자신의 결정에 의해 지원이 가능하다. 간혹 학교에서 지역균형에 추천되더라도 수능 최저학력 기준에 부담을 느끼는 학생들이 지역균형 추천을 거절하고 일반전형으로 지원하는 경우도 있다.

전형요소 및 배점

일반전형은 지원자를 대상으로 1단계로 서류평가를 하여 선발인원의 2배수를 선발한다. 그리고 2단계에서는 1단계 성적과 면접 및 구술고사를 같은 비율로 성적에 합산하여 합격자를 선발한다. 사범대학은 2단계 면접 및 구술고사가 60, 교직적성 및 인성면접이 40

---

14) 서울대학교 입학본부, 《2018학년도 대학 신입학생 수시모집 안내》 p.18~27

이다. 자유전공학부는 1단계 서류평가와 면접 및 구술 평가를 종합
평가하여 선발한다. 자세한 내용은 다음의 표와 같다.

수시 일반전형의 전형요소1 및 배점[15]

모집 단위	1단계	2단계
인문대학 사회과학대학 자연과학대학 간호대학 경영대학 공과대학 농업생명과학대학 생활과학대학 수의과대학 의과대학 자유전공학부 치의학대학원 치의학과	서류평가(100) (2배수)	1단계 성적(100) + 면접 및 구술고사(100)
사범대학	서류평가(100) (2배수)	1단계 성적(100) + 면접 및 구술고사(60) + 교직적 성·인성면접(40)
· 사범대학 체육교육과는 수능 최저학력 기준을 적용하며, 1단계 합격자 중 단체 종목 지원자에 한하여 실기 평가를 하고 그 결과는 면접 및 구술고사에 반영함.		

서류평가

서류평가는 학생부, 자기소개서, 추천서 등 학생이 제출한 서류
들을 대상으로 한다. 학교에서 제출한 학교소개서는 학생을 더 잘
이해하기 위한 참고자료이다. 평가는 다수의 평가자에 의한 다단계
종합평가를 실시한다. 평가내용은 지역균형과 같이 학업능력, 자기
주도적 학업태도, 전공분야에 대한 관심, 지적 호기심 등 창의적인
인재로 발전할 가능성을 종합적으로 평가한다.

---

15) 서울대학교 입학본부, 《2018학년도 대학 신입학생 수시모집 안내》 p.20

일반전형도 지역균형과 같이 고등학교 전 과정에서 국어, 영어, 수학, 사회, 과학뿐만 아니라 음악, 미술, 체육 등 전 교과를 충실히 이수하였는가를 고려한다. 그러므로 어느 한 과목도 허술하게 여겨서는 안 된다. 특별히 나쁜 성적을 받은 과목이 있다면 상당히 불리하게 작용한다. 또한 자기가 지원하고자 하는 학과와 관련된 교과성적이 우수해 학업능력을 인정받을 수 있으면 유리하다. 그리고 서류평가를 하면서 공동체의식, 교육환경, 교과이수기준 충족여부 등을 고려하고, 사범대학 체육교육과는 실기능력을 평가에 반영한다.

면접 및 구술고사

면접 및 구술고사는 지원자 1명을 대상으로 하여 복수의 면접위원이 실시하는데, 제출된 서류를 참고하여 추가질문을 할 수 있다. 구술고사는 모집단위별로 다르며, 각 모집단위별로는 공동 출제문항을 활용한다. 주어진 문제에 답변을 준비하는 시간이 주어지고 면접을 실시하게 된다. 답변준비 시간은 모집단위별로 약간씩 다르지만 30분 내외인 경우도 있고, 45분 내외인 경우도 있다. 면접시간은 공히 15분 내외다. 수의과대학, 의과대학, 치의학 대학원 치의학과 등은 다르다. 그러므로 해마다 발표되는 입시요강을 꼼꼼히 살펴서 준비할 필요가 있다. 공동 출제문항을 활용하는 모집단위의 자세한 내용은 다음 표와 같다.[16]

---

16) 서울대학교 입학본부, 《2018학년도 서울대학교 학생부종합전형안내》 pp.19~20

공동 출제문항 활용 모집단위-1

모집단위		평가내용		면접시간	답변준비 시간
인문대학		· 인문학, 사회과학 관련 제시문을 활용한 전공 적성 및 학업능력 평가 · 영어 또는 한자 활용 가능			30분 내외
사회 과학 대학	전 모집단위 (경제학부 제외)				
	경제학부	· 사회과학, 수학(인문) 관련 제시문을 활용한 전공 적성 및 학업능력 평가 · 영어 또는 한자 활용 가능			
자연 과학 대학	수리과학부 통계학과	· 수학(자연) 관련 제시문을 활용한 전공 적성 및 학업능력 평가		15분 내외	45분 내외
	물리 · 천문 학부	· 물리 관련 제시문을 활용한 전공 적성 및 학업능력 평가			
	화학부	· 화학 관련 제시문을 활용한 전공 적성 및 학업능력 평가			
	생명과학부	· 생명과학 관련 제시문을 활용한 전공 적성 및 학업능력 평가			
	지구환경과 학부	3가지 유형 중 택1	· 물리 관련 제시문을 활용한 전공 적성 및 학업능력 평가		
			· 화학 관련 제시문을 활용한 전공 적성 및 학업능력 평가		
			· 지구과학 관련 제시문을 활용한 전공 적성 및 학업능력 평가		
간호대학		2가지 유형 중 택1	· 화학, 생명과학 관련 제시문을 활용한 전공 적성 및 학업능력 평가		45분 내외
			· 인문학, 사회과학 관련 제시문을 활용한 전공 적성 및 학업능력 평가 · 영어 또는 한자 활용 가능		30분 내외
경영대학		· 사회과학, 수학(인문) 관련 제시문을 활용한 전공 적성 및 학업능력 평가 · 영어 또는 한자 활용 가능			30분 내외
광과대학		· 수학(자연) 관련 제시문을 활용한 전공 적성 및 학업능력 평가			45분 내외

공동 출제문항 활용 모집단위-2

모집단위		평가내용		면접 시간	답변 준비 시간
농업 생명 과학 대학	농경제사회학부	· 사회과학, 수학(인문) 관련 제시문을 활용한 전공 적성 및 학업 능력 평가 · 영어 또는 한자 활용 가능			30분 내외
	식물생산과학부	· 생명과학 관련 제시문을 활용한 전공 적성 및 학업능력 평가			30분 내외
	산림과학부	· 화학, 생명과학 관련 제시문을 활용한 전공 적성 및 학업능력 평가			
	식품 · 동물 생명공학부				
	응용생물화학부	2가지 중 택1	· 화학 관련 제시문을 활용한 전공 적성 및 학업능력 평가 · 생명과학 관련 제시문을 활용한 전공 적성 및 학업 능력 평가		
	조경 · 지역스스템 공학부	· 수학(자연) 관련 제시문을 활용한 전공 적성 및 학업능력 평가			
	바이오시스템 · 소재학부	· 제시문을 활용한 전공 적성 및 학업능력 평가 · 물리, 화학 관련(2018) →수학 관련 제시문으로(2019)			
사범 대학	교육학과, (국어, 영어, 독어, 불어, 사회, 역사, 윤리, 체육) 교육과	· 인문학, 사회과학 관련 제시문을 활용한 전공 적성 및 학업능 력 평가 · 영어 또는 한자 활용 가능		15분 내외	30분 내외
	수학교육과	· 수학(자연) 관련 제시문을 활용한 전공 적성 및 학업능력 평가			45분 내외
	물리교육과	· 물리 관련 제시문을 활용한 전공 적성 및 학업능력 평가			
	화학교육과	· 화학 관련 제시문을 활용한 전공 적성 및 학업능력 평가			
	생물교육과	· 생명과학 관련 제시문을 활용한 전공 적성 및 학업능력 평가			
	지구과학교육과	· 지구과학 관련 제시문을 활용한 전공 적성 및 학업능력 평가			
생활 과학 대학	소비자아 동학부 / 소비자학 전공	· 사회과학, 수학(인문) 관련 제시문을 활용한 전공 적성 및 학업 능력 평가 · 영어 또는 한자 활용 가능			30분 내외
	소비자아 동학부 / 아동가족학 전공	· 제시문을 활용한 전공 적성 및 학업능력 평가 · 영어 또는 한 자 활용 가능 사회과학 관련(2018) →인문학, 사회과학(2019)			
	식품영양학과	· 화학, 생명과학 관련 제시문을 활용한 전공 적성 및 학업능력 평가			45분 내외
	의류학과	2가지 유형 중 택1	· 화학, 생명과학 관련 제시문을 활용한 전공 적성 및 학업능력 평가		45분 내외
			· 사회과학, 수학(인문) 관련 제시문을 활용한 전공 적 성 및 학업능력 평가 · 영어 또는 한자 활용 가능		30분 내외
	자유전공학부	3가지 유형 중 택1	· 수학(인문), 수학(자연) 관련 제시문을 활용한 전공 적성 및 학업능력 평가 · 인문학, 수학(인문) 관련 제시문을 활용한 전공 적성 및 학업능력 평가 · 영어 또는 한자 활용 가능 · 사회과학, 수학(인문) 관련 제시문을 활용한 전공 적 성 및 학업능력 평가 · 영어 또는 한자 활용 가능		30분 내외

※ 사범대의 교직적성과 인성면접은 학과 적성과 교사가 갖추어야 할 기본 자질과 인성, 교직에 대한 이해 등을 평가한다. 지원자 1명을 대상으로 복수의 면접관이 15분 내외로 실시하는데 답변준비 시간은 15분 내외이며 면접 및 구술고사와 동일한 일정으로 시행한다.

위의 공동문항 출제범위는 학교의 정상적인 교육과정 이내에서만 출제되는데, 구체적인 범위는 다음의 표와 같다. 그런데 이 출제범위에서는 단순한 지식만을 묻지 않는다. 지식을 활용하는 것을 포함해, 논리 수학적 사고와 관련 학과에 대한 기본 소양 등을 평가한다. 그러므로 평소 수업시간에 관련 교과에 대한 공부를 철저히 할 필요가 있으며, 호기심을 가지고 있는 분야는 좀 더 깊게 공부할 필요가 있다.

일반전형 공동 출제문항 제시문별 출제범위[17]

구분	출제범위
수학(인문)	수학 I , 수학 II , 확률과 통계, 미적분 I
수학(자연)	수학 I , 수학 II , 확률과 통계, 미적분 I , 미적분 II , 기하와 벡터
물리	과학, 물리 I , 물리 II
화학	과학, 화학 I , 화학 II
생명과학	과학, 생명과학 I , 생명과학 II
지구과학	과학, 지구과학 I , 지구과학 II

공동 출제문항을 활용하지 않는 모집단위

일반전형의 면접 및 구술고사에서는 대부분이 공동 출제문항을

---

17) 서울대학교 입학본부, 《2018학년도 대학 신입학생 수시모집 안내》 p.23

활용하지만, 몇 개의 모집단위에서는 공동 출제문항을 활용하지 않고 독자적인 평가방법을 활용한다. 이런 모집단위는 수의과대학, 의과대학, 치의과대학원 치의학과 등 의학계열이다. 자세한 내용은 아래의 표와 같다.

공동 출제문항 비활용 모집단위[18]

모집 단위	평가내용 및 방법	면접 시간	단변 준비시간
수의과 대학	· 수의학을 전공하는 데 필요한 자질과 적성, 인성 등을 평가함 · 다양한 상황 제시와 생명과학과 관련된 기본적 학업 소양을 확인 · 면접실 당 10분씩 총 5개 면접실에서 진행함	50분 내외	면접시간 내 상황 숙지를 위한 시간을 부여할 수 있음
의과 대학	· 의학을 전공하는 데 필요한 자질, 인성과 적성을 평가하며, 제시문에 영어가 활용될 수 있음 · 다양한 상황 제시(4개, 각 10분)와 제출 서류 내용을 확인(1개, 20분) · 총 5개 면접실에서 진행함	60분 내외	상황 숙지를 위한 시간을 별도로 부여할 수 있음
치의과 대학원, 치의학과	· 치의학을 전공하는 데 필요한 자질과 적성, 인성 등을 평가함 · 다양한 상황 제시와 제출 서류 내용을 확인 · 면접실 당 10분씩 총 3개 면접실에서 진행함	30분 내외	상황 숙지를 위한 시간을 별도로 부여할 수 있음

일반전형은 수능시험의 응시와는 전혀 관계가 없다. 수능을 응시하지 않아도 지원이 가능하고, 수능성적이 매우 낮아도 지원과 합격이 가능하다. 다만 전공에 대한 학업능력이 우수하고 모집단위 관련 분야에 재능과 열정을 보였다면 지원을 두려워 할 필요가 없다.

---

18) 서울대학교 입학본부, 《2018학년도 대학 신입학생 수시모집 안내》 p.23

수시모집 일반전형 (미술대학, 음악대학)[19]

지원자격

일반전형의 미술대학과 음악대학 지원자의 자격은 고등학교 졸업예정자와 졸업자를 포함하며, 고등학교 졸업 이상의 학력이 있다고 인정된 자이다. 또한 학업능력이 우수하고 모집단위 관련 분야에 재능과 열정을 보인 경험이 있거나 준비를 하였다면 지원할 수 있다.

미술대학의 전형요소 및 배점

미술대학의 전형요소 및 배점은 아래의 표와 같다.

미술대학의 전형요소와 배점[20]

모집단위			1단계	2단계
미술학부	실기포함	디자인학부 (공예)	통합실기평가 (100) (기초소양+전공적성) (7배수)	종합평가*(100) (통합실기평가 결과 + 서류평가 + 면접 및 구술고사)
		디자인학부 (디자인)		종합평가*(100) (통합실기평가 결과 + 서류평가 + 면접 및 구술고사)
		동양화과**		종합평가*(100) (통합실기평가 결과 + 서류평가 + 면접 및 구술고사(포트폴리오))
		서양화과**		종합평가*(100) (통합실기평가 결과 + 서류평가 + 면접 및 구술고사(포트폴리오))
		조소과		종합평가*(100) (통합실기평가 결과 + 서류평가 + 면접 및 구술고사)
	실기 미포함	디자인학부 (디자인)	서류평가 (100) (2배수)	면접 및 구술고사(100)

* 종합평가 : 통합실기 평가, 서류평가, 면접 및 구술고사 결과를 종합적으로 고찰
** 동양화과, 서양화과 : 면접 및 구술고사에서 포트폴리오를 참고자료로 활용함

음악대학의 평가요소와 배점

음악대학의 평가요소와 배점은 다음 표와 같다.

음악대학의 전형요소와 배점[21]

모집단위		1단계	1단계	2단계
음악대학	성악과		1단계 실기평가 (100) (5배수)	종합평가*(100) (2단계 실기평가 + 서류평가)
	작곡과	작곡** 전자음악**	1단계 실기평가 (100) (3배수)	종합평가*(100) (2단계 실기평가 + 서류평가 + 면접 및 구술고사(포트폴리오))
		지휘		종합평가*(100) (2단계 실기평가 + 서류평가 + 면접 및 구술고사)
		이론	서류평가(100) (3배수)	종합평가*(100) (1단계 서류평가 + 실기평가(2단계) + 면접 및 구술고사)
	기악과		1단계 실기평가 (100) (3배수)	종합평가*(100) (2단계 실기평가 + 서류평가)
	국악과**		1단계 실기평가 (60)+ 서류평가 (40) (3배수)	종합평가*(100) (1단계 서류평가 + 2단계 실기평가 + 면접 및 구술고사)

※ 음악대학은 수능 최저학력 기준(수능 응시 기준 포함)을 적용하지 않음
* 종합평가: 별도의 배점 없이 실기평가, 서류평가, 면접 및 구술고사(작곡과, 국악과) 결과를 종합적으로 고려함
** 작곡과 작곡 전공 및 전자음악 전공: 면접 및 구술고사에서 포트폴리오를 참고자료로 활용함
*** 국악과: 면접 및 구술고사에서 한국음악이론과 서양음악이론을 바탕으로 한 음악적 소양 등을 평가함

서류평가

평가 자료는 학생부, 자기소개서, 추천서 등 제출한 서류다. 다수의 평가자에 의해 다단계로 평가하며, 평가내용은 학업능력, 자기주

---

19) 서울대학교 입학본부, 《2018학년도 대학 신입학생 수시모집 안내》 p.29~42
20) 서울대학교 입학본부, 《2018학년도 대학 신입학생 수시모집 안내》 p.35
21) 서울대학교 입학본부, 《2018학년도 대학 신입학생 수시모집 안내》 p.36

도적 학업태도, 전공분야에 대한 관심, 지적 호기심 등의 창의적 인
재로 발전할 가능성을 종합적으로 평가한다. 또한 고등학교 전 과
정에서 국어, 영어, 수학, 사회, 과학뿐만 아니라 음악, 미술, 체육
등 전 교과를 충실히 이수하였는지도 평가한다. 이외에 공동체의
식, 교육환경, 교과이수기준 충족여부도 평가하지만, 교외수상 실
적(콩쿠르 등)은 평가에 반영하지 않는다.

면접 및 구술고사

미술대학의 면접 및 구술고사는 지원자 1명을 대상으로 복수의
면접위원이 실시하는데, 제출서류를 참고로 하여 추가질문도 할 수
있다. 미술대학의 면접 및 구술고사 내역은 아래의 표와 같다.

미술대학의 면접 및 구술고사[22)]

모집단위		평가내용	면접시간	준비시간
실기포함 전형	디자인학부 (공예)	● 모집단위 관련 전공적성 및 학업능력을 평가 ● 실기내용과 서류평가 자료, 포트폴리오(동양화과, 서양화과 1단계 합격자에 한함)를 활용한 심층적인 질의	10분 내외	없음
	디자인학부 (디자인)			
	동양학과			
	서양학과			
	조소과			
실기 미포함 전형	디자인학부 (디자인)	● 모집단위 관련 전공적성 및 학업능력을 평가 ● 서류평가 자료를 활용한 심층적인 질의	15분 내외	

---

22) 서울대학교 입학본부, 《2018학년도 대학 신입학생 수시모집 안내》 p.37

음악대학의 면접 및 구술고사 내용은 다음 표와 같다.

음악대학의 면접 및 구술고사[23]

모집단위	평가내용	면접시간	준비시간
작곡과	· 2단계 실기평가 및 서류평가 자료, 포트폴리오(작곡과 작곡전공 및 전자음악전공 1단계 합격자에 한함)를 활용한 심층적인 질의	15분 내외	없음
국악과	· 2단계 실기평가 및 서류평가 자료, 한국음악이론과 서양음악이론을 바탕으로 한 음악적 소양 등을 평가하는 심층적인 질의	10분 내외	

실기평가

미술대학의 실기평가는 실기포함 전형에 해당한다. 이 평가는 통합 실기평가로 기초 소양과 전공적성을 평가한다. 각 모집단위별 실기평가 내용은 다음의 표와 같다.

모집단위	실시내용	평가내용	고사시간
디자인학부 (공예)	주어진 과제들을 다양한 재료로 표현	미술과 관련된 기초적인 과제를 해결하는 능력과 지원자의 창의적인 발상과 논리적인 사고력, 관찰력, 표현력, 독자적 특성, 발전 가능성 등을 심층적으로 평가	4시간
디자인학구 (디자인)	주어진 과제들을 다양한 재료로 표현		6시간
동양학과	주어진 과제들을 수묵채색화 등 전공 관련 기법으로 표현		
서양학과	주어진 과제들을 다양한 재료로 표현		
조소과	주어진 과제들을 점토 및 다양한 재료를 사용하여 평면과 입체로 표현		

음악대학의 실기평가는 음악대학 홈페이지(http://music.snu.ac.kr)에 공지된다.

---

23) 서울대학교 입학본부, 《2018학년도 대학 신입학생 수시모집 안내》 p.38

수능 응시기준 및 수능 최저학력 기준

미술대학은 수능 응시기준이 있다. 국어, 수학 '나', 영어, 한국사, 사회/과학 탐구로 응시하거나 국어, 수학 '가', 영어, 한국사, 과학/사회탐구로 응시하여야 한다.

미술대학의 수능 최저학력 기준은 다음의 표와 같다.

미술대학의 수능 최저학력 기준[24]

모집단위		평가내용
실기 포함 전형	디자인학부(공예) 디자인학부(디자인) 서양화과	4개영역(국어, 수학, 영어, 탐구) 중 3개 영역 이상 3등급 이내
	동양화과	5개영역(국어, 수학, 영어, 한국사, 탐구) 중 3개 영역 이상 3등급 이내
	조소과	4개영역(국어, 수학, 영어, 탐구) 중 3개 영역 이상 3등급 이내
실기 미포함 전형	디자인학부(디자인)	4개영역(국어, 수학, 영어, 탐구) 중 3개 영역 이상 2등급 이내

- 과학 탐구영역 응시 기준 : 과학탐구 2개 과목은 서로 다른 분야의 Ⅰ+Ⅱ, Ⅱ+Ⅱ의 두 조합 중 선택해야 한다. 동일 분야의 Ⅰ+Ⅱ(예, 화학Ⅰ+화학Ⅱ)는 인정하지 않음
- 사회 또는 과학 탐구영역 2등급 충족 인정 기준 : 2개 과목 모두 2등급 이내
- 사회 또는 과학 탐구영역 3등급 충족 인정 기준 : 2개 과목 모두 3등급 이내
- 탐구영역 등급 충족기준에 한국사는 포함되지 않음

수시모집 기회균형선발특별전형Ⅰ(정원 외 전형)[25]

수시모집 기회균형특별전형Ⅰ은 저소득가구 학생과 농어촌 학생, 그리고 농·생명계열 고교 졸업예정자(농업생명과학대학에 한함) 등을 대상으로 한다.

---

24) 서울대학교 입학본부, 《2018학년도 대학 신입학생 수시모집 안내》 p.39
25) 서울대학교 입학본부, 《2018학년도 대학 신입학생 수시모집 안내》 p.44~529

지원자격

▶ 저소득가구 학생

저소득가구인 기초생활수급자 및 차상위계층가구 학생이 지원할 수 있다. 고등학교 졸업예정자나 검정고시 합격자로 저소득가구의 자격을 지원서 접수마감일까지 1년 이상 유지하고 있어야 한다. 즉 2017년 9월에 지원하는 학생은 2016년 9월 이전부터 저소득가구의 자격을 갖추고 있어야 하는 것이다. 지원자격은 국민기초생활보장법 제2조에 있는 수급권자이거나 수급권자의 자녀이어야 한다. 또한 동법 제2조 11호에 따른 차상위계층 중 복지급여(차상위자활, 차상위장애수당, 차상위장애인연금부가급여, 차상위건강보험본인부담금경감, 한부모가족지원)를 받고 있는 가구의 학생이나 우선돌봄차상위가구 학생이어야 한다. 그리고 한부모가족지원법 제5조 및 제5조 2에 따른 지원대상가구 학생이다.

▶ 농어촌 학생

농어촌 학생은 농어촌에 있는 고등학교 졸업자로 각 학교당 3명 이내의 학생을 학교장이 추천할 수 있다. 지방자치법 제3조에 의한 읍, 면(농어촌지역)이나 도서벽지, 교육진흥법 제2조에 따른 도서벽지 지역 소재 중·고등학교에서 전 교육과정을 이수하고 지원자와 부모 모두가 중학교 입학을 할 때부터 고등학교졸업 때까지 읍, 면(농어촌)이나 도서벽지 지역에 거주한 자라야 자격이 주어진다. 즉 부모와 함께 중학교부터 고등학교 졸업까지 6년을 농어촌 지역이나 도서벽지 지역에서 살면서 학교를 졸업해야 자격이 주어진다.

그러나 부모와 함께 거주하지 않았더라도 지원자 본인이 농어촌이나 도서벽지 지역에서 초등학교부터 고등학교 졸업할 때까지 12년간을 거주하면서 초등학교부터 고등학교까지 전 교육과정을 농어촌이나 도서벽지 지역에서 마쳤다면 가능하다.

정리를 하자면 부모와 함께 거주하게 되면 농어촌이나 도서벽지 지역에서 중·고등학교 6년을 다녀야 하고, 부모와 떨어져서 살게 될 경우에는 초·중·고 12년을 농어촌이나 도서벽지 지역에서 살면서 학교를 다녀야 자격이 생기는 것이다.

농·생명계열 고교 졸업예정자는 농·생명계열 고등학교 교육과정(농·생명산업계열 전문교과 30단위 이상)을 이수하고 소속 고등학교장의 추천을 받아야 한다. 학교당 추천인원은 제한이 없다. 지역균형선발 추천은 학교당 2명, 농어촌학생 추천은 학교당 3명인데 비해 농·생명계열 고교 졸업예정자는 추천 제한이 없어 그만큼 지원의 문이 넓다.

전형요소 및 평가

서류평가는 학생부, 자기소개서, 추천서 등 제출된 자료를 근거로 하여 학업능력, 자기주도적 학업태도, 전공분야에 대한 관심, 지적 호기심 등 창의적 인재로 발전할 가능성을 종합적으로 평가한다.

또한 고등학교 전 과정에서 주요 교과인 국어, 영어, 수학, 사회, 과학뿐 아니라 음악, 미술, 체육 등 전 교과를 충실하게 이수하였는지를 평가한다. 아울러 공동체의식, 교육환경, 교과이수 기준을 충족하였는지 여부를 고려하여 평가한다. 이 평가는 다수 평가자에 의한 다단계 종합평가로 이루어진다.

면접은 제출한 서류를 토대로 서류 내용과 기본적인 학업 소양을 확인하고, 사범대학의 경우에는 교직적성과 인성면접을 실시한다. 면접은 복수의 면접위원이 지원자 1명을 대상으로 10분 내외의 면접을 실시한다.

정시모집 전형 (일반전형, 기회균형선발특별전형 II)[26]

정시에서는 일반전형과 기회균형선발특별전형 II로 학생을 선발하고 있다.[27] 일반전형은 수능 응시자 모두가 지원이 가능하다. 지원자격은 고등학교 졸업 이상의 학력이 인정된 자로서 당해 학년도 수능에서 모집단위별 수능 응시기준을 충족한 자이다. 그러나 수능성적 위주로 선발하기 때문에 수능성적이 매우 우수한 학생이라면 가능하다.

전형요소 및 배점

전형방법은 사범대 체육교육과는 수능(80)+실기(20)이고 나머지 모든 모집단위는 수능(100)이다.

모집단위	전형요소 및 배점
전 모집단위(사범대학 체육교육과 제외)	수능(100)
사범대학 체육교육과	수능(80)+실기(20)

---

26) 서울대학교 입학본부, 《2018학년도 서울대학교 대학 신입학생 입학전형 안내》 p.34~43
27) 서울대학교 입학본부, 《2018학년도 서울대학교 신입학생 입학전형안내》 pp.36~39

전형요소별 평가 방법

정시에서 수능성적을 반영하는 방법은 복잡하다. 총점에 반영하는 비율이 영역별로 다르다. 국어 100, 수학 120, 탐구(사회/과학/직업) 80이다. 수능성적표에 발표된 표준 점수를 반영하는데, 탐구는 응시자가 획득한 점수를 활용하여 서울대 자체 변환 표준점수를 만들어 활용한다. 이들의 수능성적 산출은 국어영역, 수학영역, 탐구영역 표준점수 및 영어영역, 한국사영역, 제2외국어/한문영역 감점 점수를 모두 합산하여 소수점 이하 셋째 자리에서 절삭하여 순위를 정한다.

영역	국어	수학	사회/ 과학/ 직업탐구
상대 반영 비율	100	120	80

▶ 국어, 수학, 탐구영역

성적표에 기재된 표준점수나 백분위를 활용하여 자체적으로 산출한 표준점수를 활용한다. 국어는 성적표에 기재된 표준점수를 그대로 활용한다. 수학은 성적표에 기재된 표준점수에 6/5(=1.2)를 곱하여 점수를 산출한다. 그러나 수학 '가'형이 산출기준인 모집단위에 수학 '나'형, 수학 '나'형이 산출 기준인 모집단위에 수학 '가'형 응시자가 지원한 경우에는 성적표에 기재된 표준점수 대신 백분위를 활용하여 자체적으로 산출한 표준점수를 반영한다.

탐구영역(사회/과학/직업탐구) 점수는 성적표에 기재된 표준점수 대신 백분위를 활용하여 자체적으로 산출한 표준점수를 반영한다. 서울대가 자체적으로 산출한 표준 점수(변환 표준점수)는 각 학년도 수능 점수 발표 후에 입학본부 홈페이지에 게시한다. 산출된 변환 표준점수에 4/5(=0.8)를 곱하여 반영한다.

영어는 절대평가이므로 1등급은 감점이 없지만 2등급부터는 등급 간에 점수를 0.5점씩 감점한다. 그러므로 영어가 2등급이면 총점에서 0.5점을 깎이고, 3등급은 1점이 깎이는 것이다.

▶ 영어 영역

1등급 이내는 감점이 없고, 2등급부터 0.5점씩 차등 감점함.

등급	1	2	3	4	5	6	7	8	9
감점	0	0.5	1.0	1.5	2.0	2.5	3.0	3.5	4.0

한국사 영역도 절대평가로 3등급 이내는 감점이 없고 4등급부터 등급 당 0.4점씩 감점한다.

▶ 한국사 영역

3등급 이내 감점 없음. 4등급부터 0.4점씩 차등 감점함.

등급	1	2	3	4	5	6	7	8	9
감점	0	0	0	0.4	0.8	1.2	1.6	2.0	2.4

제2외국어와 한문영역도 2등급 이내는 감점이 없지만 3등급부터

는 등급당 0.5점씩 감점한다.

▶ **제2외국어/한문 영역**

2등급 이내 감점 없고, 3등급부터 0.5점씩 차등 감점함. (2019학년도 수능 응시 기준에 따라 제외국어/한문 영역을 응시한 지원자에 한하여 적용)

등급	1	2	3	4	5	6	7	8	9
감점	0	0	0.5	1.0	1.5	2.0	2.5	3.0	3.5

이 부분은 2018학년도 모집단위별 수능응시기준 유형 I 중 〈국어, 수학 나', 영어, 한국사, 사회/과학탐구, 제2외국어/한문〉에 응시한 지원자에 해당한다.

합격자는 지원자 중에서 성적순으로 모집인원만큼 선발한다. 간혹 수시모집에서 충원하지 못한 경우에 모집인원이 증가하기도 한다. 대부분 정시모집의 일반전형에서는 합격자의 성적이 아주 근소한 차이로 당락이 결정되므로 지원 전략은 수시모집보다 더 어려울 수 있다.

면접과 실기평가

사범대학의 전 모집단위 지원자를 대상으로 면접을 실시한다. 평가내용은 학과 적성, 교사가 갖추어야 할 기본적인 자질과 인성, 교직에 대한 이해 등이다. 평가 방법은 지원자 1명을 대상으로 하여 복수의 면접위원이 실시한다. 면접 시간은 10분 내외이며 답변 준비시간은 10분 내외로 별도로 부여한다.

체육교육과는 지원자를 대상으로 실기평가를 실시한다. 평가내용 및 방법은 추후에 발표될 《2018학년도 대학 신입학생 정시모집 안내》에 공지한다. 사범대 체육교육과 실기평가는 비공개 실시를 원칙으로 한다.

의과대학의 적성 및 인성 면접은 의과대학 지원자 전원을 대상으로 실시한다. 평가내용은 의학을 전공하는 데 필요한 자질, 인성과 적성을 평가하며 제시문에 영어가 활용될 수 있다. 평가 방법은 인성과 적성과 제출 서류 내용을 확인하는 1개 면접실로 진행하며 지원자 1명을 대상으로 복수의 면접위원이 실시한다. 면접 시간은 20분 내외이며, 상황 숙지를 위한 시간을 별도로 부여할 수 있다.

교과 외 영역

교과 외 영역은 출결과 봉사, 교과이수 기준의 3개 항목이다. 이 중에서 1개 이상 충족하는 경우 감점하지 않으며, 충족되지 못할 경우에는 수능성적에서 1점을 감점한다.

항목	충족기준	비고
출결	무단결석 1일 미만 무단 지각/조퇴/결과 3회는 무단결석 1회로 간주함	국내 소재 고등학교 전 과정을 이수한 자(졸업예정자 포함)로 무단 지각/조퇴/결과/결석을 확인할 수 있는 경우에 한함
봉사	총 봉사활동 40시간 이상	고교 입학 시점 이후의 교내, 교외 봉사 모두 포함 (고교 입학시점이 불분명한 경우는 지원서 접수마감일 기준 최근 3년 이내의 봉사활동 시간을 인정받을 수 있음)

교과이수 기준	서울대가 제시한 2018학년도 교과이수 기준을 충족한 경우	국내 소재 고등학교 전 과정을 이수한 자 (졸업예정자 포함)에 한함

정시 기회균형선발특별전형II[28]

기회균형선발특별전형II는 특수교육 대상자와 북한 이탈주민을 대상으로 선발한다. 특수교육 대상자는 고등학교 졸업 이상의 학력을 가진 자로 장애인 복지법상의 장애인으로 등록(1급~3급)이 되어 있거나 국가유공자 등 예우에 관한 법률 제 4조 및 6조에 의해 등록이 되어 있는 자로 장애인복지법에 의한 1급~3급에 상응하는 자이다. 북한 이탈주민은 최근 9년 이내에 입국한 북한 이탈주민으로 고등학교 졸업자나 그 이상의 학력이 있다고 인정된 자가 대상이다. 특수교육 대상자는 장애인 증명서나 상이등급이 기재된 국가유공자 증명서, 그리고 장애인 진단서(제출일로부터 3개월 이내 발급분)이다. 북한 이탈주민은 북한 이탈주민 확인서나 교육보호 대상자 증명서를 제출해야 한다.

전형방법은 서류평가와 면접으로 선발하되 별도의 배점이 없는 종합평가로 선발한다. 미술대학과 사범대학의 체육교육과, 그리고 음악대학은 서류평가와 면접, 실기평가를 별도의 배점이 없는 종합평가를 실시하여 선발한다. 평가 자료는 학교생활기록부, 자기소개서, 추천서 및 기타 증빙서류(수능성적) 등 제출된 서류이다. 다수의 평가자에 의한 다단계 종합평가를 한다. 평가내용은 수시모집에서 평가한 내용과 같다. 즉 학업능력, 자기주도적 학업태도, 전공분야

---

28) 서울대학교 입학본부, 《2018학년도 서울대학교 신입학생 입학전형안내》 pp.40~43

에 대한 관심, 지적 호기심 등 창의적 인재로 발전할 가능성을 종합적으로 평가한다. 고등학교 전 과정에서 국어, 영어, 수학, 사회, 과학뿐만 아니라 음악, 미술, 체육 등 전 교과를 충실히 이수하였는지를 고려한다. 공동체의식, 교육환경, 교과이수 기준 충족 여부 등을 고려하며, 미술대학과 체육교육과 음악대학은 실기능력을 평가에 반영한다.

　면접은 제출된 서류를 토대로 하여 서류 내용과 기본적인 학업 소양을 확인한다. 지원자 1명을 대상으로 하여 복수의 면접위원이 10분 내외의 면접을 한다.

전략 4.

서류평가 요소와
평가 방법

학생이 제출한 자기소개서, 교사가 제출하는 추천서, 그리고 학교가 제출하는 학교소개 자료와 교육과정, 그리고 학생의 학교생활기록부(학생부) 등의 서류는 3가지 영역으로 나누어 평가한다. 첫째는 학업능력과 지적 성취이고, 둘째는 학업태도로 지적 호기심, 자기주도성, 적극성과 열정 등이다. 마지막으로 개인적 소양으로 개인적 특성과 학업 외 소양이다.[29]

평가항목	관련서류	평가요소
학업능력 및 지적성취	학교생활기록부 (학생부)	· 교과 관련 성취도(정성평가) · 학업 관련 교내 수상 · 세부능력 및 특기사항(교과 및 방과 후 학교 이수 내용) · 창의적 체험활동(학업 관련 동아리활동, 탐구/연구활동)
	자기소개서, 추천서	· 자기소개서의 학업 관련 내용 · 추천서의 학업 관련 내용
	학교소개 자료	· 교과 개설현황, 교내 시상 현황, 학내 프로그램 개설 현황

29) 서울대학교 입학본부, 《2018학년도 서울대학교 학생부종합전형안내》 p.6

학업태도 (지적호기심, 자기주도성, 적극성, 열정)	학교생활기록부	· 학업 관련 교내 수상(교내 참여도 및 노력) · 창의적 체험활동(동아리, 학내 활동 참여도 및 노력) · 세부능력 및 특기사항(수업 참여도 및 태도, 심화과목 선택 노력 등)
	자기소개서, 추천서	· 학업에 대한 노력, 자기주도적 학습 태도, 수업 참여도

개인적 특성,
학업 외 소양
	학교생활기록부	· 학업 외 교내 수상
		· 창의적 체험활동
		  – 동아리활동
		  – 리더십, 책임감, 공동체의식
		  – 봉사활동에서 나타난 배려심
		· 출결 상황

	자기소개서, 추천서	· 지원자의 인성, 대인관계

학업능력 및 지적 성취

서울대가 학생 선발에서 가장 중요하게 고려하는 것은 우수한 학업능력이다. 이는 지원자가 입학을 해서 수업을 제대로 이해할 수 있는가를 결정해야 하는 중요한 단서이기 때문이다. 하지만 성적이 좋다고 학업능력 또한 우수하다고 보지 않는다. 교과성적은 학업능력을 가늠할 수 있는 절대적인 자료가 아니라, 여러 자료 중 하나일 뿐이다. 학업능력은 교과성적과 함께 탐구활동, 경시대회, 독서활동, 방과 후 수업, 동아리활동 등을 통해서도 향상될 수 있는 능력으로, 이 모든 것을 분석하여 지원자의 학업능력을 판단한다.

학업능력 및 지적성취	학생부	· 교과 관련 성취도(정성평가) · 학업 관련 교내 수상 · 세부능력 및 특기사항(교과 및 방과 후 학교 이수 내용) · 창의적 체험활동(학업 관련 동아리활동, 탐구/연구활동)
	자기소개서, 추천서	· 자기소개서의 학업 관련 내용 · 추천서의 학업 관련 내용
	학교소개 자료	· 교과 개설 현황, 교내 시상 현황, 학내 프로그램 개설 현황

▶ 교과 성취도

학업능력을 측정할 수 있는 가장 기본적이고 일반적인 것이 교과 성취도이다. 교과 성취도는 학생의 학업능력을 판단할 수 있는 많은 자료 중 하나다. 그러나 이를 단순한 수치로 반영하지 않는다. 정량적으로 반영하지 않고 그 학생이 처한 환경과 과목의 모든 정보를 참고해 학업능력을 평가한다. 학년별, 과목별 반영 비율은 없다. 3년 동안의 전 교과목 성취도와 발전 흐름을 정성적으로 평가한다. 고등학교의 교과성적 분포, 수강자, 원 점수, 평균, 표준편차, 학년별 성적 변화 등의 다양한 정보를 통해 교과성적의 의미를 정성적으로 해석해야 더 정확한 학업능력을 알 수 있기 때문이다. 그러므로 등급이나 원 점수가 높다고 언제나 좋은 평가를 받을 수 있는 것은 아니다.

특히 학생이 이수한 과목의 선택 상황을 고려해서 평가한다. 즉 그 학생이 왜 그 과목을 선택하였는지가 중요한 평가요소다. 단순히 높은 교과성적만을 위해 선택한 것인지, 아니면 성적이 떨어질 것을 알면서도 자신의 꿈을 이루기 위한 도전으로 선택했는지를 확인한다. 즉 도전한 것으로 판단되면 성적이 다소 저조해도 좋은 평가를 받을 수 있다. 다음의 한 학생의 학교생활기록부에 나타난 교과 성취도를 보면 이해할 수 있을 것이다.[30]

학년	학기	과목	이수 단위	등급	인원	원 점수	평균	표준 편차
1	1	OOO	3	1	400	98	71.2	15.4
2	2	OOO	2	3	14	94	89.2	4
3	1	OOO	2	우수	–	–		6

---

30) 서울대학교 입학본부, 《2018학년도 서울대학교 학생부종합전형안내》 p.8, 〈서울대 수시모집 평가의 이해〉 동영상 자료

1학년 성적은 400명의 학생이 수강한 과목에서 98점을 받아 1등급이 되었으므로 좋은 성적을 냈다고 평가할 수 있다. 그런데 2학년 2학기에 수강한 과목은 14명이 수강한 가운데 94점의 점수로 3등급을 받았다. 3등급을 받은 2학년 성적은 1등급을 받은 1학년 성적에 비해 수치상으로는 분명히 나빠졌다.

하지만 서울대는 그렇게 단순히 평가하지 않는다. 먼저 해당 과목을 수강한 학생수를 살핀다. 수강인원이 14명밖에 되지 않는다는 것은, 대부분의 학생들이 기피하는 과목일 것이고, 그 과목을 수강한 학생들은 자신이 가지고 있는 꿈을 위해 도전했다고 해석할 수 있다. 등급은 1학년 때보다 떨어졌지만 흥미를 가지고 있고 자신의 꿈을 이루기 위해 도전하는 14명의 학생이 수강한 과목에서의 3등급은 1학년 때 받은 1등급보다 학업능력이 떨어지는 증거라고 판단할 수 없다. 오히려 성적에 흔들리지 않고 자신의 꿈을 향한 도전정신을 높이 살 수도 있고, 최상위 학생들만이 모인 소수 그룹에서 받은 3등급은 아주 우수한 학업능력을 가진 학생이라고 해석할 수도 있다.

3학년 과목은 등급이나 점수가 없으므로 예술이나 체육 과목이라는 것을 알 수 있다. 이 과목 역시 '우수'하므로 성실한 학생으로 판단할 수 있다. 이 예체능 과목에서 나쁜 평가를 받는다면 학생의 학교생활 충실도를 의심할 수 있다.

서울대는 많은 사람들이 학생부 종합 전형에 대해 오해하고 있다고 판단해 다음과 같은 해설을 하고 있다. 서울대가 적극적으로 밝힌 내용이다.[31]

---

31) 서울대학교 입학본부, 〈서울대 수시모집 평가의 이해〉 동영상 자료

'학생부 교과 성취도 계산식이 존재한다?'

'서울대에 합격할 수 있는 교과 성취도를 계산하여 판단할 수 있을까요?'

"서울대 수시모집은 학생부 종합평가이므로 학생의 교과 성취도를 정량화하여 계산하는 방식을 사용하지 않습니다. 교과 성취도는 학생부에 기재된 모든 과목의 석차 등급, 원 점수, 수강인원, 표준편차 등의 정량 지표와 학교생활기록부 세부능력 및 특기사항 등을 모두 종합적으로 고려하여 정성적으로 평가합니다. 학생이 3년간 이수한 모든 교과가 반영되고 학년별 가중치는 없으며 학교생활기록부에 기재된 모든 내용이 학생의 교과 성취도를 파악하는 데 참고가 됩니다."

▶ 교내 수상

교내 수상도 중요한 학업능력에 대한 평가요소이다. 교과 관련 수상과 비교과 관련 수상으로 나눌 수 있는데, 교과 관련 수상은 학업능력을 나타내는 지표이고, 비교과 관련 수상은 학업태도와 학업 이외의 소양을 나타낸다고 볼 수 있다.

교내 경시대회에서 지속적으로 우수한 성취를 거둔 경우에는 그 분야에 대한 우수성을 인정할 수 있다. 그러므로 자신이 전공하고자 하는 분야와 관련된 과목의 경시대회에서 수상하는 것은 합격 가능성을 높인다.

그러나 수상을 한 경우에만 학업능력이 우수하다고 평가하는 것은 아니다. 수상 유무뿐 아니라 참가대상, 수상인원 등도 교육환경을 고려해 그 의미를 판단한다. 그러므로 경시대회에 참가한 학생이 적은 경우와 많은 학생이 참가한 경우, 수상은 의미도 달라진다. 아래의 표를 보면 이해가 쉬울 것이다.[32]

학교명	수상명	참가대상	수상인원
A	우수상	2학년 자연계열	대상(3명), 최우수상(5명), 우수상(7명), 장려상(10명)
B	우수상	전 학년 대상	최우수상(1명), 우수상(2명), 장려상(4명)

A와 B, 두 학교에서 지원한 두 학생이 똑같은 우수상을 받았을 경우에 어느 학교의 학생이 더 우수한 학생이라고 판단할 수 있을까? 두 학교 모두 우수상을 주었지만, A학교는 2학년 자연계열 학생만을 대상으로 했고 수상인원도 많다. 우수상을 받은 학생이 아무리 잘했다 하더라도 2학년 자연계열 학생 중 9등, 그렇지 않으면 16등이라는 해석이 가능하다. 그러나 B학교의 학생은 1, 2, 3학년 전체 학생을 대상으로 한 것이고 수상인원도 적으므로, 우수상을 받은 학생의 성적은 전교생 중에 2등이나 3등에 해당한다. 그러므로 똑같은 우수상을 수상했다 하더라도 학업능력이 다르다고 평가할 수밖에 없다.

교내 수상인원이 많다고 좋은 것이 아니다. 참가학생과 수상인원 등도 중요한 요소이며, 학교의 프로그램, 교과 성취도 수준, 교육과정 등도 중요한 요소로 작용해 학생이 가지고 있는 학업능력의 우수성을 판단하는 데 중요한 역할을 한다. 그러나 비록 수상을 하지 못했다고 하더라도 경시대회에 참여한 노력과 학습한 내용이 서류에 나타나면 학업능력을 인정받을 수 있다. 수상인원이 너무 적어

---

32) 서울대학교 입학본부, 《2018학년도 서울대학교 학생부종합전형안내》 p.9, 〈서울대 수시모집 평가의 이해〉 동영상 자료

서 수상하지 못하는 경우도 많기 때문이다. 자신이 좋아하는 분야의 경시대회라면 꾸준히 도전해 열정과 적극성을 보일 필요가 있다.

교내 수상은 지원자가 어떤 분야에 관심을 갖고 있는지, 얼마나 노력하였는지에 대한 과정을 파악하는 요소다. 대상과 금상의 차이에 주목하는 대신 교과학습 결과와 연계하여 평가를 한다. 경시대회에서 수상을 하였지만 교과 성취도가 매우 낮다면 수업시간에 충실하지 않았거나 경시대회의 신뢰성에 의문을 갖게 된다. 또한 세부능력 및 특기사항의 기록에는 탁월하다고 하였는데, 수상기록이나 도전한 기록이 없다면 신뢰성이 낮아질 수 있다.

▶ 세부능력 및 특기사항 [33)]

세부능력 및 특기사항도 학업능력을 판단하는 중요한 자료이다. 이것은 교과별 학습활동 내용을 판단할 수 있는 부분으로, 학생이 수업시간에 보여준 노력, 과제 수행 내용 등을 통해서 학생의 학습활동 수준을 파악하며, 수치나 수상경력에 나타나지 않는 학생의 학업능력을 파악한다. 이론 수업에서는 비슷하나 실험수업에서는 월등히 높은 성취를 보이는 경우도 있고, 실험수업의 경우에서도 실험 설계나 특별한 단계에서 우수성을 보일 수 있다. 또한 수학 교과의 경우에는 단원별로 특별한 우수성을 나타낼 수도 있다. 이러한

---

33) 세부능력 및 특기사항은 학생의 '학교생활기록부'의 교과 학습 발달 상황의 학업성적과 교과 성취도를 설명하는 부분이다. 이곳에는 특기할 만한 사항이 있는 과목 및 학생에 한하여 각 과목별 성취기준에 따른 성취수준의 특성, 실기능력, 교과성적, 학습활동 참여도 및 태도, 직무 능력 등을 간략하게 문장으로 기록하는 것이다. 교과 성취도가 학생의 점수와 등급, 표준편차 등의 수치로 된 정보를 제공하는 데 비해 세부능력 및 특기사항은 교사가 관찰한 학생의 학업역량이나 열정, 태도 등을 기록한 것이다. 이는 수치로 표시된 정보 이상의 정보를 제공할 수 있다. 특히 학생의 동기나 과정, 결과, 변화 과정들을 잘 알 수 있는 것으로, 이 기록에 따라 학생의 학업역량을 달리 평가받을 수 있고 대학에서 합격을 판가름할 수 있다. 그러므로 결과로 나타난 점수나 등급에만 초점을 맞추기보다 과정에 있는 세부능력 및 특기사항에 나올 수 있도록 평소의 노력과 수업태도, 탐구활동 등에 노력을 기울일 필요가 있다.

경우도 우수한 학업능력으로 판단하게 된다.

다음의 몇 가지 사례를 살펴보면 세부능력 및 특기사항의 평가를 이해할 수 있을 것이다.[34)

과목	세부능력 및 특기사항
화학	'거품의 양과 세탁 효과'를 주제로 학급 동료 3명과 연구팀을 만들어 탐구 활동을 진행함. 팀원 구성, 실험 설계, 보고서 작성 과정 중 실험 설계 부문을 주도적으로 이끌었으며 교내 탐구 학습 결과 발표 대회에서 발표자로 15분간 결과를 보고함. 약 2개월간 진행된 일련의 연구와 결과 발표를 통해 과학적 탐구 활동의 기본을 익혔으며 동료들과 학문적으로 소통하는 방법을 체험함.
국어	평소 언어학과 다양한 분야의 독서를 바탕으로 일반적인 논거보다는 다소 독특한 논거를 찾아 자신의 주장을 표현할 줄 아는 능력을 지니고 있음을 수업을 통해 보여줌. '더 나은 미래를 위해 50세의 시점에서 돌아본다.'라는 주제로 자서전을 작성하여 제출하였고, 자신의 눈부신 꿈을 향해 지금의 부족한 자신의 모습을 떠올리며 독창적으로 서술함.
과학융합	생명과학 연구원을 희망하는 학생이어서 평소 생활 중 생명현상과 관련된 분야를 면밀하게 관찰하는 성향이 있음. 주변 조경이 비슷한 이유에 호기심을 지니고 그 이유를 다양한 참고문헌을 찾아가며 해결해 보려고 노력하였고 보고서를 작성하여 교내 탐구 발표대회에 참가하였음.
사회	다양한 자료를 바탕으로 지리 정보를 분석하는 능력과 지리 도해력이 뛰어남. 국내외 지리학적 이슈에 관심이 많으며, 특히 NIE 활동에서 미국의 대선과 관련된 신문기사를 분석하여 미국의 대선 결과가 세계에 미치는 영향에 대해 고찰함. '기업형 슈퍼마켓(SSM)의 영업을 규제하는 것이 타당한가?'라는 주제로 이루어진 토론에서 이해 관계자의 주장과 논거를 면밀히 살펴보고 적극적으로 의견을 펼쳤고, 토론을 통해 경제민주화와 상점의 입지와 관련된 사회 구성원의 입장에 대해 고찰함.

위의 예시에서 학생은 각 수업시간에 어떤 학업태도를 보였고, 어떻게 각 과목과 관련된 학업활동을 하여 어떤 결과를 냈는지를 알 수 있도록 기록되어 있다.

화학 교사는 위 학생에 대해 세세하고도 꾸준히 관찰하여 기록하고 있다. 화학 교과와 관련된 탐구활동을 주도적으로 이끌고 2개월간 지속적으로 활동하였으며 탐구대회에 참가하였다는 내용을 기록함으로써 매우 주도적이고 진취적이며 탐구심이 뛰어나다는 점을

---

34) 서울대학교 입학본부, 〈서울대 수시모집 평가의 이해〉 동영상 자료

추측할 수 있도록 했다. 또한 리더십도 훌륭하다고 판단할 수 있다. 또한 일회성이 아니라 일정기간 꾸준히 지속되는 탐구 활동을 수행하였으며 결과를 도출하여 발표한 것까지 기록되어 이 학생이 화학에는 매우 흥미가 있고 열심히 노력한 학생임을 알게 하고 있다. 위학생이 그와 같은 활동을 하였기에 교사가 기록을 한 것이다.

국어 교사는 학생이 국어 시간에 보여준 능력을 서술하였다. 이기록에 의하면 이 학생은 독서를 많이 하며 독특한 논거를 찾아 자기의 주장을 표현하는 능력이 있음을 알게 한다. 그러한 능력을 수업 중에 나타내고 있음을 알 수 있다. 즉 수업에 아주 적극적으로 참여하였고, 교과서 이외의 것까지 참고해 공부하고 있는 학생임을 알려준다.

과학융합 교사는 위 학생이 자신의 꿈인 생명과학 연구원이 되기 위해 꾸준히 노력하고 있다고 평가하고 있다. 궁금증을 해결하기 위해 참고문헌을 찾는 등 교과서 이외에도 더 깊이 공부하고 있는 학생이라는 사실을 기록하였다.

사회 교사는 학생이 지리 영역에 관심이 많다는 것을 기록했다. 하지만 NIE 활동을 하고, 토론도 했지만 그 활동이 얼마나 지속되었는지 알 수 없고, 그 결과가 어떻게 되었는지도 알 수가 없다. 학생에 대해서 정확히 파악할 수 있는 기록은 아닌 것으로 보인다.

이렇듯 세부능력 및 특기사항에 대한 기록을 보면 학생은 학업능력이 어느 정도이고, 학업에 대한 열정이 얼마나 강하며, 무엇을 하고자 노력하였는지, 얼마나 지속적인 공부를 하였는지 등에 대해서 알 수 있다. 특히 세부능력 및 특기사항의 기록은 매학기 해당 과목 교사가 기록해 주는 것이므로 3학년 1학기까지 총 5회 기록된다. 각 학기마다 약 10명 이상의 교사가 기록할 수 있으므로 연인원 50

여 명의 기록이 누적되어 있다. 학생을 평가하기에는 아주 좋은 자료라고 할 수 있다.

▶ 창의적 체험활동

창의적 체험활동은 학생들이 자발적으로 참여해 개개인의 소질과 잠재력을 계발, 신장하고, 자율적인 생활태도를 기르며, 타인에 대한 이해를 바탕으로 나눔과 배려를 실천함으로써 공동체의식과 세계 시민으로서 갖추어야 할 다양하고 수준 높은 자질 함양을 지향하는 교육과정으로 지식과 인성이 겸비된 균형 있는 교육을 실천하는 것이다.[35]

창의적 체험활동은 보통 '창체활동'이나 '창체'로 줄여서 부르기도 하는데, '자율활동', '동아리활동', '봉사활동', '진로활동' 등 4개의 하위 영역으로 나뉜다. 이 4개의 영역을 줄임말로 '자동봉진'이라고도 한다.

자율활동은 학급이나 학교 구성원의 자발적이고 자율적인 참여를 중시하는 활동이다. 동아리활동은 학생들의 공통 관심사와 동일한 취미, 특기, 재능 등을 지닌 학생들이 함께 모여서 자발적인 참여와 운영으로 자신들의 능력을 창의적으로 표출해내는 것을 주 활동으로 하는 집단활동이다. 봉사활동은 어떤 대가를 목적으로 하는 활동이 아니라, 자발적인 의도에서 개인이나 단체로 다른 사람을 돕거나 사회에 기여하는 무보수의 지속적인 활동으로 인간의 존엄성에 대한 인식뿐만 아니라, 더불어 사는 사회에 대한 이해, 협동

---

35)교육부, 《생활기록부 기재요령》. (서울, 교육부, 2015) p.52

의식의 고취 등 다양한 의미를 부여할 수 있는 활동이다. 진로활동은 개인이 자신의 진로를 계획하고 그 진로에 대한 준비를 하며, 적절한 시기에 진로를 선택하고, 선택한 진로에 대해 잘 적응하고 발전할 수 있도록 도와주는 활동이다.

창의적 체험활동도 학업능력을 판단하는 데 중요한 자료로 활용되고 있어 학생의 학업 관련 우수성이 드러난다면 평가대상이 될 수 있다. 학업활동 관련 동아리활동이나 탐구 및 연구활동이 학업능력의 평가대상이다. 하지만 동아리활동은 학업 관련 동아리가 다른 동아리보다 의미가 있다고 하지는 않는다. 이들 동아리활동에서 학업 외적인 부분에서 충실히 활동했다면 학생의 개인적 특성과 학업 외 소양 부분에서 그 우수성을 판단할 수 있다. 독서활동이나 탐구 및 연구활동도 학생의 우수성을 볼 수 있는 부분이다.

창의적 체험활동은 학교마다 여건이 다르다. 탐구 및 연구활동이 가능한 학교도 있겠으나 그렇지 않은 학교도 매우 많다. 그렇기 때문에 탐구 및 연구활동 유무만 가지고 학생의 학업능력 차이를 판단하지는 않는다. 환경이 어떻든 그 어려운 환경을 극복하면서 자신의 학업능력을 향상시키기 위해 노력한 부분을 평가하는 것이다.

▶ 자기소개서와 추천서

자기소개서와 추천서도 학업능력을 평가하는 중요한 자료다. 학교생활기록부가 결과만 기록하는 것에 비해 자기소개서와 추천서는 학생의 과정과 동기, 그리고 변화 과정을 알 수 있는 서류다. 즉 학교생활기록부에 나타난 결과가 어떤 동기에서 시작되었고, 어떠한 과정을 거쳐서 실행되었으며, 어떠한 어려움을 어떻게 극복했고, 그 과정을 통해 학생이 어떤 영향을 받았고 변화는 무엇인지에 대해 알 수 있게 된다. 그러므로 그 과정에 대한 서류를 통해 학생이 가지고 있는 학업능력과 잠재력을 판단하는 것이다. 또한 학업능력뿐 아니라 학생의 호기심도 판단할 수 있다. 그와 같은 호기심은 열정으로 이어지고, 그 열정이 학업 성취로 이어질 수 있으며, 그렇지 못하더라도 우수한 학업능력을 입증할 수 있는 것이다.

자기소개서는 학생이 직접 작성하는 것이므로 학생부에 기록되지 않는 사실을 자세하게 파악할 수 있는 중요한 자료다. 또한 지원자의 전반적인 상황을 파악하고 열정과 성향, 소양 등을 파악하기에 적합하다. 입학사정관은 학생을 평가하면서 학생부를 읽어보고 자기소개서를 읽는 것보다 자기소개서를 읽고 난 뒤 학생부를 읽는 것이 효과적이라고 말한다. 즉 자기소개서는 매우 중요한 자료로, 1단계를 통과할 수 있느냐 없느냐를 가리는 데 큰 영향을 미친다. 따라서 수시전형을 준비한다면 학업능력과 함께 자기소개서를 작성하기 위한 전략을 짜는 것도 중요하다.

학생들을 평가할 때 학업능력과 지적 성취는 매우 중요한 요소다. 하지만 좋은 성적을 받는 데만 집중한다면 깊이 있는 학습자가 될 수 없으므로 학업능력을 키울 수 없다. 깊이 있는 학습에 집중하도록 해야만 학업능력을 키울 수 있을 뿐 아니라 좋은 성적도 올릴 수 있다.

학업태도

학업태도는 학업을 대하는 학생의 태도를 말한다. 지적 호기심,

자기주도성, 적극성, 열정 등이다. 학업태도는 학교에서 학생들에게 제공하는 학습 기회에 얼마나 적극적으로 참여했는가를 평가하는 것으로 학교생활기록부의 교과학습 발달상황, 학업관련 수상경력, 창의적 체험활동 상황, 독서활동 상황, 행동특성 및 종합의견, 자기소개서와 추천서를 통해서 평가한다. 이는 교실에서의 교과 학습뿐 아니라, 동아리활동, 학생 스스로가 갖고 있는 관심분야에 대한 적극적인 독서활동, 글쓰기, 탐구 및 연구활동, 실험수업, 교내대회 참여 및 수상 등 다양한 형태의 학습경험에서 잘 드러난다.

학업능력과 지적 성취가 훌륭한 학생들의 학업태도는 대부분 좋지만, 간혹 교과성적과 학업능력이 뛰어나도 자신이 전공하고자 하는 분야에 도움이 되지 않는 수업이나 교사, 친구들과의 관계에서 훌륭하지 못한 태도로 대하는 경우가 보이기도 한다. 이런 경우, 교사들이 기록으로 남기기도 하지만 기록을 하지 않기도 한다. 이런 내용으로 볼 때 우수한 학업능력에 비해 평가 내용이 없다면 학업태도를 추론하는 한 요소가 될 수도 있다.

| 학업태도
(지적 호기심,
자기주도성,
적극성, 열정) | 학생부 | · 학업 관련 교내 수상 (교내 참여도 및 노력)
· 창의적 체험활동 (동아리, 학내활동 참여도 및 노력)
· 세부능력 및 특기사항 (수업 참여도 및 태도, 심화과목 선택 노력 등) |
| | 자기소개서,
추천서 | · 학업에 대한 노력, 자기주도적 학습 태도, 수업 참여도 |

교내 수상기록을 보면, 학생이 교내 학업활동에 얼마나 적극적으로 참여하였는지 알 수 있다. 특히 수상을 한 경우라면 적극적으로 학업에 참여했을 뿐 아니라 우수한 성과를 거둔 우수한 학생이라는 점을 이해할 수 있다. 수상은 하지 못했을지라도 꾸준히 참여하였

다면 적극성이 있다고 판단할 수 있다. 한 번의 도전으로 그친 것이 아니기 때문에, 학생은 매우 끈기 있고 열정적으로 그 과목을 위해 노력하는 적극적인 학생으로 판단할 수 있는 것이다. 또한 경시대회에 참가하기 위하여 노력한 흔적들은, 자기주도적인 학습의 다른 표현이고 또 열정을 말하는 것이다.

창의적 체험활동에서도 평가할 수 있는 학업태도는 동아리활동과 다양한 교내활동이 있다. 동아리활동 중에서 학업과 관련된 동아리 활동 기록, 다양한 학교 행사에서의 참여도 및 준비 기록 등은 학업에 대한 적극성과 함께 열정을 파악할 수 있는 것이다. 이러한 활동에 대해서 자기소개서를 통하여 활동에 대한 동기와 과정, 자신의 변화와 반성적 고찰을 통하여 학생의 태도와 변화된 모습도 파악할 수 있다.

학생부의 세부능력 및 특기사항에서는 각 과목에 대한 학생의 태도와 각 과목 수업을 대하는 학생의 태도를 파악할 수 있다. 교사의 가르침에 대한 반응, 질문에 대한 반응, 발표 기회에서의 적극성, 토론에서의 적극성 및 참여도, 우수성 등이 파악된다. 수행 평가와 발표 수업을 통해서는 학생의 준비 정도 및 지속적인 노력의 과정을 파악할 수 있으며, 주제를 선정하고 그 주제에 따라 연구를 통해서 지적 호기심을 해결해 가는 자기주도적인 모습을 파악할 수 있다. 특히 주제를 선정하는 것에서 학생이 가진 열정과 관심을 가지고 있는 분야와 깊이를 파악할 수 있으며, 노력의 정도를 알 수 있다. 이것은 학생이 가진 학업적 우수성과 학업능력을 파악하는 데 도움이 된다.

학생이 수강하고 공부할 과목을 선택한 것을 보면, 학생이 관심을 갖고 있는 분야를 알 수 있을 뿐 아니라, 학생이 학업에 대한 부담이 있음에도 공부를 하고 싶어 그 과목을 선택했는지 아니면 점수를 얻기 쉽다고 생각해 과목을 선택했는지 파악이 가능하다. 그리고 학업 부담뿐 아니라 총체적인 학습량을 추정하여 학생의 학업 능력과 자기주도성 정도를 파악할 수 있다. 방과 후 수업에서 선택한 과목과 심화수업을 선택하는 것에서도 그 내용을 파악할 수 있다. 자율동아리 활동을 보면 학생의 관심 분야와 열정, 지식의 깊이와 호기심의 정도까지 파악이 가능하다.

자기소개서는 학생이 가진 학업태도를 파악할 수 있는 아주 좋은 자료이다. 특히 자기소개서 1번과 2번 문항은 학생의 학업능력과 학업에 대한 태도를 나타내는 아주 중요한 항목이다. 1번 문항은 학업에 대한 노력과 학습경험이 바로 학업능력과 학업에 대한 태도이다. 이 한 문항만으로도 학생이 가진 모든 지적 호기심, 자기주도성, 적극성, 열정 등의 모든 학업태도를 파악할 수 있다. 2번 문항에서도 학업에 관련된 내용을 기술하여 자신이 가진 학업 능력과 학업태도를 어필하는 경우가 있다. 호기심을 해결하기 위한 적극적인 태도와 열정을 통해 깊은 지식을 쌓은 기록이 자기소개서에 포함되어 있다면 좋은 평가를 받는다. 지식을 갈구하고 흡수하는 데 목말라하고, 지식을 쌓고, 쌓은 지식을 활용할 줄 아는 학생에게 높은 평가를 내린다. 이 모든 것들이 학업태도에 포함되어 있는 것이다.

서울대 합격자들은 교과서 이외에도 수학이나 물리, 생명과학, 경제 등 원하는 전공분야와 연관된 공부를 하고 그런 와중에 생긴 궁금증을 해결하기 위해 다방면으로 노력하는 모습을 보였다. 즉 하나의 정리나 정의, 개념에 대해 이해가 가지 않으면 친구와 토론하면서 문제를 풀거나 인터넷을 비롯한 다른 채널을 통해 해답을 찾는다. 많은 경우는 전문서적이나 논문까지 찾아 해결하는 경우가 많았다.

물리천문학부의 한 학생은 학교 공부뿐 아니라 양자역학에 관한 서적을 읽는 데 많은 시간을 들여 공부한 내용을 썼다. 공부를 하면서 잘 이해할 수 없는 문제들을 해결하기 위해 친구들과 자율동아리를 만들어 3년 동안 꾸준히 공부한 활동에 대해서도 기록했다. 물리를 가르치는 교육봉사, 물리 관련 동아리활동을 하고 탐구대회에 참여했는데, 모두 물리와 연관된 활동들이다. 독서활동 역시 주로 물리 관련 서적들을 읽었다고 한다.

물리천문학부의 H는 물리의 기초가 되는 수학을 공부했던 과정을 서술하고 있다. 자신이 공부해 습득한 지식을 블로그에 올리고 친구들에게 설명하기도 한다. 또한 2학년 때 물리 발표수업에서는 주제 선정에 대해 고민하였고, 주제를 선정한 후에는 어떻게 친구들의 수준에 맞춰 어떻게 설명할 것인지를 고민하고 방법을 찾기 위해 노력하였다고 한다. 또한 영어 실력을 향상시키기 위해 자율동아리를 만들어 활동하면서 3학년 영어 말하기수업에서는 영어로 물리학의 한 개념과 관련된 내용을 발표했다고 하였다.

대부분의 서울대 합격자들은 단순한 지식의 암기와 이해가 아니라, 자신이 궁금하게 생각하는 문제를 증명하거나 입증하거나 논리적으로 설명하는 수준에 올라 있었다. 그런 지식을 쌓기까지는 긴 시간 동안 어려운 길을 걸어야 했고, 그만큼 큰 기쁨을 얻을 수 있었다는 이야기들이 자기소개서에 들어 있다.

서울대가 말하는 학업태도는, '학자로서의 태도를 갖고 있는가?' 하는 점을 평가하고자 하는 것이라고 보면 맞을 것이다. 즉 하나의 문제를 도출하고, 그 문제를 해결하기 위해 관련 서적을 찾아보고, 토론을 하고, 다양한 방법으로 연구를 하면서 결과를 얻어내는 과정을 학업태도이다. 연구자로서의 태도가 바로 서울대가 말하는 학업태도이다. 무언가를 배울 수 있는 기회를 찾아 얼마나 적극적으로 참여했는지, 그런 기회를 통해 얼마나 성장하고, 성장하기 위해 노력했는지에 대해 평가하는 것이다.

학업 외 소양

학업 외 소양에는 개인적 특성과 인성이 포함된다. 학업 외 소양은 학습활동 이외에 다양한 체험활동을 통해 개발되는 나눔과 배려, 책임감, 리더십 등의 소양을 평가한다. 이를 평가하는 요소로는 학교생활기록부의 학업 외 교내수상, 창의적 체험활동 상황, 봉사활동 내용, 행동 특성 및 종합의견, 자기소개서와 추천서 등이다. 이를 통해서 학생의 대인관계 및 인성 등 개인적인 특성을 평가한다.

그러나 학생의 개인적인 특성을 어떤 경험이 있는지 없는지 하는 활동의 양으로 판단하지는 않는다. 임원 경력이 많은 학생이 리더십이 있다고 판단하지 않으며, 임원을 맡은 횟수보다는 맡은 역할과 활동내용을 질적인 면에서 판단한다. 봉사활동도 활동의 양이 아니라 활동 내용이 무엇이었는지에 중점을 두고 판단하고, 그 활동을 통해 어떤 영향을 받고, 자신을 성장시키게 되었는지를 중심으로 판단한다.

개인적 특성,
학업 외 소양
	학생부	· 학업 외 교내 수상
		· 창의적 체험활동
		  – 동아리활동
		  – 리더십, 책임감, 공동체의식
		  – 봉사활동에서 나타난 배려심
		· 출결 상황

	자기소개서, 추천서	· 지원자의 인성, 대인관계

　학업 외 교내수상은 교과 관련 수상이나 경시대회, 탐구대회 등의 수상을 제외한 모범상이나 봉사상 등의 학생의 성품이나 태도를 확인할 수 있는 수상이다. 이 상을 받은 학생은 인성적인 면에서 좋은 평가를 받는다. 그러나 왜 상을 받았는지가 불분명하면 의미가 퇴색되므로 그 이유를 분명하게 적어야 한다.

　창의적 체험활동에서는 동아리활동에서 보여준 면면도 평가요소가 될 수 있다. 동아리에서 맡은 직책을 통해서 리더십을 파악할 수 있고, 동아리 발표나 학교 축제 등의 동아리활동을 통해서 학생이 가진 리더십, 책임감, 공동체의식, 사회구성원으로서의 기여 가능성 등을 평가할 수 있다. 자율활동에서는 학급이나 학교의 임원, 학급에서의 역할 등을 통해서 학생의 소양과 공동체의식, 리더십 등을 파악할 수 있다.

　봉사활동에서는 어떤 봉사활동을 하였는지, 어느 정도 지속적이었는지, 내용은 무엇인지 등을 통해 학생이 가지고 있는 배려심을 파악할 수 있다. 단순히 한두 번의 활동만으로는 좋은 평가를 받지는 못한다. 봉사활동의 4대 원칙인 자율성, 공익성, 지속성, 무보상성의 원리에 적합해야만 좋은 평가를 받을 수 있다. 이러한 봉사활동은 학생부의 특기사항에 참여도, 활동 의욕, 태도의 변화 등이 구체적으로 기록된다면 더 좋은 평가를 받을 수 있을 것이다. 즉 단순히 경험의 유무나 활동량으로 판단하지는 않고 그 내용을 보고 질적인 면에서 판단하려고 하기 때문이다.

출결 상황도 평가요소이다. 출결 상황은 학생의 성실성뿐 아니라 자주성, 리더십, 자기조절 능력, 건강과 근면성을 알려주는 기본 정보이다. 학생이 학교를 대하는 태도와 내면적인 면의 평가도 가능하다. 몸이 아프거나 가정사정상 불가피한 상황을 제외하고는 출석 상황이 좋아야 한다. 병으로 인한 조퇴나 지각이 많으면, 건강상 대학에 진학해서도 공부를 하는 데 지장을 초래할 수 있다는 불신을 불러일으킬 수 있으며, 성실하지 못하다는 평가를 받을 수 있다. 그러므로 출석은 당연히 개근에 가까워야 한다. 어쩔 수 없이 지각이나 결석을 하였다면 자기소개서를 통해 사유를 밝히는 것이 좋다.

자기소개서와 추천서를 통해서는 지원자의 인성과 학업 외 소양을 평가할 수 있다. 자기소개서의 4개 문항은 "학교생활 중 배려, 나눔, 협력, 갈등관리 등을 실천한 사례를 들고, 그 과정을 통해 배우고 느낀 점을 기술해 주시기 바랍니다."이다. 이 문항에 대한 대부분의 학생들은 학교에서 직접 겪은 친구와의 갈등, 부모와의 갈등 등을 서술하고 있다. 그리고 자신이 어떤 친구를 도와준 경험 등도 서술한다. 이런 경험은 다른 친구들을 세심하게 살피고 배려하지 않는다면 잘 할 수 없는 것들이다. 또한 동아리활동과 같이 친구들과 어떤 조직으로 활동하지 않는다면 경험할 수 없다. 그러므로 동아리활동이나 지속적인 봉사활동과 같은 것을 통해 학생의 대인관계와 인성, 배려, 리더십, 협력 등을 가늠할 수 있다.

교사 추천서를 통해서도 학생의 인성은 파악할 수 있다. 특히 학생부의 각 항목의 특기사항과 행동 특성 및 종합 의견을 통해서 학생의 인성을 파악할 수 있다. 행동 특성과 종합 의견은 인성의 각 요소를 분리하여 기록할 수 있는데, 1년 동안 담임교사가 관찰한 내용을 기본으로 하여 기록한다. 그러므로 학생의 전체적인 인성을 파악하는 데 아주 중요한 자료이다. 학생들이 선호하는 H대학 같은 경우는 이런 행동 특성 및 종합 의견을 아주 중요하게 평가한다. 서울대도 예외는 아니다.

특히 서울대는 진학과 관련된 주요 과목의 성적은 좋지만 예체능 과목과 주요 과목이 아닌 과목의 성적이 나쁜 경우에도 선발하지 않으려고 한다. 그 수업시간에 충실하지 못한 학생이라고 판단하는 것이다. 그런 행위는 아주 이기적인 행위로 해당 과목의 교사를 힘들게 할 뿐 아니라 정상적인 수업 활동을 방해하는 것이라고 판단한다. 또한 예체능과목은 성적을 산출하지 않으나 평가에서 우수나 보통이 아니라 미흡으로 평가되면 서울대 진학에서 결격사유가 될 수 있다. 입시와 관련이 없는 과목이라 해서 소홀이 했다는 평가를 내리는 것이다.

학업 외 소양과 개인적 특성은 학생의 학업능력 및 지적 성취에 대한 선호와 내면적인 가치관이 학업태도를 결정짓는 근본이다. 그러므로 수업을 받는 교실, 동아리활동, 봉사활동 등에서 남을 먼저 배려하고 공동체의 발전을 위해서 무엇을 할 것인가를 고민해야 할 것이다.

자기소개서, 교사 추천서, 학교소개 자료

자기소개서는 학교생활기록부, 추천서와 더불어 학생부종합전형 평가의 핵심 자료이며 학교소개 자료는 보조자료이다. 이들의 서류를 종합적으로 읽으면서 학생의 우수성을 파악하게 된다. 이 서류양식은 이 책의 부록에 수록되어 있다. 이 서류에 대해서 《2018학년도 서울대학교 학생부종합전형 안내》에서 제안하는 내용은 다음과 같다.[36]

자기소개서의 내용

자기소개서는 고등학교 과정에서 열심히 노력해온 모습을 자신의 글을 통해 보여줄 수 있는 중요한 기회다. 따라서 자신의 목소리를 가지고 학교생활 중 특별한 의미를 가지고 있는 내용을 담아서 써야 한다.

- 가장 힘들게 또는 신나게 공부했던 경험과 공부 방법 및 느낀 점
- 고등학교 생활 중 가장 소중했던 경험
- 열심히 노력해온 일, 많은 시간을 쏟은 일
- 자신에게 영향을 준 책
- 학교생활 중 배려, 나눔, 협력 사례 또는 친구와 함께 했던 의미 있는 활동

자기소개서를 쓰는 요령

자기소개서는 고등학교 생활을 돌아보면서 스스로 작성하는 것으로, 학교생활기록부를 근거로 하여 자신의 목소리를 담아서 써야

---

36) 서울대학교 입학본부, 《2018학년도 서울대학교 학생부종합전형 안내》 pp.22~25

한다. 서울대에서 제시한 자기소개서를 쓰는 요령은 다음과 같다.

가. '나', '나의 노력'에 대해 돌아보는 것으로 시작한다

자기소개서를 작성할 때에 가장 우선해야 할 일은 왜 대학에 지원하고자 하는 것인가에 대한 고민과 향후 어떻게 할 것인가를 진지하게 생각하는 것이다. 스스로 고등학교 생활을 돌아보고 자신을 성찰하는 시간이 필요하다. 고등학교 시절에 내가 가장 열정을 쏟아왔던 일은 무엇이었고, 그것을 위해 어떻게 노력해 왔는가를 정리해보자. 왜 그것을 했고, 어떤 고민을 하였으며, 어떤 방법을 선택하였고, 누구와 함께 실행하였으며 그 결과는 어떠했고, 나는 어떻게 변했는지에 대한 느낌을 정리하는 것이다. 그리고 그 경험은 나에게 어떤 의미가 있는지를 성찰해보는 것이다. 어떤 일에 있어서 자신의 역할을 다시 조명해보는 것이다.

나. 나의 모습, 나의 생각을 나의 목소리로 작성한다

자신이 부족하다고 생각해 다른 사람이 쓴 자기소개서를 참고하는 것은 좋다. 그러나 잘못하다가는 그것을 흉내내게 될 수 있다. 다른 사람의 조언을 받을 수는 있지만 내용의 근간은 자신의 것이어야 하고, 자신의 생각이어야 한다. 학교생활기록부에 기록된 것 중에서 가장 힘들었던 것과 공들였던 것을 중심으로 자신에게 가장 기억에 남는 것, 가장 의미가 있다고 생각하는 것을 기술하는 것이 면접에 대비해서도 좋은 방법이다. 문체가 아름다울 필요는 없다. 자신의 모습을 잘 나타낼 수 있으면 좋다. 자신만의 자기소개서는 최고의 것(Best One)이 아니라 유일한 것(Unique One)이 되어야 한다.

다. 학생부에 구체적으로 나타나지 않는 내용들을 중심으로 서술하자

학교생활기록부에 기록된 내용을 나열하면 안 된다. 대학은 수상 경력에 대한 학교생활기록부의 기록만으로는 알 수 없는 지원자의 숨겨진 특성, 자질, 노력 등을 확인하고 싶어 한다. 그러므로 단순한 수상 실적이라도 자신이 했던 특별한 경험, 특별히 노력한 과정, 어떻게 그 대회를 준비하기 위해 공부했는지 등 '왜 나에게 의미 있는 경험이었는지'를 나타내 주기를 바란다. 학교생활기록부의 내용 한 줄이 자신만의 경험이고 노력임을 기억하고, 그에 따른 과정을 구체적으로 서술하도록 노력하자.

라. 고등학교 기간 중의 활동을 중심으로 서술하자

자기소개서는 고등학교 3년 동안의 생활에서 학생이 성취한 것들을 확인하고자 하는 것이다. 대학은 자기소개서를 통해 지원자의 자질과 학업능력이 어느 수준인가를 확인하고 싶어 하며, 그 학생이 대학에서 공부를 할 수 있는 능력을 가지고 있는지 여부를 판단하고자 한다. 그러므로 고등학교 과정의 활동에서 특별한 것을 서술해야 한다.

마. 구체적인 사실을 바탕으로 기술하라

자기소개서에는 학교생활기록부에 기록된 하나의 사실 기록을 통해서 지원자의 특성이나 자질 등을 알고 싶어 한다. 그러므로 화려한 문구나 형용사를 과도하게 사용하는 대신 구체적인 사건을 중심의 경험이나 에피소드 등을 중심으로 자신을 나타낼 수 있고 전달할 수 있는 내용을 담아야 한다. 자신을 주관적으로 바라보는 것이 아니라, 제3자의 입장, 특히 대학의 입장에서 자신을 관찰하는 태도로 균형 있게 기술하고, 자신을 잘 모르는 대학 입학사정관이 잘 이해할 수 있도록 객관적이고 균형에 맞게 구체적으로 기술해야 한다.

바. 상투적이거나 추상적인 표현은 피하라

자기소개서는 내가 가진 특별한 점을 보여주는 글이다. 추상적이거나 형용사적인 문구로는 부족하다. 강한 인상을 심어줄 수 있어야 한다. "반장 역할을 잘 해냈다." "열심히 하겠다." 등의 막연한 문구와 내용보다는 구체적인 내용을 중심으로 작성해야 한다. 임원 활동을 소개하고 싶다면 단순한 경력보다는 임원 활동을 하게 된 동기, 임기 중 가장 의미 있었던 활동 경험, 직책을 수행하는 과정에서 나의 생활에 미친 영향 등을 구체적으로 서술하는 것이 좋다.

사. 독서 경험을 기술하는 4번 항목에도 '자기 생각'을 담아라

독서 항목은 서울대만의 독특한 항목이다. 독서 경험을 통해 지원자가 어떤 생각을 가지고 있는지 보여주는 자기소개서 내의 또 다른 자기소개서라고 할 수 있다. 그러므로 책의 줄거리 요약이나 소개에서 벗어나야 한다. 자신에게 의미 있었던 책 3권이 각각 자신에게 어떤 의미로 다가왔는지를 설명해야 한다. 지적인 변화와 태도의 변화, 가치관의 변화에 어떤 영향을 주었는가를 서술해야 한다. 그로 인해 바뀐 생각과 가치관, 입장 차이 등이 주된 내용이 될 수 있으며, 학업능력을 나타낼 수도 있다. 물론 지원하고자 하는 모집단위와 관련성은 적어도 된다. 깊이 있는 변화가 있다면 좋을 것이다.

교사 추천서³⁷⁾

교사 추천서는 지원자가 가지고 있는 학업능력과 인성 영역에 대해 자기소개서와 학교생활기록부의 내용을 확인하는 서류다. 자기소개서에서 학생이 서술한 내용이 옳다고 확인해 주며, 학교생활기록부의 내용에 대하여 방점을 찍는 서류라 할 수 있다. 자기소개서와 학교생활기록부에 아무리 좋은 내용이 있다고 하더라도 교사 추천서에서 적극적인 추천을 받지 못하거나, 추천할 만한 충분하고도 구체적인 사례를 설명하지 못한다면 의외로 좋지 못한 결과를 불러올 수도 있다. 그러므로 서울대에 지원하고자 하는 학생은 자신의 멘토나 자신과 아주 밀접한 관계를 맺고 있는 교사로부터 추천서를 받는 것이 유리하다. 즉 자신이 가고자 하는 지원 단위와 관련된 과목 선생님께 자기의 모든 활동과 생각을 알려서 미리 관찰을 하고 기록한 것으로 자신을 평가하여 추천할 수 있도록 준비하는 것이 좋겠다. 그런 관계가 1학년부터 지속된다면 더욱 좋겠고 가능하면 오랜 기간 동안 교류가 있으면 좋을 것이다. 물론 3학년 때의 담임교사도 충분하지만 교류 기간이 너무 짧아서 어려운 경우도 있다.

교사 추천서의 내용은 크게 3가지이다. 첫째는 지원자의 학업 관련 영역에 관한 평가와 추가적인 기술(250자), 두 번째는 지원자의 인성 및 대인관계에 대한 평가와 추가적인 기술(250자), 세 번째로 지원자의 평가에 도움이 되는 내용(1,000자)이다. 이것을 감안하면 고등학교 생활에서 중점을 두어야 하는 것은 바로 학업과 대인관계

<hr>

37) 서울대학교 입학본부, 《2018학년도 서울대학교 학생부종합전형 안내》 p.26

를 비롯한 인성이라는 것을 알 수 있다. 그리고 학생 나름대로의 독특한 면이 있다면 추가적으로 좋은 평가를 받을 수 있는 요소가 되겠다.

학교소개 자료(School profile)[38]

서울대는 해마다 학교소개 자료를 받는데, 학교 프로파일(School profile)이라고도 한다. 이는 지원 학생에 대한 환경을 이해하고자 하는 이유 때문이다.

학생이 학교 환경에서 얼마나 많은 노력을 했고, 어떠한 성취를 하였는가, 그 학생이 학업능력이 얼마나 우수한가를 평가하고자 하는 기초자료이다. 그러므로 학교는 고심을 거듭해 자료를 작성해 제출하여야 한다. 나 역시 진학부장을 할 때 학교 소개서를 작성하기 위해 크게 고심했던 기억이 난다. 문구 하나, 용어 하나를 쓰는데도 많은 선생님들과 함께 고민을 거듭했었다. 이와 같은 학교소개 자료를 통해 우리학교 학생들을 평가하는 기초로 쓰이는 것이므로 여간 고민이 되는 작업이 아닐 수 없었다.

학교소개 자료는 총 6가지의 항목이 있다. 첫째 학생 현황, 둘째 교육환경 및 구성원의 특징, 셋째 교육과정 운영 현황, 넷째 3개년 교육과정 편성표, 다섯째 교내 주요 시상 내역 3개, 여섯째 기타 사항이다.

서울대는 학생이 처한 여건을 충분히 이해하고 학생을 평가하기 위해 이와 같은 자료를 받는다고 밝혔다. 그러나 각 고등학교로서

---

38) 서울대학교 입학본부, 《2018학년도 서울대학교 학생부종합전형 안내》 pp.29~33

는 여간 곤혹스러운 문제가 아니다. 서울대의 입학 전형에 대한 정확한 이해 없이는 이런 자료를 작성하기 어렵다. 또한 학생이 우수하다고 해도 학교의 프로그램에서 학생의 우수성을 뒷받침하지 못한다면 합격의 기회가 적어진다.

이 학교소개 자료는 학생이나 학부모가 어찌할 수 없는 부분이다. 그러나 학교 상황을 잘 파악하여 부족한 것이 있다면 그에 대한 보완을 고민해야 할 것이다. 쉽지 않은 일이지만 그렇게 하기를 권한다. 이는 서울대의 입시에 대한 정확한 이해가 있다면 가능할 것이다. 앞에서도 설명했지만 그러한 과정들이 아마도 조금은 학교 프로파일을 보완하는 활동이 될 수 있을 것이다.

입학사정관이 평가하는 11가지 항목

서울대는 원하는 인재를 선발하기 위해 입학사정관이 학교생활기록부, 자기소개서, 교사 추천서, 학교소개 자료를 토대로 다음의 11가지 질문으로 파악하여 종합적인 판단을 내린다.[39]

① 의미 있는 경험은 무엇이었는가?
② 열심히 공부한 이유는 무엇인가?
③ 주어진 여건 내에서 최선의 노력을 하였는가?
④ 공동체의식을 지니고 있는가?
⑤ 적극적이며 지속적으로 노력하였는가?
⑥ 폭넓고 고르게 지식을 습득하였는가?

---

39) 서울대학교 입학본부, 〈서울대 수시모집 평가의 이해〉 동영상 자료

⑦ 노력을 통해 성장한 모습은 어떠한가?

⑧ 자기주도적인 학습을 하였는가?

⑨ 지식을 쌓기 위한 노력의 모습은 어떠하였는가?

⑩ 습득한 지식을 적절히 활용한 경험이 있는가?

⑪ 학교생활에서 겪은 어려움은 무엇이며 이를 극복한 경험이 있는가?

입학사정관이 가장 알고 싶어 하는 것은, 지원자의 경험 중에서 '스스로 생각하고 노력해온 과정에서 창의적 인재로 성장할 수 있는 학습경험을 했는가?' 하는 것이다. 창의적 인재가 될 가능성을 가장 먼저 확인하는 것이다. 그 과정에서 학생이 공부를 하게 된 동기와 목적을 살핀다. 스스로의 동기와 목적이 있을 때 좋은 평가를 받을 수 있다. 공부를 할 때에 학생이 처해 있는 환경이 어떠하든지 안주하거나 회피하는 학생보다는 어려운 역경을 극복해 온 학생을 소중하게 생각한다. 학생이 자신의 여건을 극복하려는 의지는 바로 그 학생이 가지고 있는 가능성을 말하는 것이기 때문이다. 고등학교에 입학할 당시에 가장 우수한 학생이었다고 하더라도 어려움을 회피한 것보다 도전하여 극복한 사례가 필요할 것이다.

서울대는 '창의적 지식공동체'를 표방하고 있다. 따라서 학생들이 대학이나 자신이 속한 공동체에 기여할 수 있는 인재인가를 살펴본다. 학업적인 면에서 타인에게 도움을 줄 수 있거나 자신의 몫과 역할을 충분히 할 수 있어야 한다. 또한 자신의 꿈을 이루기 위한 지속적인 노력을 중요하게 평가한다. 적극적이고 자발적인 태도 또한 중요하다. 자신의 학업을 위해서나 어려운 역경을 극복하기 위해서, 그리고 소속된 공동체를 위한 노력이 적극적이고 자발적이어야 할 것이다.

고른 지식이 창의성의 바탕이 되므로, 폭 넓은 지식을 쌓아야 한다. 폭넓은 지식은 서울대가 말하는 융합 인재로 성장할 수 있는 밑바탕이기 때문이다. 지식을 편식하지 말고 고루 습득해야 한다. 특정 분야에 치우친 학습은 서울대가 바라는 바가 아니다. 다른 분야에 대한 이해 없이 '창의적 지식공동체'가 될 수 없다. 자신이 전공하고자 하는 분야에 대한 지식은 깊게 습득하고, 다른 분야에 대해서도 기초적인 지식 정도는 습득하고 있어야 한다. 그러므로 모든 성적에서 고루 우수해야 하고, 자연계열 학생은 인문학적 소양을 쌓고, 인문계열 학생은 과학 기술에 대한 소양을 길러야 할 것이다.

서울대는 학생이 앞으로 발전할 가능성을 중요하게 생각하지만, 지금까지 노력을 통해 이룬 결과도 중요하게 평가한다. 어떤 노력을 통해 학생이 어떤 모습으로 변화했는지 살펴봄으로써 성장 가능성에 대해 판단하고자 하는 것 같다. 이 과정에서 학생이 능동적으로 자기주도적인 학습을 했는지가 중요한 요건이 될 것이다. 학교나 교사가 시키는 공부, 시험에 나오는 공부만을 한 학생은 서울대가 원하는 연구자가 될 수 없다. 그러므로 교육과정에 있는 공부에 충실하되 교과서를 넘어서는 학습을 하고, 시험문제와 관계없는 지식까지도 습득해야 할 것이다. 그렇게 공부를 하면서 형성된 학생의 모습을 높게 평가한다. 학습태도를 평가한다고 하기보다는, 다양한 학습을 하기 위해 노력한 학생의 모습을 확인하는 것이다. 즉 시험에 나오지 않는 공부, 남에게 의지하지 않고 스스로 찾아서 해결해 가는 공부를 요구한다.

이러한 과정을 통해 습득한 지식은 습득 자체에 만족해서는 좋은 평가를 받을 수 없다. 그 지식을 종합하여 다른 문제에 적용하거나, 다른 분야의 문제를 해결하는 데 활용한 경험이 있는지를 살핀다. 즉 지식을 습득하여 활용하고 적용하는 능력이 있는지 살피는데, 이러한 과정을 통하여 학생이 성장한 모습을 살피는 것이다. 시험문제를 맞추고 성적을 올리는 공부가 아닌, 학생이 성장을 위한 학습을 하며, 학생이 공부하고 싶은 분야에 더 열심히 효율적으로 공부할 수 있는 기본적인 경험을 하기를 바라는 것이다. 그런 과정을 경험한 학생이 대학에 입학해서도 연구자로서 훌륭한 발전을 이룰 수 있을 것이기 때문이다.

마지막으로 학생들이 겪은 어려움이 무엇이었으며, 학생은 그 어려움을 극복하기 위해서 어떤 노력을 하였는지를 살핀다. 역경이 닥쳤을 때 그 어려움을 의연하게 대처하고 슬기롭게 해결하여 극복할 수 있는 능력이 있는 학생을 선호한다. 그런 능력이 있는 학생은 앞으로 닥칠 큰 부담을 감내할 수 있는 인성 역량이 큰 인재로 성장할 수 있기 때문이다.

입학사정관이 궁금해 하는 것은, 서울대가 추구하는 인재상에 맞는 학생을 선발하기 위한 과정이다. 서울대는 학업능력이 우수하고, 적극적이고, 진취적인 태도를 가져야 하고, 글로벌리더로 성장할 수 있는 자질을 가지고 있으며, 다양한 배경과 경험을 갖고 있는 약자에 대한 배려심과 공동체의식을 가진 학생을 원한다. 이러한 인재상을 찾기 위해서 11가지 질문을 한다. 그러므로 서울대에 가고자 하는 학생은 고등학교 과정에서 위에 적시한 11가지 질문을 기억하고 학업 계획과 활동 계획을 만들어야 할 것이다. 또한 지원할 때 학교생활기록부를 분석해 11가지 질문에 맞는 것이 얼마나 많은지, 그 경험과 기록들이 얼마나 의미가 있고 질적으로 우수한지를 평가해 보아야 할 것이다.

  서울대는 지원자들에게 "왜 열심히 공부하였는가?"를 묻는다. 왜인가? 이에 대한 대답을 할 수 있어야 한다. 즉 '왜?'라는 질문에 긍정적인 대답을 할 수 있어야 한다. 이 '왜?'라는 질문에 대답을 할 수 있다면, 그 대답을 실행에 옮겨 어떠한 결과를 도출하였다는 것이다. 그 결과가 어떻든 과거의 학생이 가진 모습과 달리 변화된 모습임에는 틀림이 없다. 이것은 학생이 주도적으로 행동하여 성취한 성공 경험이다. 이 "왜?"라는 질문에 대답하기 위해서는 학생이 구체적인 계획이 필요하고 목표가 필요하다. 특히 목적이 매우 긍정적이라면 더욱 좋다. 목적이 서울대의 인재상에 맞는다면 그 학생은 아주 좋은 평가를 받을 수 있을 것이다.

FREE PASS

성적을
뛰어넘는 입시전략,
대학이 달라진다

최근의 대학입시는 성적에 비례하지 않는다. 대학입시에는 3가지 요소가 있다. '전략', '영감', '배짱'이다. '전략'은 꿈을 실현하는 방법을 선택하는 것이고, '영감'은 전체적인 대학, 학과, 진로 등의 세부 방법을 선택하고 실천하는 것이며, '배짱'은 자신의 선택을 믿고 성취되리라는 믿음과 확신이다.

서울대에 가려면 일단 서류평가에서 좋은 평가를 받아야 한다. 따라서 서류에 알맹이를 채우기 위해서는 매우 큰 노력이 필요하다.

고등학교 3년은 대학입시만을 위한 과정이 아니다. 대학입시를 넘어 자신의 '미래상'을 준비하는 매우 중요한 시기이며 과정이기도 하다. 인생에 있어 매우 소중한 시간이고, 미래의 '자신'을 위해서 무엇을 공부하고 어떻게 노력할 것인가를 결정하고 선택해야 할 시간인 것이다.

전략 5.

서울대,
이렇게 준비하라

서울대 수시전형에서는 학업능력 및 지적 성취와 학업태도, 그리고 학업 이외의 소양 또한 평가한다. 이와 같은 요소를 충족하려면 3가지, 즉 도전하는 학생이 되어야 하고, 넓고 깊게 공부하기 위해 노력해야 하며, 훌륭한 인성을 갖춰야 한다.

　도전하는 학생은 3가지 영역으로 나눌 수 있다. 교과 내용을 자신의 지식으로 흡수하고, 기회가 주어질 때 자신을 발전시킬 수 있는 선택을 하며, 선생님들의 진심과 노고가 깃든 수업에 적극적으로 참여해야 한다.

　넓고 깊게 공부하고자 하는 학생은 교과서를 바탕으로 하되 더 넓고 깊게 파고든다. 독서는 기본이며, 기꺼이 선생님의 도움을 요청한다. 그들은 훌륭한 인성을 갖추기 위해 노력할 뿐 아니라 학교생활을 더욱 즐겁게 할 수 있는 활동에 적극적으로 참여한다. 또한 서울대가 생각하는 리더십을 기르기 위해 노력한다.

　수시전형의 서류평가 항목과 수시전형 준비 방법과의 관계는 다음의 표와 같이 나타낼 수 있다. 각각의 평가항목을 위해 어떻게 준비해야 하는지를 쉽게 알 수 있을 것이다.

수시전형 평가항목 및 관련서류			수시전형 준비방법	
학업능력 및 지적성취	학생부	→	배움에 도전하라	1. 교과 내용을 나만의 지식으로 만들라. 2. 선택의 기회에서 나를 발전시킬 수 있는 선택을 하라. 3. 선생님들의 노고가 깃든 수업에 적극 참여하라.
	자기소개서, 추천서			
	학교소개 자료			
학업태도 (지적호기심, 자기주도성, 적극성, 열정)	학생부	→	넓고 깊게 공부하라	1. 교과서, 수업내용을 바탕으로 더 넓고 깊게 공부하라. 2. 예비대학생이라면 독서는 기본이다. 3. 선생님의 도움을 받아 공부하라.
	자기소개서, 추천서			
개인적 특성, 학업 외 소양	학생부	→	훌륭한 인성을 갖추어라	학교생활을 더욱 즐겁게 할 수 있는 활동을 알아보고 참여하라.
	자기소개서, 추천서			

도전하는 학생이 되라

서울대는 지원자들에게 스스로 도전을 해본 경험이 있는지를 묻는다. 그런 도전을 통해 어떤 경험을 했으며, 어떤 기회에 도전했는가를 묻는다.

서울대는 도전하는 학생을 원한다. 학생부종합전형의 평가항목 중에서 가장 중요한 것은 학업능력인데, 이 학업능력을 성장시키기 위해서는 우선 고등학교 교과과정을 깊이 있게 이해하는 것이 중요하다. 단순히 수업 내용을 암기하고 문제풀이를 연습하는 것만으로는 불가능하다. 자기가 알고 싶어 하는 새로운 지식을 얻기 위해 도전하라는 것이다. 교실에서의 수업도 새로운 지식의 확장을 위한 도전이라 생각하여야 한다.

도전하는 학생은 3가지 범주에 포함된다. 교과서를 자신만의 지식으로 만드는 학생, 선택의 기회에서 자신을 발전시킬 수 있는 선택을 하는 학생, 그리고 선생님들의 노고가 깃든 수업에 적극적으로 참여하는 학생이다.

교과 내용을 자신만의 의미 있는 지식으로 만들어라

서울대에 지원하고자 하는 학생은 교과 내용을 온전히 이해하고 있어야 한다. 수업시간에 배운 교과 지식을 자신만의 방법으로 익혀서, 자신만의 의미 있는 지식으로 만들어야 한다. 즉 스스로 고민을 하면서 얻은 공부 방법을 기초로 하여 배운 지식을 적용하고 활용하면서 그 지식을 확실히 자신의 것으로 만드는 것이다. 그렇게한 결과 우수한 성적과 능력으로 나타나야 한다. 교과성적이 우수하지 않으면 교과 내용을 자신만의 의미 있는 지식으로 만들었다고 말하기 어렵다.

교과 내용을 자신만의 의미 있는 지식으로 만드는 것은 매우 중요하다. 이는 수업시간에 배운 지식을 이해하고 실제 생활이나 다른 학문 영역에 적용할 수 있기 때문이다. 단순히 수업시간에 교사가 가르쳐준 지식이나 교과서에서 다룬 지식에 만족한다면 자신만의 의미 있는 지식이 될 수 없다. 그 지식은 시험을 치르기 위한 수단으로서의 지식일 뿐이지 지식을 탐구하는 학생에게 기쁨이나 더큰 지적 탐구의 욕구를 불러일으키지도 못하고 공부의 즐거움을 제공하지도 못하기 때문이다. 또한 그렇게 배운 지식은 단순한 지식 정보로서의 가치를 갖는 데 불과하다. 그러므로 수업시간에 배운 지식을 자신의 일상과 연계시키든지 다른 과목에 접목시켜서 활용할 수 있어야 한다.

교과 시간에 배운 내용을 충분히 이해하고 자신의 것으로 소화해야 하며, 교사가 되어 배운 것을 친구들에게 가르칠 수 있을 만큼 이해해야 한다. 문제풀이보다는 내용을 이해해야 한다. 고등학교 교과과정을 충분히 그리고 깊이 있게 이해하는 것이 중요한 것이다. 이렇게 배운 것을 이해하려고 하는 노력이 바로 자신만의 의미 있는 지식으로 만드는 것이다.

교실에서 수업에 임할 때에는, 당장의 성적에 얽매여 점수를 올리기 위한 목표를 세우기보다 자신의 실력을 향상시킬 수 있는 기회로 삼아야 한다. 점수를 올리는 것을 쉬운 길이지만, 실력을 향상시키는 것은 시간도 많이 걸리고 어려운 과정이다. 5지선다형의 선택형 문제나 단답형의 문제를 맞추기 위한 노력보다, 학교 교육과정에서 다루는 내용을 자신만의 언어로 이해하고 표현할 수 있는 실력을 키워야 한다. 그래서 교과서를 요약하고 배우고 이해한 내용을 요약하거나 친구들에게 설명하는 기회를 가지면서 실력을 키워야 할 것이다. 즉 자신의 지식체계 안에서 이해하고 발표할 수 있어야 할 것이다.

때로는 수업시간에 배운 내용을 이해하기 위해 관련 서적을 찾아보고 논문을 찾아보는 것도 마다하지 않아야 한다. 그것을 잘 정리해 보고서를 작성해도 좋다. 이러한 과정을 통해서 수업시간에 배웠던 지식에 대한 이해의 폭이 넓어지고 깊어지며 스스로의 지식 체계를 형성하게 될 것이다.

어느 과목이 더 중요한 것인가 하는 것은 특별히 없다. 특히 학생 자신에게 중요한 과목, 진로에 맞는 과목에 더 노력을 하라고 하지 않는다. 다만, 대학에 입학해 배울 교과 내용을 이해하기 위한 기초 지식과 관련된 과목을 공부해야 하는 것은 당연하다. 그것도 좋은 성적과 높은 학업능력을 나타낼 수 있다면 더할 나위 없이 좋을 것이다.

한 분야에서만 뛰어난 학자를 양성하는 것이 아니라, 여러 분야를 통섭할 수 있는 능력을 가지고 있는 학자를 양성하고자 하는 것이 서울대의 목적이기도 하다. 그러므로 인문학적 소양이 풍부한 과학자, 자연과학적 지식이 풍부한 인문사회학자, 철학과 과학을 아우르는 예술가 등이 서울대를 졸업한 사람들에게서 구현될 수 있기를 바라며, 서울대를 지망하는 학생들의 멋진 미래이기도 하다. 따라서 다양한 분야의 지식을 탐구하는 것이 매우 중요하고, 고등학교 과정의 모든 수업에 충실하기를 원한다.

서울대에 재학 중인 몇몇 학생들의 경험담을 들어보면 아마도 쉽게 이해할 수 있을 것이다.[40]

기계항공공학부에 재학 중인 K의 경험은 이렇다.

그는 수학, 과학 과목을 공부할 때 당연한 듯 보이는 내용들을 모두 다 증명해보고자 했다. 즉 고등학교 수학 교과서에 '고등학교 교육과정에서 벗어나므로 증명은 생략함'이라는 말을 보면 바로 생략된 그 증명에 대한 궁금증을 풀기 위해 책과 인터넷을 뒤져보면서 공부한 것이다. 물론 그런 공부 방식에 대해 '수능에 나오지도 않는데 왜 그렇게까지 하느냐?'라고 하는 사람들이 있었다. 하지만 그는 그렇게 공부를 하는 과정에서 진정한 지식을 얻을 수 있었고, 공부를 정말로 즐길 수 있었다고 한다.

전기정보공학부 L은 음악을 좋아해서, 교과 공부를 할 때 음악과

---

40) 서울대학교 입학본부, 〈서울대 학생부종합전형 안내〉 동영상 자료

연관시키려고 많이 노력했다. 수학을 공부할 때는 피타고라스 음률과 평균율이라는 것을 알게 되어, 지역 수학 동아리 세미나에서 이를 주제로 발표하였다. 물리에서 파동을 공부하는데, 진동수 변화에 따라서 음이 변화한다는 것을 알게 된 후에 수학 영재 활동에서 실제로 악기를 만들어서 이를 주제로 연주하였다. 이런 활동들은 장차 음악 공학자가 되고 싶은 꿈을 꾸는 데 밑바탕이 되었고 자신만의 장점이 되었다.

한 학생은 학교 시험이나 수능 시험과 관계없이 자기가 궁금하게 생각하는 수학의 공식을 모두 증명하려고 노력하는 과정에서 진정으로 공부를 즐길 수 있었다고 하였다. 서울대가 진정 원하는 학생이다.

다른 학생은 학교 수업에 적극적으로 참여하고 자신이 공부하고 싶은 것과 관심이 있는 것을 찾아서 공부하라고 조언한다. 공부하다 모르면 그것을 해결하기 위한 노력을 하라는 것이다. 그러다가 정말 좋아하는 분야는 좀 더 탐구하라는 것이다. 학교 시험이나 수능 시험에 관계없이 알고 싶은 지식을 탐구하라는 조언이다. 교과 수업에 충실하면서 그에 따른 호기심과 함께 더욱 노력하여 자신이 원하는 지식수준에 오르라는 것이다. 즉 교과 내용을 자신만의 의미 있는 지식으로 만들기 위하여 학교에서 요구하지 않는 그 이상의 노력을 기울이라는 것이다. 이런 것이 바로 도전하는 학생이다.

경제학과 K는 이렇게 말했다.[41]

"대학에서는 단순히 지식이 많은 학생을 요구하지 않습니다. 자

---

41) 서울대학교 입학본부, 〈서울대 학생부종합전형 안내〉 동영상 자료

신 나름의 세계관을 가지고 있고, 그것을 글로써 말로써 표현할 수 있는 학생이 인정받는 곳입니다. 따라서 고등학교에서는 이해하는 공부법을 익힐 필요가 있습니다. 이해하는 것과 암기하는 것은 근본적인 차이가 있는데, 암기한다는 것은 반대로 말하면 자신이 암기하지 않은 정보를 처리할 수 없음을 의미합니다. 이해하는 공부법이란, 한마디로 말하면 남을 가르쳐봐야 진짜 공부가 된다는 말처럼 타인에게 자신이 가지고 있는 지식을 온전히 설명할 수 있어야 함을 의미합니다."

교과 내용을 자신만의 의미 있는 지식으로 만드는 방법은 제각각 다르다. 자신이 좋아하는 것이 다르며, 처한 환경이 다르다. 자신의 학습 습관, 학습 동기, 학습 목적에 따라 다르다. 그러나 방법이야 어떻든지 자신만의 지식으로 만드는 방법은 있어야 하고, 그 결과로 성장한 모습을 발견할 수 있을 것이다. 자신만의 공부 방법을 체득하고 발전시켜보자. 오로지 자신만의 방법으로 말이다.

이렇게 자신만의 지식으로 만들었을 경우에는 교과성적도 우수해질 뿐 아니라, 1단계에서 합격하였을 경우 치러야 하는 면접에서도 유리할 수 있다. 어쩌면 교과 공부를 하면서 자신이 면접장에서 교수님에게 그 내용을 설명하는 장면을 연상하면서 공부를 하는 것도 하나의 좋은 방법이 될 수 있을 것이다.

자신을 발전시킬 수 있는 선택을 하라

학교생활을 하는 동안 학생들은 많은 선택 기회를 맞이하게 된다. 자신의 의지와 관계없이 배정된 고등학교일지라도 선택 기회가 있다. 그 기회를 어떻게 바라보느냐는 개인마다 다르다. 어떤 선택을 하는가도 개인의 선택이다. 그런데 서울대는 선택 기회에서 자신이 하고 싶은 일에 도전하는 학생을 좋아한다. 작은 이익을 버리더라도 지적 호기심을 충족하고 지적인 깊이를 더할 수 있는 선택을 하라고 한다. 특히 선택 기회를 갖지 못한 것보다 기회를 얻었던 것을 선호한다. 따라서 학교에서는 학생들이 선택을 할 수 있는 기회를 주어야 한다. 그래야 지원자가 무엇을 선택했는지 파악할 수 있고, 그런 선택을 한 이유에 대해 의문을 품고 학생에 대해 깊이 이해할 수 있기 때문이다.

내가 근무하는 학교는 일반고 중에서는 서울대 합격자가 비교적 많은 편에 속한다. 내가 3학년부장과 진학부장을 맡았을 때에는 1단계 합격자가 3년 동안 매년 10명을 넘겨 강북 지역 학교 중에서 최상위권을 유지했다. 최종 합격자도 7명 내외로 매우 높았다. 그 이유는 무엇이었을까?

개인 요인과 학교 요인으로 나눌 수 있다. 그 두 요인이 함께 작용해야 좋은 결과가 나온다는 결론을 얻었다. 물론 이것은 우리학교에 한정된 경우일 수 있고, 나만의 주관적인 분석으로 객관성을 담보하지 못할 수도 있다. 그러나 내가 3학년부장과 진학부장을 하면서 그렇게 추진해 왔었고 3년 동안 그런 결과를 얻었으니 그렇게 믿을 수밖에 없지 않은가.

우선 학생 개인적인 이유를 들여다보면, 자율적인 선택을 하는 학생들이었다고 분석된다. 학교 요인으로서는 학교 교육과정에서 학생들의 선택을 보장했기 때문이라는 결론을 얻었다. 우리학교에서는 강요라는 것이 없다. 항상 학생들의 선택이다. 간혹 학교의 방침에 반기를 드는 학부모도 있었지만, 나는 흔들리지 않는 확고한 신념을 가지고 있었다.

먼저 서울대가 세계를 이끌어가는 리더를 길러내고 싶어 하는 대학이라는 점을 분명하게 인식해야 한다. 그런데, 강요된 학교생활과 스스로 선택하지 않은 학업을 지속한 학생이 세계적인 리더가될 수 있을까? 나는 늘 대학생 이상의 자율권과 선택을 보장해줘야한다는 생각을 했고, 그렇게 존중해 주려고 하였다. 학교는 학생들이 마음껏 선택할 수 있는 여건을 마련해야 한다고 생각했고, 그렇게 하려고 노력하였다.

서울대는 학생이 어떤 선택을 하였는지 유심히 살핀다. 특히 학생들이 선택하는 목적과 동기에 관심을 갖고 있다는 것을 확인할수 있다. 그 학생이 무엇인가를 선택한 것이 발전을 위해서인지, 점수를 얻기 위해서인지 금방 알 수 있다고 한다. 그러므로 성적의 불리함에도 불구하고 스스로 결정해 책임지는 모습이 좋은 것이다.

서울대는 지식을 축적하고 확장하는 데 능동적이고 도전적인 학생을 원한다. 교육과정을 벗어나는 지식일지라도 학생들이 선택하여 추구한다면 좋은 평가를 받을 수 있다. 점수를 위한 선택이 아닌개인의 발전을 위한 선택을 좋아하기 때문이다.

우리학교는 자연계열의 경우에 과학Ⅱ 과목(물리Ⅱ, 화학Ⅱ, 생명과학Ⅱ, 지구과학Ⅱ)을 지정하지 않는다. 이 과목들은 학생들이 자유롭게 선택하도록 한다. 3과목을 선택하도록 교육과정이 짜여있을 때에도, 2과목을 선택하도록 교육과정을 짰을 때에도 학생들이 자유롭게 선택하도록 한다. 그러므로 해마다 반 편성이 달라진다. 각 과목을 수강하고자 하는 학생들의 수가 일정하지 않기 때문이다. 그래서 반을 편성하는 것도 쉽지 않아 어떤 반은 선택과목이

섞여 있는 경우도 있다. 이들은 각자 선택한 과목의 수업을 듣기 위하여 분반 수업을 한다. 어떤 과목은 선택한 학생이 많아서 큰 교실에서 수업을 진행하는가 하면, 어떤 과목은 선택하는 학생이 적어서 소수의 학생으로만 수업을 진행한다. 이러다 보면 학생들은 자신이 수강하고자 하는 과목을 수강하기 때문에 불만이 없다. 또한 과목별로 좋아하는 매니아층이 생기기도 한다. 그들은 교과성적과 관계없이 그 과목을 공부하는 데 만족한다. 그들은 한 두 과목에 특별한 능력을 발휘하기도 한다. 그러한 학생들이 대부분 서울대 입시에서 좋은 결과를 얻었던 것이다.

서울대는 고등학교 교육과정에서 학생이 어떤 선택을 하였는가를 굉장히 중요하게 여긴다. 그래서 입학사정관은 선택의 기회가 주어졌을 때 어떠한 선택을 하였으며, 그 이유는 무엇일까? 하는 의문을 가지고 학생의 서류를 검토한다.

학생들에게 선택은 또 하나의 도전이다. 어떤 것을 선택할 것인가를 결정하는 것도 어렵고, 왜 그런 선택을 했는지에 대한 이유를 찾기도 어려울 때가 있다. 특히 그 선택이 학생의 지적 호기심을 충족하거나 희망하는 장래의 일과 연관될 때와 되지 않을 때는 중요하다. 다른 선택의 기회가 있었음에도 불구하고 그 선택을 하였다는 것은, 그 선택으로 말미암아 발생할 수 있는 손해를 감수하겠다는 의지를 나타내는 것이기 때문이다.

예를 들어 화학을 공부하고 싶은 학생이 있다고 하자. 그런데 화학Ⅱ가 개설되지만 선택한 학생이 적다. 공부하기가 어렵기 때문에 많은 시간이 필요하고, 그렇다 보니 수능시험 준비하는 데 방해가 될 수 있다. 또한 선택한 학생이 적다는 것은 화학Ⅱ를 아주 잘하는 학생들만이 수강한다는 것을 의미하므로 좋은 내신등급을 받기 힘들다. 그렇기 때문에 많은 학생들은 화학Ⅱ 과목을 수강하고 싶어도 많은 학생들이 선택한 다른 과목을 선택한다.

그럼에도도 화학Ⅱ를 선택한다면 서울대는 이런 학생을 도전적이라는 평가를 한다. 특별히 학생이 지원하는 전공이 화학을 꼭 필요로 하는 전공이라면 더욱 그렇다. 물리Ⅱ도 그렇다. 공과대학의 기계나 전자계통을 전공하고 싶은 학생이면 물리Ⅱ를 선택해야 한다. 그럴 경우에 교과성적은 손해를 본다. 하지만 열정이나 적극성, 학업태도 및 학업 외 소양 등에서는 서울대가 원하는 인재라는 평가와 함께 더 큰 혜택을 입을 수 있다.

서울대는 이렇게 설명하고 있다.[42]

"선택이 때로는 하나의 도전이 되기도 합니다."

"나는 화학Ⅱ를 듣고 싶은데 우리학교에서 화학Ⅱ 희망자가 겨우 30명뿐이다. 생물Ⅱ는 150명이 듣는데….”

"이럴 때 어떤 선택을 해야 할까요?

서울대학교 지원자라면 이런 상황에서 등급의 불리함을 걱정하지 않아도 됩니다. 서류평가의 이해 부분에서 언급했듯이 이수하는 과목에 비하여 등급 수치가 우수하게 나오기 힘들다는 것을 서울대학교 입학사정관은 잘 알고 있습니다. 내가 원하는 과목, 나의 현재 모습에 안주하지 않고 실력을 올릴 수 있는 과목에 도전하는 자세는 우수한 학업능력을 갖추게 되는 토대가 됩니다. 현재의 나보다 발전할 수 있는 배움의 기회라면 어려운 과목, 소수만 수강하는 과목에도 망설이지 말고 도전하여 노력하기 바랍니다."

---

42) 서울대학교 입학본부, 《2018학년도 서울대학교 학생부종합전형안내》 p.15

언젠가 ○○고등학교에서 교과성적이 아주 좋은 학생이 서울대 1단계에서 불합격했다. 모두들 당연히 합격할 것이라고 생각하였는데 예상 밖이었다. 서울대 공과대학을 지원하였는데, 3학년에서 배우는 과목 중 물리Ⅱ보다 생명과학Ⅱ를 선택한 것이 이유였다. 물리Ⅱ를 선택하면 교과성적이 떨어지게 될까 염려한 선택이었다. 즉 교과성적이 떨어지면 서울대 지원에서 불리해질까봐 점수 따기에 유리한 생명과학Ⅱ를 선택한 것이다. 그것이 불합격의 요인으로 작용하였을 것으로 판단된다.

반면에 ○○여고에서는 자연계 학생 중에 성적이 그다지 뛰어나지 않은 학생이 서울대 1단계에 합격했다. 그녀는 물리Ⅱ를 선택하여 아주 우수한 성적을 거두었다. 그 학생은 서울대 지원을 생각지도 않았지만 어느 교사의 권유로 지원하였는데 합격한 것이다. 학교에서 전혀 기대를 하지 않았기에 모두 놀랐다. 이는 그 여학생이 선택한 과목이 여학교에서는 거의 없는 물리Ⅱ인데다가 성적이 우수했기 때문에 가능했을 것이라는 분석이었다. 교과성적을 생각지도 않고 자신이 좋아하는 과목을 더 공부하기 위한 선택을 한 결과가 합격이었던 것이다.

서울대는 학생이 어떤 과목을 선택하더라도 하등의 문제가 없다고 한다. 그러나 선택의 기회에서 점수를 추구하는 선택보다는 지적 호기심을 충족시키고 공부하고자 하는 선택을 하기를 바라고, 그런 선택을 한 학생을 더욱 존중한다.

물론 학생의 선택을 존중하되, 그것이 학생이 원하는 수준의 평가를 받을 수 있다는 것은 아니다. 학생의 선택은 존중받지만 평가는 입학사정관이 가지고 있는 기준에 따른다. 이는 교과성적의 좋고 나쁨이 절대적인 영향을 미치지 않음을 의미한다. 선택하는 것은 곧 학생의 학업태도, 즉 열정과 호기심, 그리고 지식에 대한 확장 노력이라고 볼 수 있으며 학업 외 소양도 좋은 평가를 받을 수 있다. 그러므로 자신이 하고자 하는 것이 있으면 과감하게 도전해야 한다.

서울대는 교과성적 향상을 위한 선택보다는 자기의 꿈을 위한 선택을 한 학생에게 호의적이고, 도전적인 학생을 선호하며, 스스로가 모든 것을 선택하고 추진해 나가는 모험적인 인재를 기다린다.

수업에 적극적으로 참여하라

서울대는 '세계를 선도하는 창의적 지식공동체'를 지향한다. 창의적 지식공동체가 되기 위해서는 스스로 생각하고, 알아보고, 배운 지식을 활용해보는 공부가 필요하다. 단순하게 암기와 문제풀이만으로는 지식을 확장하기가 어렵다. 그러므로 암기를 넘어서는 공부를 하되, 수업시간에 적극적으로 참여하면서 다양한 수업을 경험하는 적극성을 보여야 한다.

서울대를 목표로 하는 학생들은 학교생활기록부의 기록에 신경을 써야 한다. 그 기록의 중심은 교실 수업이다. 학생이 가지고 있는 학업능력이 교실 수업을 통해서 신장되기를 원한다. 교실 수업이 아닌 다른 곳에서의 공부보다 교실에서의 수업이 가장 중요한 평가 대상이다. 그러므로 모든 교과 수업을 매우 충실하게 받도록 해야 한다. 그 충실함은 세부능력 및 특기사항에 기록되고 충실한 수업 참여를 통해 얻은 지식은 교과 성취도와 수상 내용, 행동 특성 및 종합 의견에 기록된다. 단순히 암기하고 이해하는 수준의 수업이 아닌 적극적인 참여를 하는 수업이어야 학생에게 유리한 평가를 받을 수 있다.

이에 대해 서울대는 이렇게 설명하고 있다.[43)]

"학업활동에는 정해진 틀이 없습니다. 어떤 형태와 종류의 활동이라도 스스로에게 도움이 될 수 있다면 의미가 있습니다. 특히 학교 수업과 대학 진학을 위한 학업활동을 별도로 생각할 필요가 없습니다. 정규 수업 안에서 선생님과 함께 하는 다양한 형태의 활동이 모두 의미 있는 배움이며, 서울대학교는 이러한 경험을 소중하게 생각합니다. 발표수업, 토론수업, 실험수업 등 교실에서의 수업 방식이 다채로워졌습니다.

선생님들께서 교실 수업에서 제시해 주시는 다양한 학습활동을 경험하면서 흥미로운 분야를 발견하고, 나의 학업능력을 더 발전시키는 기회로 삼아봅시다. 수업시간에 발표, 토론 기회가 주어진다면 적극적으로 참여하여 관련 자료를 찾고 충분히 연습하는 등 준비하는 과정에서 실력을 쌓을 수 있습니다. 실험, 실습수업에도 충실히 참여합시다. 교과 지식을 이해하고 이를 기반으로 한 탐구 경험을 통해 자연과학 및 공학 분야의 적성과 흥미도 발견하게 되고, 지적 성장의 뿌듯함도 느낄 수 있을 것입니다.

교과 선생님들께서 과제를 많이 내주신다고요? 각 교과 선생님들이 마치 한 학기에 한 과목만 배우고 있는 것처럼 수행평가 과제를 주신다고요? 수능시험공부도 벅찬데 주제탐구 보고서를 써야 한다고요?

---

43) 서울대학교 입학본부, 《2018학년도 서울대학교 학생부종합전형안내》 p.15

예비 서울대학생 여러분! 도전의 기회, 의미 있는 학교생활, 더욱 알차고 의미 있는 공부의 기회입니다. 놓치지 말아야겠지요?

여러분들이 교과 수업에서 보여주는 노력들은 학교생활기록부 세부능력 및 특기사항에 기록이 되고, 입학사정관은 이곳에 기록된 내용을 통해 여러분의 수업활동을 파악하고 역량을 키워온 내용을 이해하고 평가하게 됩니다."

서울대의 학생부종합전형은 고등학교의 수업이 변화되기를 원하고 있다. 교과성적이나 수능시험을 위한 공부가 아닌, 학생의 발전을 도모하여 창의적 인재로 성장할 수 있는 기회와 경험을 제공하는 수업이 되기를 원한다. 그래서 고등학교의 수업을 교사 중심에서 학생 중심의 배움(learning)으로 넘어가도록 압력을 가하고 있다. 그 선두에 서울대가 있다.

그러므로 학생들은 수업시간에 적극 참여하여 수업의 성과물을 만들어내는 경험을 해야 한다. 수업에 참여하지 않는 경우에 그 학생에게 제공될 수 있는 수업활동의 기회는 제한적이며, 학생의 참여도나 태도, 열정, 발전 정도를 교사가 가늠하기 어렵다. 그런 학생에 대해서는 세부능력 및 특기사항에 기록해 줄 것이 없다. 그것은 학생에게 매우 불리한 상황이다. 학생부종합전형에서 가장 중요한 부분이 바로 세부능력 및 특기사항이다. 이 부분은 학생의 성적으로 나타나는 수치로 확인되지 않는 열정이나 동기, 변화 과정과 리더십, 배려 및 성장 정도를 확인할 수 있는 내용으로 가득 채워질 수 있기 때문이다.

세부능력 및 특기사항에는 수시 원서를 쓰기 전까지 고등학교 5학기 동안의 학습활동과 과정이 나타나 있기 때문에 매우 중요한 평가 자료이다. 수업시간에 보인 참여도, 토론, 발표, 실험, 탐구 활동 등을 통해서 어떤 모습을 보였고, 어떤 역량을 습득하였는지가 기록되어 있다. 얼마나 주도적이었는지, 얼마나 지속되었는지, 얼마나 확장된 지식 탐구의 노력을 보였는지, 어떤 탐구활동을 어떻게 하였는지도 기록되어 있다. 이 모든 것이 학생들이 교사의 노고가 깃든 수업에 적극적으로 참여할 때에만 기록할 수 있는 내용들이다. 이 내용은 학업능력과 학업태도, 학업 외 소양을 망라한 기록이 된다.

수업에 적극적으로 참여하라는 것은 학교의 정규수업뿐 아니라 방과 후 수업, 심화수업, 특별 수업 등 학교에서 개설해 진행하는 여러 수준의 수업에 참여하는 것을 말한다. 모든 과목의 방과 후 수업에 참여할 수는 없겠지만 자신이 지원하고자 하는 전공과 관련된 과목이나 기초 과목, 수업 부담이 크지만 성취가 높을 수 있는 과목의 수업이라면 적극적으로 참여하는 것이 좋겠다. 예체능 과목의 방과 후 수업에 참여하는 것도 권장할 만하다. 많은 서울대 합격자들을 보면 방과 후 학교에서 예체능 과목을 수강한 경우가 있었다. 특히 토요일에도 적극적으로 학교 수업에 참여하도록 권하고 싶다.

정규수업에서는 주요 과목뿐 아니라 기타 과목 즉, 예체능 과목에도 적극적이어야 한다. 학업에 대한 열정이 모든 과목, 모든 수업에서 드러나면 좋을 것이다.

나는 해마다 서울대에 합격한 학생들을 상대로 사교육에 대한 의지 정도를 대략적으로 확인하곤 한다. 사교육의 효과와 학교 지도의 효과를 확인하기 위한 작업이다.

입학사정관제가 처음 시작될 때부터 사교육의 힘으로 성적을 향상시켜 합격한 경우와 학교에서 제공하는 프로그램에 충실하면서 합격한 경우가 거의 반반이었다. 아예 사교육 없이 합격한 사례도 많았으며, 어려운 수학 한 과목 정도만 받은 경우가 많았다. 이 경우에도 가르침을 받기보다는 자신이 공부한 내용에서 생기는 의문에 대해 질문하고 체계적으로 정리하는 차원의 사교육이 대부분이었다. 사교육에 크게 의지하지 않더라도 합격이 가능한 것은 학교의 수업에서 적극적으로 참여한 결과이기 때문이다.

학교에서 제공하는 모든 수업에 적극적으로 참여하자. 준비하고 대답하고 발표하고 보고서를 제출하자. 수업의 주인은 교사가 아니라 학생이다. 서울대가 원하는 것은 학생이 중심이 되고 주인이 되는 수업을 통해 자신의 기량을 키우고 발휘하고 성장시키는 인재들이다.

넓고 깊게 공부하고자 노력하는 학생이 되라

서울대는 넓고 깊게 공부하고자 하는 학생을 원한다. 서울대는 학문을 연구하는 지식공동체의 일원을 양성하고자 한다. 그러므로 공부에 대한 열정이 큰 학생을 원한다. 면접에서도 경영학과를 졸업하고 대기업 CEO가 되고자 한다는 대답보다는 경영학의 어떤 분야를 더 깊게 공부하고 싶어 한다는 대답을 높게 평가를 한다고 하였다.

서울대는 지원자들에게 이런 질문들을 하고, 이렇게 말하고 있다.[44]

– 수업을 열심히 듣고도 해결하지 못한 궁금증이 있었나요?

– 교과 수업 내용 이외에 궁금한 점에 대해 찾아본 경험이 있나요?

"교과 수업 내용을 이해하는 것을 넘어서 스스로 생각하고, 스스로 찾아서 깊이 있게 공부하는 노력이야말로 서울대학교에서 성공적인 대학 생활을 위한 필수 훈련 과정입니다. 서울대학교 입학사정관은 이런 자기주도적인 학습 노력을 매우 중요하고 가치 있게 생각합니다."

결국 수업시간에 듣는 수업 내용에 의문을 품고 궁금증을 가지며, 그것을 해결하기 위해서 넓고 깊게 공부하는 학생이 되라고 권하는 것이다. 이렇게 넓고 깊게 공부하는 학생은 바로 교과서를 더 넓고 깊게 공부하는 학생, 독서를 통해 지식을 확장하는 학생, 선생님의 도움을 받아서 공부하는 학생을 지칭한다.

경제학과 K는 이렇게 말했다.[45]

"대학에서는 수준 높은 영어 실력이나 선수 학습된 수학 능력을 가진 학생을 반드시 우수하다고 평가하지 않습니다. 아무리 지식이 없는 학생이라도 교수님 말씀을 끝까지 듣고 교과서를 꼼꼼히 읽어 보며, 수업에서 다루지 않은 내용이라도 책이나 다른 자료를 찾아보는 학생이 진정한 승리자가 될 것입니다. 결국 고등학교 때부터 공부에 대한 마음가짐에 있어 '내가 남들보다 더 많이 공부해야지'가 아닌, '남들보다 더 깊게 더 폭넓게 공부해야지'라는 마음가짐이 필요할 것입니다."

44) 서울대학교 입학본부, 《2018학년도 서울대학교 학생부종합전형안내》 p.16
45) 서울대학교 입학본부, 〈서울대 학생부종합전형 안내〉 동영상 자료

교과서를 넘어 더 넓고 깊게 공부하라

서울대가 원하는 인재는 누구인가? 고등학교 과정에서 열심히 수업에 참여하는 것은 물론이고, 그로부터 비롯된 궁금증을 해결하기 위한 자발적 노력과 열의를 가진 학생이다. 또한 왕성한 호기심을 가지고 깊게 파고드는 열정을 기대한다. 즉 교과 내용을 넘어 더 깊고 폭넓은 지식을 습득하기 위해 적극적으로 찾아서 공부하는 학구열을 원한다. 이것은 대학에서 공부하기 위한 바탕이 되는 필수적인 자질이다. 따라서 입학사정관이 높은 가치를 두고 평가하게 되는 것은 당연하다.

그동안 학생들을 지도하면서 느꼈던 경험으로 보면, 서울대에 진학한 학생들은 자신만의 공부 방법을 가지고 있다는 특징이 있다. 그들은 대부분 자신만의 공부 방법을 통해 성장했고, 서울대는 그런 학생들을 선호한다.

우리학교 졸업생 중에서 Y라는 학생이 있었다. Y는 사교육을 받는 대신 늘 학교 정독반에서 공부를 했는데, 행동도 말투도 약간 느릿느릿한 학생이었다. Y가 어려워했던 과목은 수학이었다. 그래도 Y는 포기하지 않고 여러 시도를 해가면서 자신에게 맞는 학습방법을 모색했고, 수업 시간에 배운 한 가지 원리를 다른 분야에 적용하는 방법을 찾아내 수학 성적을 많이 끌어올릴 수 있었다. 그리고 다른 과목에도 그와 같은 공부 방법을 확장시켰다. 수학 다음으로 Y가 선택한 과목은 생명과학 II, 화학 II였다. 놀랍게도 좋은 효과를 얻어 전교 최고의 성적을 거뒀다. 결과적으로 Y는 서울대 농업생명과학대학에 합격했다. 최고의 대학에서 자신이 하고 싶었던 학문을 공부할 수 있게 된 것이다.

대학은 학문을 익히는 곳이다. 그리고 학문의 세계에는 한계가 없고 경계도 없다. 그렇기에 교과서로 한정된 공부만으로는 준비가 부족하다. 즉 수동적인 학습 태도로 깊이 있는 공부를 하는 것은 불가능하다.

교과 수업은 물론이고 교과 외의 학습활동에 참여하다보면 흥미가 생기는 분야, 더 공부하고 싶은 것들이 생기게 된다. 교과서를 넘어 더 깊고 넓게 공부하고자 하는 열정을 가져야 한다. 입학사정관의 입장에서 볼 때, 교과서에 머물지 않고 책을 찾고 자료를 찾아가며 더 깊이 있게 공부하고자 하는 학생에게 더 좋은 평가를 줄 수밖에 없다. 학업에 대한 동기, 학업에 대한 의지와 열정을 가지고 있는 학생으로 판단할 수 있기 때문이다. 즉 적극적인 의지를 가지고 노력하는 학생으로 평가할 수 있는 기준이 된다. 학교 수업에 불성실하면서 이런 학습 태도를 가지고 있는 학생은 매우 드물다. 그리고 좋은 평가를 받을 수도 없다.

몇몇 학생의 증언을 들으면 이해가 빠를 것이다.[46]

언론정보학과에 재학 중인 O는 학교 과제연구수업시간에 논문 작성 활동을 하였다. 친구들이 수능 공부에 방해가 되니까 빨리 끝내자고 했던 반면 O는 주제를 선정하는 과정에서부터 심혈을 기울였고, 논문 작성법에 관한 책까지 읽어가면서 연구했다. 논문 검색 사이트를 통해 여러 편의 논문을 찾아 읽으며 고급 지식에 다가가는 경험도 하였다.

자유전공학부의 H는 한국사와 지리과목에 대한 관심을 독도 문제까지 확장시켜 동아리활동을 하였고, 법과 정치, 윤리와 사상 시간에 배웠던 내용들로부터 호기심을 가지고 고전읽기 프로그램에

---

46) 서울대학교 입학본부, 〈서울대 학생부종합전형 안내〉 동영상 자료

참여하였다.

유전공학부의 K는 심화영어회화나 글쓰기 등의 심화수업에 적극적으로 참여했다. 이유는 단지 영어에 대해 관심이 많았기 때문이다. 또한 공부를 하면서 원문을 찾아 읽는다거나 관심이 가는 부분은 더욱 더 깊이 있는 지식을 탐구하는 식으로 공부했다.

앞에서 예를 들었던 학생들은 수능시험이나 교과성적에 구애되지 않고 교과 공부를 넘어 자신이 하고 싶은 학습에 열의를 쏟았다는 공통점이 있다. 또한 이과생이라는 제한에 갇히지 않고 문과생들의 활동에까지 참여해 도전한 것처럼 자신이 좋아하고 원하는 활동과 교과 공부를 연관시키고자 노력하는 학생을 서울대는 요구한다. 따라서 교과서를 통해 배운 지식을 바탕으로 교과 활동과 관련된 학습활동에도 접목하고자 하는 노력이 필요하다.

서울대는 이렇게 설명한다.[47]

"학문의 세계는 끝이 없다고 합니다. 공부를 하다보면 교과 내용을 자신의 것으로 만드는 과정에서 만족하는 것이 아니라 더 찾아보고 싶은 분야가 자연스럽게 생겨나게 됩니다. 이런 생각이 들 때가 바로 스스로 찾아서 공부할 때입니다. 시간 낭비가 아니라 나의 호기심을 자극하여 나의 실력과 역량을 한층 도약시킬 수 있는 기회라고 생각하기를 바랍니다. 더 알고 싶은 분야의 관련 서적을 찾아서 많이 읽고 깊게 이해하다 보면, 나도 모르게 예비 학자로서의 면모가 갖추어지지 않을까요?

이외에도 학교에서는 탐구활동, 모둠 수행과제, 토론활동, 글쓰기 등 여러분의 지적 호기심을 자극하고 다양한 소양과 학업에 대

---

47) 서울대학교 입학본부, 《2018학년도 서울대학교 학생부종합전형안내》 p.16

한 열정, 적극성을 발휘할 수 있는 기회를 제공합니다. 여러분의 실력을 연마할 수 있는 다양한 교내대회와 행사도 있습니다. 참여한 교내대회의 종류, 횟수, 수상 등급은 중요하지 않습니다. 학교에서 제공하는 수상 기회를 내가 관심 있는 분야에 대한 소양을 정리하고 확인하는 기회로 삼아 적극적으로 참여하세요. 우수한 학생들이 교내의 다양한 행사에 적극적으로 참여하고 땀과 열정을 나누는 활기가 넘치는 학교에서 여러분이 더 크게 성장할 것이라고 믿습니다.

학교에서 이러한 프로그램을 얼마나 제공하느냐 여부는 서울대학교 학생부종합전형에서의 평가요소가 아닙니다. 학교마다 제공하는 활동 기회는 여건에 따라서 많을 수도 있고 적을 수도 있습니다. 이와 같은 학업활동에 참여한 활동의 종류나 개수는 중요하지 않습니다. 서울대학교가 평가하는 것은 학생들 개개인이 각자에게 주어진 기회를 얼마만큼 스스로, 적극적으로 활용하여 노력해왔는지, 어떤 동기와 의지를 가지고 활동하였으며 그로부터 개인적으로 얼마만큼의 성장을 이루었는가 하는 것입니다."

서울대는 스스로 학문의 원리를 깨닫고 다른 영역으로 지식을 확장해가는 학생을 선호한다. 하나의 지식을 다른 지식을 생산하는 씨앗으로 활용할 수 있어야 한다. 충실한 수업 태도를 바탕으로 궁금증과 호기심을 해결하기 위해 능동적으로 문제 해결 방법과 지식을 찾고 더 넓고 깊게 공부하고자 하는 열의를 가진 인재를 원한다. 입학사정관들은 바로 이런 특성이 대학에서 학문을 익히는 데 필수적인 훈련 과정이라는 점을 인식하고 있다. 자기주도적인 학습 노력을 매우 중요하게 여기고 가치를 부여하는 것이다.

독서를 통해 지식을 확장하라

대학에서는 고등학교 교과서에서 배운 지식만 가지고 따라가기엔 역부족이다. 특히 서울대는 더욱 그렇다. 고등학교 과정에서 배운 지식은 기초 과정에 불과하다. 그럼에도 우리나라 고등학생들은 그런 기초적인 지식을 배우는 교과과정에서조차 일방적으로 주입받는 수업에 익숙해져 있다. 제기된 이론에 의문을 가지고 사고하기보다 무조건 받아들여 외우고, 그나마 시험과 큰 관련이 없다면 관심을 기울이지 않는다.

앞에서 나는 서울대가 교과 내용을 뛰어넘는 지식을 요구한다고 말했다. 교과서의 한계 내에서만 충실히 공부한 학생은 합격이 쉽지 않다. 교과서가 기본이기는 하지만 거기에서 한걸음 더 나아가야 한다. 교과 내용을 공부하는 동안 생기게 되는 궁금증과 호기심을 해결하기 위한 능동적인 학업태도가 보태져야 한다. 그 방법이 바로 독서다.

독서는 모든 공부의 기초이며 대학생활의 기본소양이다. 하지만 입시를 준비하는 고등학생으로서 독서를 위해 시간을 낸다는 것은 언뜻 무리한 결정인 것처럼 생각하기 쉽다. 그만큼 많은 시간을 투자해야 하기 때문이다. 또한 학교 성적 이외의 지적 욕망이나 열정이 없으면 감히 생각하기 힘든 일이기도 하다.

내가 입시를 준비하던 시절에는 예비고사와 본고사가 있었다. 하지만 요즘처럼 입시에 대한 압박은 크지 않았다. 사교육에 의한 입시문화의 왜곡도 적었다. 그래서 큰 부담감을 갖지 않고 책을 읽을 수 있었던 것 같다. 여름방학에는 저녁 도시락을 챙겨 시립도서관으로 가서 책을 읽곤 했다. 마지막 페이지를 읽고 뿌듯한 마음으로 도서관을 빠져 나올 때의 기분을 요즘 학생들은 알 수가 있을까? 지금은 책을 읽는 것 또한 입시 전략이 되었으니 말이다.

그럼에도 책을 읽어야 한다. 소설을 좋아하면 소설을, 다른 공부를 하고 싶고 관심이 가는 분야가 있다면 그 분야의 책을 읽으면 된다. 많은 대학에서 권장도서를 발표하는데, 서울대도 2007년부터 권장도서 100선을 제시하면서 다음과 같이 설명하고 있다.

"현대인은 지식과 정보가 폭발적으로 늘어나는 시대에 살고 있다. 이러한 시대 환경의 변화 속에서 대학의 교육 이념 역시 바뀌지 않으면 안 된다. 대학이 개별 분과 학문의 전문지식을 전수하는 전통적인 역할에만 안주할 때는 자기 분야만 아는 편협한 근시안을 양산할 수밖에 없으며, 미래사회의 복잡다기한 변화에 대처할 수 없다. 이런 이유에서 대학은 더 이상 정형화된 기성 지식의 전수기관이 아니라 새로운 가치를 창출할 수 있는 지적 능력을 길러내는 곳으로 바뀌어야 한다. 학생들이 장차 어떤 직종에 종사하든, 평생 동안 시대의 변화에 적응하며 지속적으로 학습할 수 있는 든든한 잠재 역량을 키워주어야 한다. 따라서 오늘날 대학교육은 학생들이 개별 분과학문의 경계를 넘어서 종합적 판단력과 비판적 사고력을 기를 수 있도록 하는 데 주력해야 한다. 이런 취지에서 서울대학교는 인문·사회·자연 과학의 기초학문 분야를 바탕으로 하는 기초교육 강화에 중점을 두고 있다."

요즘 대학은 분과학문 내 전문적인 지식을 전수하는 전통에서 벗어나 새로운 가치를 창출할 수 있는 지적 능력을 갖춘 인재를 길러내는 곳으로 변화해야 한다는 절박한 과제를 가지고 있다. 이에 따라 서울대는 학생들이 장차 어떤 직종에 종사하든 평생 동안 변화에 적응하며 지속적으로 공부할 수 있는 잠재 역량을 키워주기 위해, 그리고 개별 분과학문의 경계를 넘어서 종합적 판단력과 비판적 사고 능력을 기를 수 있도록 하기 위해 한국문학, 서양문학, 동양사상, 서양사상, 과학기술 등 모두 5개 영역의 권장도서 100권을 선정해 발표했다.

서울대를 목표로 하는 학생이라면, 학문 간 경계를 허물고 종합적이고 비판적인 사고력을 갖추기 위한 독서를 권한다. 심층적인 독서는 관심 분야에 대한 지식을 보다 깊이, 보다 넓게 쌓기 위한 핵심적인 역할을 한다. 하지만 그렇다고 해서 서울대가 지원자들이 읽어야 하는 책들에 대한 경계나 제한을 두는 것은 아니다. 미래가 필요로 하는 인재는 개별 분과학문의 경계를 넘어서는 통섭적인 능력, 지적 능력을 갖춰야 한다고 보기 때문이다.

서울대는 전공분야 책이든 그렇지 않은 책이든 아무런 문제를 삼지 않는다. 단지 자신이 읽고 싶은 책, 자신이 원하는 분야의 책을 읽으면 된다. 간혹 희망 전공분야와 관련된 독서를 권하는 사람도 있기는 하지만 꼭 그런 독서만 고집할 필요는 없다.

우리는 살아가는 동안 어떤 직업을 갖고 활동하게 될지 정확하게 예측하지 못한다. 또한 서울대가 지향하는 교육철학은 지식공동체로서 철학적 소양을 지닌 자연과학자나 자연과학에 조예가 깊은 인문학자를 양성하고자 하는 것이기 때문이다.

독서는 생각하는 힘을 키우고 글 쓰는 능력을 향상시켜 준다. 그리고 의사소통 능력을 키워준다. 거기에 더해 학문을 하기 위한 다양한 기초 교양을 쌓을 수 있다.

서울대는 이렇게 설명하고 있다.[48]

"독서는 모든 공부의 기초가 되며, 대학생활의 기본 소양입니다. 어디서. 책을 찾을까요? 수업 안에서도 답을 얻을 수 있습니다. 교과와 관련된 인문학, 사회과학, 자연과학, 철학, 공학 분야 도서를 수업활동 중 선생님이 추천해 주실 수도 있고 토론활동, 주제탐구 활동에도 관련 도서를 만날 수 있습니다.

어떤 책을 읽어야 할까요? 그것은 여러분의 선택입니다. 이미 학교생활에서 도서를 선정하는 계기를 많이 접할 수 있을 것입니다. 더 알고 싶은 분야의 전문서적을 찾아 읽을 수도 있고, 호기심으로 책을 선택할 수도 있을 것입니다. 책을 읽다가 생긴 궁금증으로 또 다른 책을 선택하기도 합니다.

어떤 분야의 책이든지 읽고 또 읽어가는 사이에 생각하는 힘, 글쓰기 능력, 전문지식, 의사소통 능력, 교양이 쌓여갈 것입니다. 타의에 의한 수박 겉핥기식 독서는 도움이 되지 않습니다. 수많은 책들 가운데 그 책이 나에게 어떤 의미가 있었는지, 읽고 나서 나에게 어떤 변화를 주었는지 생각하시기 바랍니다. 서울대학교는 독서를 통해 생각을 키워온 큰 사람을 기다립니다."

또한 독서활동에 대한 세간의 오해들에 대해 다음과 같이 해명하고 있다.[49]

"독서활동이 중요하다고는 하지만 평가에 반영되지는 않는다는 것은 오해입니다. 독서 능력은 대학생활의 성공 여부와 밀접하게 연관되어 있는 기본소양입니다. 독서를 통해서 얻어지는 글의 주제를

---

48) 서울대학교 입학본부, 《2018학년도 서울대학교 학생부종합전형안내》 p.17
49) 서울대학교 입학본부, 〈서울대 수시모집 평가의 이해〉 동영상 자료

파악하는 능력, 문제 해결 능력, 의사소통 능력은 성공적인 대학생활을 위한 출발점입니다. 그러므로 모든 모집단위에서 독서는 중요한 평가요소입니다. 학생들의 독서 소양은 학교생활기록부에 기재된 독서활동 사항뿐만 아니라 각 교과별 학습과 연계한 독서 관련 기록, 자기소개서 독서 항목에서 확인할 수 있습니다. 단순히 학생이 읽은 독서의 양으로 평가하지 않고, 반드시 지원 모집단위 관련 독서 경험이 있어야 하는 것도 아닙니다. 스스로 원하는 책을 분야에 관계없이 선택하여 읽기 바랍니다. 다양한 독서 경험 속에서 나타난 사고의 깊이와 폭, 논리력 등 창의적 인재로 성장할 가능성을 평가합니다."

　독서는 교과서의 한계를 넘어 궁금증을 해결하고자 선택할 수 있는 지적 역량을 확장시키는 방법이다. 읽은 책을 보면, 학생이 가지고 있는 독서 능력에 대해 이해할 수 있으며 어떤 분야에 관심을 가지고 있는지도 알 수 있다. 서울대 합격자의 상당수는 자기소개서 1번 항목에서 수업시간에 생겼던 궁금증을 해결하는 방법으로 독서를 선택하였는데, 대개 고등학생에게는 약간 버거운 정도의 난이도를 가진 책들이었다. 때로는 관련 논문을 찾아서 참고한 학생들도 있었다.

　서류 구성에서 교과성적과 세부능력 및 특기사항, 그리고 수상경력과 독서 기록이 자기소개서와 교사 추천서와 일치를 한다면 더할 나위 없이 훌륭한 구성이라고 할 수 있다. 독서를 통해 지식을 확장한 사실이 매우 중요하게 평가돼 좋은 점수를 얻을 수 있다.

　영어교육과 N은 이렇게 말했다.[50]

50) 서울대학교 입학본부, 〈서울대 학생부종합전형 안내〉 동영상 자료

"학교 교과 내용만으로는 해결되지 않는 호기심을 해소하는 방법으로 독서를 택했습니다. 교육학뿐만 아니라 철학, 고고학, 심리학 등 다양한 분야의 책을 읽어 교양을 함양하고 진로 탐색하는 수단으로 활용했습니다. 독서를 할 때에는 밑줄을 긋고 메모를 하면서 비판적인 사고를 할 수 있도록 했습니다."

독서를 통해 지식을 확장시키는 것은 서울대가 강력하게 요구하는 사항이다. 대부분의 서울대 합격자들이 쓴 자기소개서 1번 항목에서는 독서를 통한 지식 확장에 대한 예들이 담긴다. 하나의 수학적 개념 원리를 이해하기 위해서 대학 전공서적을 공부하여 궁금증을 해결한 학생이 있는가 하면, 물리학적인 개념을 이해하기 위해 〈TED 강의〉 등을 보고, 전공 관련 서적을 읽으면서 원리와 개념을 이해한 경우도 있었다.

앞에서도 소개했던 물리천문학부의 A는 자신이 양자역학에 흥미를 느껴서 물리에 대한 지식을 확장하는 데 독서를 활용했다. 양자물리에 관한 책을 읽는 자율동아리를 구성해 학년을 올라가면서도 그 책들을 이해하기 위한 노력을 계속한 것이다. 또한 물리천문학부의 H는 물리를 공부하다 흥미가 생겨서 빠져 들었고, 그러다 보니 궁금증을 해결하기 위해 원서까지도 읽게 되었다고 하였다.

서울대에 합격하고 싶은가? 그러면 수업시간에 배운 기본개념을 심화 확장하는 수단으로 독서를 택해 완성하라. 그 독서의 깊이는 일반 고등학생 수준을 넘는 것을 권하고 싶다. 물론 서울대는 그렇게 말하지 않는다. 그러나 지식을 심화 확장하다 보면 고등학생 수준을 쉽게 넘어버린다. 독서를 통해 깊이 있는 전공 관련 지식을 쌓고 생각을 키운다면 합격 가능성이 훨씬 높아진다.

선생님의 도움을 받아서 공부하라

선생님은 도움을 요청하는 학생을 기꺼이 돕는다. 물론 모든 선생님들이 그렇다고 단언할 수는 없지만 대부분의 선생님들은 도움을 요청하는 제자들의 손을 뿌리치지 않는다. 또한 '수업시간에 가르친 내용을 학생들이 제대로 이해하지 못한다.'고 한탄하는 분들이 많은 것을 보면, 질문을 하거나 도움을 요청하는 것을 기쁘게 생각하는 경우가 더 많다. 나는 종종 이렇게 말한다.

"좋은 대학에 가고자 한다면 선생님과 좋은 관계를 맺고 최대한 활용하도록 하라. 최대한의 도움을 받도록 하라. 여러분 주변에는 아주 훌륭한 자원이 많으며 그 자원을 활용하는 데는 사교육과 같이 큰돈이 들지 않는다."

서울대 역시 학교 내에서 학생을 안내하고 이끌어 주는 선생님들을 활용하도록 제안한다.[51] 친구들과의 모둠활동에서 방향을 잡기 어려울 때, 스스로 해결책을 찾는 데 어려움을 느껴 전문적인 조언이 필요할 때, 더 공부하고 싶은 분야에 대한 책이나 자료를 찾고 싶을 때, 관심 분야와 관련해 더 깊이 공부하기 위해서는 어떤 방법이 좋은지 궁금할 때, 동료 학생들끼리 토론하면서 제대로 진행되고 있는지, 혹은 자신들의 생각의 흐름이 제대로 가고 있는지 궁금할 때, 논술 동아리 글쓰기 작품에 대한 선생님의 의견이 필요할 때, 친구들과 함께 어떤 프로젝트를 하려고 하는데 도움이 필요할 때, 과학실험 동아리를 만들었는데 지도를 해줄 분이 필요할 때 등등 이루 헤아릴 수 없이 많은 경우에 선생님의 도움을 받을 수 있다.

---

51) 서울대학교 입학본부, 《2018학년도 서울대학교 학생부종합전형안내》 p.17

친구들과 모둠활동을 하면서 방향을 잡기 어려우면 선생님의 도움을 받고, 학생끼리 문제를 해결하기 어려우면 그 분야의 전문가인 선생님께 조언을 부탁하는 식이다.

학교에는 정식 동아리 외에도 자율동아리와 스터디그룹이 많다. 자율동아리는 학기 초에 5명 내외의 학생들이 같은 목적을 갖고 모임을 결성한다. 학업과 관련된 것들은 물론 체육, 문화 등 다양한 활동을 한다. 학업에 관련된 것이라 하더라도 영역이 매우 다양하다. 어떤 학생은 영어에 관련된 것을, 어떤 학생들은 과학에 관련된 것에 관심을 갖고 모인다. 나는 해마다 생명과학 관련 자율동아리를 지도하고 있다.

자율동아리는 학교에 등록해야 한다. 지도교사도 모셔야 한다. 일정한 형식을 갖춰야 하는 번거로움이 있다. 그렇게 자율동아리를 등록하려면 활동계획서가 있어야 하고, 그 계획서대로 활동을 한 후에 결과를 보고해야 한다. 그러면 담당교사는 그 학생들에 대한 활동 기록을 학교생활기록부에 기록할 수 있다. 자율동아리를 참가할 수 있는 수를 제한하지 않는다. 학생 자신이 몇 개의 자율동아리에 참여할 할 것인지를 결정하면 된다.

그러나 이러 저러한 이유로 자율동아리를 구성하지 못할 경우에는 스터디그룹을 결성하라고 조언한다. 스터디그룹은 자율동아리처럼 공식적인 절차가 없다. 학교에 등록되지 않으며, 그에 따라 학교생활기록부에도 정식으로 기록되지 않는다. 다만, 담임교사나 담당 교과 선생님께 부탁을 하면 도와주신다.

나는 한해에 3개의 스터디그룹을 맡은 적도 있었다. 하나는 모의고사 문제풀이 및 토론을 하는 학생들이 모인 스터디그룹이었고, 다른 하나는 생명과학Ⅰ을 공부하고 논의하는 그룹, 나머지는 생명과학Ⅱ를 공부하고 싶은데 어려움을 느끼는 학생들의 그룹이었다. 나는 토론 방법과 활동 방향을 제언해 주고, 활동 상황을 체크해 주는 식으로 도움을 주었다. 그리고 학교생활기록부의 세부능력 및 특기사항 난에 그 활동에 대해 기록했다.

나는 또 동아리활동으로 생물 토론반을 만들어 자율적으로 운영하도록 했다. 동아리 회장을 비롯해 동아리 구성원들의 협의를 거쳐 운영되도록 하였는데, 멤버들은 무슨 책을 읽을 것인지 검토하고 토의하기도 하였으며, 자신이 읽은 책을 요약하여 발표하고 토론을 이끌기도 하였다. 나는 그들이 가야 할 방향이나 읽어야 할 책에 대한 조언 정도를 해 주었을 뿐 그들 스스로가 성장을 해나갔다. 뇌 과학에 관심을 가지고 있던 동아리회장은 서울대 생명과학부에 학생부종합전형으로 합격했다.

서울대에 합격한 많은 학생들의 경우를 보면 공부를 하면서 선생님의 도움을 받았음을 알 수 있다. 성적이 아주 우수한 학생들은 선생님들보다 어떤 면에서 더 많은 지식을 쌓고 있을 수도 있다. 하지만 그 외의 부분에서는 이해력이나 경험적인 면에서 선생님의 도움이 필요하다. 약점을 보완하기 위해서도 선생님의 도움이 필요하다. 선생님을 무시하고 성적만을 추구하는 잘못을 범하지 말아야 한다. 선생님으로부터 조언을 구하고 토론하면서 지식을 확장하고 심화시켜 나가도록 하자.

학교는 무엇보다 학생들이 공부를 하기 위해 펼쳐져 있는 마당이다. 그 마당에서 노는 동안에는 온힘을 다해 공부해야 한다. 놀이처럼 공부의 재미와 맛에 푹 빠져 보도록 하자. 아직 그 맛을 느껴보지 못했다면, 무엇보다 먼저 선생님과 친해지기를 권한다. 선생님들게 계속해서 묻고 도움을 청하고 때로는 귀찮아하실 때까지 매달려 보라고 권한다.

서울대는 이렇게 선생님과 함께 열정을 다해 공부한 학생을 기다린다.

훌륭한 인성을 갖추기 위해 노력하는 학생이 되라

서울대가 원하는 학생은 사회적 약자를 배려하고, 공동체의식을 갖춘 인성이 훌륭한 인재다. 인성은 사람의 성품을 뜻한다. 즉 사람이 가지고 있는 태도나 가치, 철학, 행동양식 등을 모두 포함하고 있는 말이다. 또한 타인과의 의사소통, 리더십, 다른 사람을 돕는 것도 인성에 포함된다.

서울대가 규정하고 있는 훌륭한 인성을 갖추고자 노력하는 학생은 다음과 같다.[52]

"훌륭한 인성을 갖추고자 노력하는 학생은 어떤 뜻인가요?"

"'인성'이라는 단어에는 '사람의 성품'이라는 뜻 외에도 각 개인이 가지는 사고와 태도 및 행동 특성이라는 의미도 있습니다. 이러한 인성은 학업활동 이외의 다양한 경험 속에서도 다져집니다. 보여주기식의 활동은 의미가 없습니다. 수백 시간의 봉사활동 기록보다는 여러분 주위의 도움이 필요한 곳에서 진심을 다한 활동에 더 큰 의미가 있습니다. 교실에서, 학교에서, 지역에서 내가 긍정적인 영향을 줄 수 있는 활동을 찾아보시기 바랍니다. 입학사정관은 여러분

52) 서울대학교 입학본부, 《2018학년도 서울대학교 학생부종합전형안내》 p.18

의 학교생활에 관심을 기울입니다."

학생의 생활기록부를 보면 학생이 가진 인성을 알 수 있다. 학생의 학업 외 활동이 진심에서 우러나서 한 것인지 아니면 입시를 위해 보여주려고 했던 활동인지를 입학사정관은 금방 파악할 수 있다. 그러므로 학교생활을 하는 동안 진정성을 가지고 다른 사람들에게 긍정적인 영향을 줄 수 있는 활동에 관심을 갖고 노력하는 모습이 필요하다. 훌륭한 인성을 갖기 위해서는 학교에서 이뤄지는 많은 활동들에 즐겁게 참여하고 리더십을 발휘하는 학생이 되어야 한다.

즐겁게 할 수 있는 활동을 찾고 참여하라

고등학교 과정의 주된 활동은 물론 학업이다. 매우 어려운 시기라고 할 수도 있다. 사춘기를 거치는 동안 기존의 가치에 의문이 생기기도 하고, 그동안 경험했던 실패에 대한 자책과 좌절로 인해 불안한 시선으로 미래를 바라보기도 한다. 특히 점차 다가오는 대학입시에 대한 압박감, 원하는 대학에 진학하지 못할 것 같은 불안감 등은 학교생활을 지옥의 한때로 만들기도 한다.

고등학생들에게 있어 입학부터 졸업할 때까지의 가장 큰 화두는 당연히 대학입시다. 그로 인해 뛰어난 실력을 갖춘 학생이든 그렇지 못한 학생이든 고등학교 입학을 '죄수가 되어 교도소에 수감되는 것'이라며 자조 섞인 농담을 하기도 한다. 학교를 배움의 장소가 아니라 대학입시를 위해서 자신의 의지와 관계없이 갇혀 있어야 하는 교도소에 비유하는 것이다.

- 교도소명 : ○○교도소(○○고등학교)
- 죄수명 : 홍길동
- 수형기간 : 3년
- 죄명 : 대학입시
- 입소일 : 입학식 날
- 출소일 : 졸업식 날

이런 상황에서 고등학교 시절이 인생에서 가장 빛나는 청춘의 한때가 될 수는 없는 일이다. 더구나 특목고, 자사고 등 입학을 할 때부터 학교의 등급이 정해져 있는 상황에서 일반계 고등학생들은 내면 깊숙이 더욱 큰 상대적 박탈감을 가지고 학교생활을 하고 있다. 먼 훗날 그리운 학창시절의 추억은 아예 자라날 틈도 없는 셈이다.

학생들이 처해 있는 현실이 이러하기는 하지만 그럼에도 서울대는 학교생활을 즐겁게 영위할 수 있는 활동을 찾으라고 주문한다. 수업 관련 활동이든 수업 이외의 활동, 즉 비교과 활동에서든 학교생활을 즐겁게 영위할 활동을 찾으면서 자기 스스로를 성찰하고, 자신을 돌아보며, 무엇을 할 것인가를 고민해야 한다고 읽히는 대목이다. 즉 어떤 자율활동에 참여할 것이며 어떤 동아리활동을 하고, 무슨 봉사활동을 할 것인지에 대해서도 고민과 선택을 하여야 한다. 이와 같은 선택은 학교생활의 질을 결정지을 정도로 중요하고, 학업과 관련해서도 시너지효과를 낼 수도 있기 때문에 잘 선택해야 한다. 물론 학업과 병행해야 하기 때문에 많은 갈등을 유발할 수도 있는 부분이고, 입시에 반영되는 요소이므로 입시에 대한 영향을 도외시할 수도 없다는 점만은 분명하다.

다른 학교로 컨설팅을 하러 가거나 상담을 할 때마다 느끼는 것은 아이들이 너무 대학입시에 매몰돼 학교생활을 전혀 즐기지 못한다는 것이었다. 성적이 전부라고 생각하고, 성적이 오르지 않거나 떨어지는 것에 대해 불안해한다. 현재의 성적으로 갈 수 있는 대학의 한계를 미리 설정하고 좌절하거나 걱정을 하고 있을 뿐이다. 그런 학생들은 성적이 떨어질까 두려워 다른 활동들에 소극적이고 전전긍긍하는 태도를 보인다. 성적에 방해가 될 뿐이라는 불안감이 더 크다. 하지만 이것은 서울대가 원하는 모습이 아니다. 서울대는 학생이 학교생활에서 즐거움을 찾은 경험을 요구한다.

대학입시를 지상목표로 하는 고등학교 과정에서 학업성적은 무엇보다 중요하다. 그러다보니 사실 즐거운 학교생활이라는 건 애초 쉽지 않다. 그럼에도 이렇게 말해야 한다.

"학교에 가는 게 즐겁다."

고등학교 시절은 삶에서 매우 중요한 성장기에 있다. 다양하고 폭넓은 경험을 통해 더불어 살아가는 공동체의식과 타인을 배려하는 품성을 몸에 익혀야 하는 시기이기도 하다. 이런 것들은 즐겁게 참여하는 다양한 활동들을 통해 익힐 수 있는 요소들이다. 학습활동도 좋고, 취미에 관련된 동아리활동도 좋다. 다른 사람을 돕는 봉사활동도 좋다. 게임을 즐기고 신체를 단련하는 체육활동이나 예술적인 능력을 함양하고 감상하는 활동도 좋다.

간혹 학생들은 묻는다. 어떤 동아리가 대학에 가는 데 유리한지, 어떤 봉사활동을 하는 것이 좋은지를 말이다. 자신이 진학하고자 하는 학과에 따라서 입학사정관으로부터 좋은 평가를 받을 수 있는 동아리활동, 봉사활동이 있다고 믿는다. 많은 입시설명회를 하는 분들도 그렇게 말하고 있다. 전공 적합성에 관련돼 있기 때문이라는 것이다.

그러나 서울대의 설명은 다르다. 동아리 종류나 봉사활동 종류는 관계가 없다. 학생 자신이 열정적으로 즐거운 마음으로 참여한 활동이라면 충분하다고 본다. 동아리활동이나 봉사활동에서 전공 적합성을 볼 수도 있겠지만, 동아리활동이나 체험활동과 같은 체험활동에서는 학생이 가지고 있는 열정과 대학생활에 필요한 잠재적 능력의 유무를 확인할 뿐이다.

서울대의 이렇게 설명하고 있다.[53]

"학업 외에도 고등학교 생활을 다채롭게 만들 수 있는 다양한 활동들이 있습니다. 운동, 예술, 사회활동 등 다양한 분야에서 열정을 보이는 여러분이 서울대학교에 입학할 때에 그 열정도 함께 가지고 올 것이라고 믿습니다.

몇 가지 활동을 해야 할까요? 예술활동은 반드시 해야 할까요? 다시 말씀드리지만, 활동의 종류나 개수는 중요하지 않습니다. 더 구체적으로 말하자면 서울대학교 입학에 특별히 유리한 교과 외 활동은 존재하지 않습니다. 가능하다면 학업에 열정을 쏟으면서 조금 더 폭넓은 소양을 경험할 수 있기를 기대합니다. 그 방법은 여러분이 선택해야 합니다. 어떤 활동이든지 협동 활동을 통해서 공동체의식, 배려심, 대인관계, 사회성을 익히고 성장할 수 있는 경험을 쌓기 바랍니다. 이러한 활동 속에서 조화로운 교우관계를 맺어가며 타인에게 긍정적인 영향을 주는 사람으로 성장해가는 모습을 기대합니다.

보여주기식의 활동은 의미가 없습니다. 교실에서, 학교에서, 지역

---

53) 서울대학교 입학본부, 《2018학년도 서울대학교 학생부종합전형안내》 p.18

에서 내가 긍정적인 영향을 줄 수 있는 활동을 찾아보세요. 봉사활동의 경우도 가까운 친구, 가까운 곳에서 작은 도움을 줄 수 있는 곳에서부터 찾아 실천해봅시다. 처음부터 진심에서 우러나와 실천한 활동도 의미가 있지만, 별생각 없이 시작한 봉사활동을 통해서 자신이 성장해 가는 것을 경험할 수도 있습니다. 봉사활동 확인서에 의미 없이 채워진 수백 시간의 봉사 실적보다는 여러분 주위의 도움이 필요한 곳에서 진심을 다한 활동이 더 큰 의미가 있습니다."

위 설명을 통해 우리는 서울대가 생각하는 훌륭한 인성을 갖춘 학생이란 어떤 학생을 말하는지 가늠해볼 수 있다. 학업 이외의 활동에도 열정을 기울일 줄 아는 학생, 좋아하는 활동을 과감하게 즐길 줄 아는 학생, 친구와 더불어 활동하는 교우관계가 좋은 학생, 노력을 통해 주변에 긍정적인 변화를 이끌어낼 수 있는 학생 등이다.

몇 년 전 서울대 면접을 보았던 한 학생이 생각난다. 요양원을 찾아 노인들의 목욕을 돕고 말벗이 되어 주는 등 봉사활동을 많이 했던 학생이었다. 지속적이고 정기적으로 봉사활동을 해왔던 터여서 자기소개서에 봉사활동을 통해 자신이 어떻게 변화했는지에 대해 적었다. 학교에서도 성적은 물론 인성도 훌륭한 학생으로 인정했고, 분명히 좋은 결과를 기대할 만한 학생이었다. 지역균형전형에 지원한 상태였기 때문에 면접관은 봉사활동에 대한 질문을 했다. 정기적으로 노인 요양원을 방문해 어르신들 목욕을 돕고 말벗이 되어 준 봉사활동에 대해 칭찬을 하면서 친할아버지와 할머니에게는 어떻게 하고 있느냐는 질문이었다. 그런데 질문을 받은 학생은 한동안 대답을 하지 못했다. 그동안 정기적으로 해왔던 봉사활동의 진정성에 대해 의심을 받게 된 것이다.

학교생활을 더 즐겁게 할 수 있는 활동에 대해 알아보고 참여하는 것은 훌륭한 인성을 갖추기 위한 기본적인 노력이다. 이런 활동이 좋은 평가를 받기 위해서는 지속성이 있어야 한다. 활동 내용이 자주 바뀐다면 진정성을 의심받는다. 단 한 개라도 정말로 좋아하고 하고 싶어 하는 활동을 꾸준히 지속적으로 해야만 좋은 평가를 받을 수 있다.

서울대 학생들의 이야기를 통해 이에 대해 더 잘 이해할 수 있을 것이다.[54]

자유전공학부 K는 스펙과 관계없이 자신이 하고 싶었던 활동, 입시에 얽매이지 않은 활동이었기 때문에 힘들었어도 큰 보람을 느꼈다고 말했다. 처해 있는 환경이 어렵기는 했지만 오히려 기회로 삼아 노력했던 것이 합격에 도움이 되었을 것이라는 말이다.

자유전공학부 P는 남들이 무엇을 하는지 고려해 따라하기보다는 자신이 할 수 있는 일이 무엇인지에 대해 생각하고 실천했던 것이 도움이 됐다고 말했다. 즉 다른 사람의 생각에 휘둘리는 대신 자신이 원하는 일에 집중했던 것이 오히려 합격에 도움이 되었다는 의미다.

서울대는 사람들이 오해하고 있는 부분에 대해 이렇게 설명하고 있다.[55]

"학생들은 학교생활을 하면서 다양한 동아리활동을 통해 소양을 넓힐 기회를 가집니다. 지원하는 전공분야와 일치하는 동아리활동이 더 의미가 있을까요?

---

54) 서울대학교 입학본부, 〈서울대 수시평가의 이해〉 동영상 자료
55) 서울대학교 입학본부, 〈서울대 수시평가의 이해〉 동영상 자료

서울대학교 입학전형에서는 학생들이 학교생활을 다양하게 하면서 노력하고 성장해온 모습을 통해 우수한 인재로 성장하기 위한 발전 가능성을 평가합니다. 이러한 소양은 단순히 학생이 참여한 동아리의 성격에서 나타나는 것이 아니라, 어떤 동아리에서든 학생이 활동하면서 보인 여러 능력과 노력의 모습에서 드러납니다. 학습동아리뿐만 아니라 체육동아리, 봉사동아리, 여가동아리 등을 통해 주어진 과제를 집중력 있게 해결하는 능력, 주어진 일을 계획하고 추진하는 능력, 구성원에 대한 배려와 리더십 등 다양한 소양이 길러질 것이며, 어떤 전공을 선택하든 장차 대학생활에서 소중한 자산이 될 것입니다."

　　서울대가 생각하는 인성이 좋은 학생은 원하는 활동을 통해 즐겁게 학교생활을 하는 학생이다. 학업을 즐기기 위한 활동도 포함된다. 자신이 가지고 있는 예술적인 재능을 찾아내 발전시키는 활동, 타인을 위해 자신의 시간, 재능을 기부하는 활동도 포함된다.

　　한 학생은 물리학, 역학에 심취해 관련 독서에 매진하면서 자율적인 독서동아리를 만들고, 주변 아이들을 가르치는 봉사활동을 하겠다는 계획을 세우고 실천해 합격했고, 우수한 학업성적을 바탕으로 교내 보컬그룹에서 기타리스트로 활동했던 학생도 있었다.

　　고등학교 3년은 대학입시를 위한 준비 기간이 아니다. 다양한 경험을 통해 성장해야 할 소중한 시간이고, 아주 중요한 삶의 한 시기이기도 하다. 정말로 하고 싶은 활동을 찾자. 학업활동이든 취미활동이든 관계없다. 몰입해보자. 그런 활동을 통해 지적인 즐거움과 행복을 맛보도록 하자.

리더십을 키워라

리더는 조직의 비전을 제시하고, 조직의 목표를 달성을 위해 조직원들의 힘을 결집시키는 역할을 한다. 따라서 조직의 운명은 리더의 역량에 따라 달라지게 마련이다.

얼핏 생각하기에 리더십은 명목적인 직함으로 이해하기 쉽다. 그러나 실제적인 리더십은 조직원들에게 어느 정도의 영향력을 미치는가에 달려 있다. 팔로우십followership을 발휘하지 못한다면 그 리더는 리더십leadership이 없다고 해도 과언이 아니다. 그러므로 리더십을 논할 때에는 팔로우십followership을 함께 논해야 한다. 실질적인 리더십은 다른 사람을 이끄는 능력과 영향력(Influences)이다. 그러므로 실질적인 리더는 공식적인 리더(formal leader)가 아니라 비공식적인 리더(informal leader)일 수도 있다.

서울대가 원하는 학생은 장차 글로벌리더로 성장해갈 인재다. 리더십을 발휘한 경험을 가지고 있는 학생은 훌륭한 인성을 갖추기 위해 노력한 학생이라고 본다. 물론 서울대가 생각하는 리더십은 명목상의 리더십이 아니라 실제적인 리더십이다. 즉 명목상 리더가 아니라고 하더라도 리더십을 발휘한 경험을 요구한다. 명목상 리더는 학급회장이나 부회장, 학생회 간부, 동아리 임원 등이 해당된다.

그러나 명목상 리더라고 해서 모두 리더십을 갖췄다고 보기는 어렵다. 서울대가 말하는 리더십은 공동체 활동, 협동학습 등에서 구성원을 배려하며 이끌어가기 위해 노력했던 경험을 말한다.

서울대가 요구하는 리더십의 정의는 다음과 같다.[56]

- 학교생활 내에서 구성원 간의 갈등을 조화롭게 해결할 수 있는 능력
- 수업 중 모둠 과제 수행을 성공적으로 이끌 수 있는 능력
- 토론활동에서 함께 결론을 이끌어가며 설득력 있게 자기 의견을 주장할 수 있는 능력
- 동아리활동에서 부원들을 행복하게 만들 수 있는 능력
- 모두가 주저할 때 친구들을 독려하여 청소를 주도하는 능력

이 내용을 보면 명목상 리더인지 아닌지는 중요하지 않다. 주어진 상황에서 어떻게 문제 해결을 주도하였는지가 리더십을 보는 중요한 관점이다. 다른 사람들이 하기 어려워하거나 싫어하는 일을 솔선수범해서 이끌어가기도 하고, 다른 사람들이 잘 할 수 있도록 돕는 것도 포함된다.

미국 애리조나 주립대학 교수인 나하반디Nahavandi는 저서 『리더십, 과학인가 예술인가』에서 이렇게 정의하고 있다. 서울대가 생각하는 리더십과 일치한다.

"리더십은 집단 현상으로 항상 사람 사이의 영향력 행사나 설득력과 관계가 있다. 리더는 그러한 영향력을 사용하여 일정한 행동 방향이나 일정한 목표 달성을 위해 집단을 이끈다. 이는 한 집단 내에서 일정한 형태의 계층을 가정하고 있다. 그러므로 리더란 조직 내에서 개인과 집단에 영향력을 행사하고 목표를 결정하며, 그러한 목표를 달성하기 위해 구성원들을 효과적으로 일할 수 있도록 하는 사람이다."

---

56) 서울대학교 입학본부, 《2018학년도 서울대학교 학생부종합전형안내》 p.19

서울대에 지원하고자 할 때, 명목상 리더십 경험은 없더라도 문제가 되지 않는다. 실제로 수업시간이나 청소, 동아리활동이나 친구 사이에서도 충분히 리더십을 발휘할 수 있고 경험할 수 있기 때문이다.

자유전공학부 K는 어렸을 때부터 축구를 좋아했다. 그런데 축구 시합을 하다가 사소한 문제로 인해 친구들 사이에 다툼이 생기는 것을 자주 보았다. 어느 편도 들 수 없었던 K는 이러한 사소한 문제를 해결하기 위해 경기 규칙에 대해 공부를 해봐야 하겠다고 생각하고, 4주간 대한축구협회(KFA)에서 주최하는 3급 심판자격증 워크숍을 받으면서 갈등을 해결하며 경기를 이끌어가는 것을 배웠다.

이렇게 친구들 사이에서 일어나는 갈등을 해결하기 위한 노력이 바로 리더십을 발휘하는 것이다. 그 결과가 좋았다면 훌륭한 리더십을 가진 학생으로 증명되는 것이다. 이것은 또한 이 학생의 성품이 훌륭하다는 증거이기도 하다.

서울대는 리더십에 대해 오해하지 않도록 다음과 같이 설명하고 있다.[57]

"임원 활동 경험이 꼭 있어야 할까요? 학생회장 경험이 있으면 유리하게 평가될까요?"

"고등학교 과정은 폭넓고 다양한 경험을 통해 배려심을 갖춘 성인으로 성장하기 위한 노력이 필요한 시기입니다. 리더십을 갖추기 위한 노력도 필요합니다. 그러나 반장, 부반장 경험이 리더십을 보여주는 것은 아닙니다. '단순히 앞에서 이끄는 리더가 되는 것'과 '리더십을 갖춘 리더가 되는 것'은 차이가 있습니다. 리더십은 반드

---

57) 서울대학교 입학본부, 〈서울대 수시평가의 이해〉 동영상 자료

시 대표자로 활동하는 것에서만 찾을 수 있는 것이 아닙니다. 공동체활동, 협동학습 등에서 구성원을 배려하며 노력한 경험은 리더의 자질을 배우고 성장하도록 만듭니다. 따라서 단순히 임원 활동 경험보다는 주변에 좋은 영향을 미치는 생활태도, 나눔과 배려의 실천 노력이 중요하다고 하겠습니다."

서울대가 요구하는 것은 명목상 리더십이 아닌, 스스로 리더십을 발휘한 기본적인 경험이다. 지식공동체를 지향하는 서울대로서는 함께 하는 경험, 협동학습 등의 가치가 중요하기 때문이다. 다른 사람을 돕고 긍정적인 영향을 미쳐서 좋은 방향으로 이끌어가는 리더십 경험을 요구하며, 타의에 의해 억지로 하는 것보다 스스로 할 수 있는 영역에서 진정성 있게 노력하는 가운데 리더십을 길러야 한다는 점을 강조한다.

다른 사람에게 좋은 영향을 줄 수 있거나, 다른 사람을 위해서 할 수 있는 일을 찾아보자. 그리고 그 일을 하면서 다른 친구들의 동참을 유도해보자.

전략 6.

서울대,
점수보다 지략이다

서울대에 가기 위해서는 좋은 성적은 물론 뛰어난 지략이 있어야 한다. 아무리 성적이 좋다고 하더라도 지략이 부족하면 실패할 수 있다. 수시전형에서는 학업성적을 향상시키는 전략과 함께 학업능력을 향상시키기 위한 전략이 필요하고, 자기소개서를 어떻게 쓸 것인가 하는 지략이 필요하다. 정시전형에 지원하고자 하는 학생은 어떻게 안정적인 수능성적을 받을 것인가에 대한 지략을 짜야 한다.

여기에서는 수시전형에서 필요한 전략을 모았다. 필요한 전략은 매우 많지만 내가 판단했을 때 기본적으로 가장 필요하다고 생각되는 것만을 선택했다. 이 전략은 학업성적이 우수한 학생뿐 아니라, 중위권 학생들을 위해서도 의미 있는 것이라고 생각한다.

성적뿐 아니라 성공경험을 축적하는 것도 필수요건이다. 활동은 재미와 보람을 느낄 수 있어야 하고, 경험한 내용도 매우 중요한 요소다. 교사와 함께 지략을 모아야 하고 자신이 가지고 있는 가장 큰 약점을 극복한다면 대단한 성공의 기회를 얻을 수 있다. 그리고 입시를 위한 성적 향상과 학업능력을 키우는 데는 물론 평생을 통해서도 요구되는 것이 독서 능력이다.

성적이 우수하다고 해서 무조건 합격하는 것은 아니다

서울대는 기본적으로 교과성적이 뛰어난 학생을 선발한다. 각 학교에서 최상위권의 성적을 유지해야 한다. 그러나 최상위권 성적을 유지한다고 해서 합격할 수 있는 것은 아니다. 성적만 가지고 학생을 선발하지 않기 때문이다. 학업능력이 좋아야 하고, 지원자들 중에서 좋은 평가를 받아야만 합격이 가능하다. 전국의 고등학교는 약 2,300여 개, 따라서 전교 1등만 하더라도 인문계와 자연계를 합하면 약 4,600명이 된다. 서울대가 수시전형으로 뽑는 숫자를 훨씬 상회한다. 성적만 우수하다고 해서 합격할 수 있는 것은 아니라는 의미다.

평균 내신등급으로는 학생의 우수성을 판단하기 어렵다.

매년 서울 시내 각 고등학교에서 서울대에 지원한 학생들의 합·불합격 자료를 정리하다보면 교과성적과 연관성이 있기도 하지만 그다지 상관이 없는 것으로 분석되는 경우도 있다. 전체적인 교과성적 등급은 우수해야 한다는 것은 맞지만, 그렇다고 해서 성적이 우수한 순서대로 합격되는 것은 아니라는 것이다.

지역균형 지원자의 합격자 교과성적은 1.0~1.5등급 사이이며 평균은 인문계와 자연계가 모두 1.2등급 이내이다. 그러나 불합격자 중에서 교과성적이 1.0등급인 학생들도 많다. 일반전형 지원자의 합격자 교과성적은 1.0~1.9(인문계)등급이거나 1.0~3.4(자연계)등급이다. 그러나 불합격자 중에서도 교과성적이 1.0등급이거나 1.1등급 이내로 아주 우수한 학생들도 많다. 교과성적이 1.0등급인 경우는 전 학년 전 과목에서 내신 1등급을 받았음을 말해 준다. 말하자면 신의 경지에 있는 학생이라고 할 수 있는데, 결과는 불합격이었다. 이는 교과성적이 절대적인 요건이기는 하지만 일정 수준 이상의 교과성적에서는 합격을 결정하는 절대적인 조건이 아니라는 걸 말해 준다.

합격자 중 내신 3.4등급인 경우는 일반고가 아니었다. 그러므로 일반적인 현상이라고 할 수는 없다. 대개 일반고의 경우, 자연계 합격자의 교과성적은 2.0등급 이내의 학생들이 대부분이다. 그보다 낮은 등급의 지원자 중에서는 합격자가 적다.

그렇다면 서울대는 내신등급을 어떻게 판단하고 있을까?

서울대 자료에서는 내신 평균등급 1.24인 학생과 1.48인 학생 중에서 누가 더 우수한 학생인지 수치만 가지고서는 정확하게 판단할 수 없다고 하였다.[58]

과거의 평균성적 개념으로 보면 평균 1.24등급인 학생이 평균 1.48등급 학생보다 성적이 좋다고 할 수 있다. 그러므로 내신 평균 1.24등급의 학생이 합격할 것이라는 추론이 가능하다. 그러나 실제로는 그렇게 간단하게 볼 수 없는 문제가 있다. 서울대는 학교생활기록부의 수치로 나타난 성적으로만 학생을 선발하지 않고 정성적 평가를 통해 선발한다. 따라서 지원하는 학과에 따라 결과가 달

---

58) 서울대학교 입학본부, 《서울대학교 학생부종합전형안내》 동영상 자료

라진다. 정성적으로 평가한다는 것은 나타난 수치를 그대로 반영하지 않고 수치를 해석해 적용하는 것을 포함한다. 수치로 된 성적을 해석하기 위해서는 개인이 획득한 점수와 응시자들의 평균, 표준편차, 응시자 수를 모두 고려해야 한다.

학생이 어떤 전공분야에 지원했는가 하는 것이 학생의 우수성을 판단하는 또 하나의 중요한 기준이 된다. 또한 수치로 나타난 성적 이외에 학교생활기록부의 세부능력 및 특기사항, 수상 경력, 동아리활동에 기록된 모든 학년별 기록을 살펴보고 판단한다. 자기소개서 및 추천서, 학교소개 자료에 나타난 학교의 상황 등을 통하여 수치와 다르게 해석될 수 있기 때문이다.

학업능력이 합격을 좌우한다

이 책의 앞부분(전략 4)에서 언급했듯이 학업능력은 학업을 수행할 수 있는 능력을 말하며, 서울대에서는 연구를 수행할 수 있는 능력을 의미한다. 학업능력은 교과성적을 비롯하여 수상경력, 심화수업 참여 상황, 세부능력 및 특기사항의 기록, 동아리활동 기록, 독서 상황, 여러 경시대회와 보고서 활동 등 여러 가지를 종합적으로 판단하는데, 고등학교 과정에서 우수한 학업능력을 가진 학생으로 판단되지 않으면 합격하기가 어렵다. 특히 지원자들의 특성과 모집단위 특성에 따라 결과가 많이 달라질 수 있지만 공통적으로는 교과성적이 우수하고 지적 성취를 통해서 우수한 학업능력을 갖춰야 한다.

대학에서의 공부는 문제를 발굴하고 해결 방안을 찾는 연구자와 같은 것이다. 따라서 과제 연구를 수행할 수 있을 정도로 기초지식을 쌓아야 하고, 지적 호기심이 커서 학업에 대한 열의가 높아야 하고, 지식을 활용해 문제를 풀어갈 수 있는 능력이 있어야 합격이 가능하다. 이러한 능력이 바로 학업능력이다.

서울대의 학생 선발은 이러한 학업능력을 갖추고 있는 인재를 찾는 과정이다. 따라서 서울대는 지원자의 성적을 확인할 때 학생부에 기록된 등급의 수치만을 활용하지 않는다. 학생이 취득한 점수, 그 과목의 평균, 표준편차, 시험 응시자 등을 종합적으로 평가함으로써 학생이 거둔 학업성적을 입체적으로 이해하고자 한다. 또한 세부능력 및 특기사항과 수상 내역 등을 종합해 반영함으로써 얼마나 우수한 학업능력을 가지고 있는지를 평가한다.

지원자의 학생부 교과 학습란에 있는 기록을 보면, 그 학교의 상위권 집단을 이루는 학생들이 가지고 있는 학업능력을 가늠할 수 있고, 수업과 시험에 대한 학생들의 부담이 어느 정도인지도 가늠할 수 있다. 즉 많은 노력을 해야 좋은 성적을 얻을 수 있는 구조인지, 아니면 쉽게 좋은 성적을 얻을 수 있는 구조인지가 파악된다. 그리고 많은 노력을 해야만 점수를 얻을 수 있는 문제인지, 아니면 기본점수를 많이 줘 학생들의 부담을 덜어주는 문제인지에 대해서도 파악된다.

교과성적 평균등급만으로는 어느 학생이 우수한 학업능력을 갖고 있는지 판단하기가 쉽지 않다. 위에서 나는 교과성적 평균 1.24등급과 1.48등급의 학생 중에 누가 더 우수한지를 판단하기가 어렵다고 말했다. 수치상으로 나타난 성적 이면의 상황을 제대로 해석해야만 학생의 학업능력을 알 수 있기 때문이다.

만약에 내신 평균등급 1.24인 학생의 경우에 대부분의 과목에서

1등급을 받았는데 1등급 중에서 낮은 성적으로도 1등급을 받은 것이 대부분이라고 하자. 그리고 1.48인 학생은 학생이 지원한 학과에서 필요한 주요과목의 내신이 1등급 중에서도 거의 최우수 성적으로 1등급이 되었고 나머지 과목은 1.24등급의 학생보다 못한 등급을 받았다고 하자. 그러면 누가 합격의 가능성이 더 클까? 또 그 이유는 무엇일까?

속단하기는 어렵지만 주요과목의 교과성적이 훨씬 좋은 내신 평균등급 1.48의 학생이 학업능력이 더 우수하다고 인정돼 합격할 가능성이 더 크다. 이유는 학생의 성적을 수치와 다른 것들을 함께 해석해 보면, 학생이 지원한 학과에 맞는 과목에서 더 큰 성취를 거둬 우수성을 나타냈고 전공 적합성에서 앞서기 때문이다.

수상 경력도 학업능력과 지적 성취의 결과 평가에 영향을 준다. 수상 여부를 떠나서 계속 도전하는 경우는 좋은 평가를 받는다. 세부능력 및 특기사항의 기록도 무시할 수 없는 평가 자료이다. 담당 교사의 눈으로 평가한 학생의 학업능력에 대한 기록은 수치로 나타나지 않는 것을 보완해 주기 때문에 학생을 평가하는 데 아주 중요한 자료를 제공한다.

독서 기록도 학생의 학업능력을 평가하는 데 중요한 역할을 한다. 학업과정에 얻은 궁금증을 해결하기 위해 점점 더 심도 깊은 독서를 하고 있다면, 그 결과로 더 깊은 지식을 쌓고 있다는 교사의 평가가 곁들여진다면 더 좋은 평가를 받을 수 있다. 방과 후 수업과 심화수업, 학교의 특색 프로그램 참여 등도 평가에 포함된다. 이런 이유들로 인해 내신 평균등급 1.0인 학생이 불합격하고 1.5등급 이하인 학생들이 합격하는 경우들이 설명된다.

몇 년 전에 우리학교에서도 있었던 일이다. 내신 평균성적이 1.7

등급인 학생이 1단계 합격을 했는데, 다른 기록들은 모두 아주 평범한 서울대 지원자들과 비슷한 수준이었지만 수학과 과학 성적이 매우 뛰어났다.

교과성적이 1.5등급으로 서울대 수리과학부에 합격한 우리학교 K도 교과성적은 아주 좋은 편이 아니었지만 다른 평가항목들을 종합해서 판단할 때 우수한 학업능력을 가졌다고 인정받아 합격했다. 이 학생은 수학과 과학이 전 학기 1등급이었으며, 다른 활동들도 우수한 평가를 받았다.

서울대는 내신 평균성적이 우수하다고 해서 무조건 합격하지 못한다. 성적을 학업능력으로 해석하는 데 여러 가지를 참고하여 해석하며 학생부의 다른 기록과 연관시켜 학생의 우수성을 판단하기 때문이다. 따라서 전체 평균 교과성적을 높이기 위해 노력하는 것도 중요하지만 흥미를 가지고 공부하고 싶은 과목, 진학하고자 하는 학과나 전공에 관련된 기본 과목에서 아주 뛰어난 성적을 거두기 위한 노력을 할 필요가 있다. 평균보다 하나의 부분에서 아주 뛰어난 능력을 나타내는 것이 더욱 중요하다.

구체적이고 지속적인 성공 경험 과정을 축적하라

서울대에 가려면 성공경험이 필요하고 중요하다. 서울대에 지원한다는 것은 학교 내 여러 가지 활동에서 성공적인 경험을 했다는 걸 의미한다. 성공경험이 쌓이지 않으면 서울대에 지원하기 어렵다. 학업과 활동 등 모든 면에서 성공경험을 쌓아야 한다. 그리고 일회성이 아니라 몇 번에 걸친 다중적인 경험이어야 하고, 그 경험이 학교생활 전반으로 확산되는 것이 좋다. 그럴 때 학업능력뿐 아니라 열정과 같은 태도에서도 좋은 평가를 받을 수 있다.

성공경험이라고 해서 반드시 모든 활동에서 1등을 하고 최우수 상을 받으라는 말이 아니다. 자기가 세운 계획을 성취한 경험, 과거와 비교해 발전된 모습을 보이는 것 또한 포함한다. 권투 시합에서는 큰 펀치 하나로 상대방을 쓰러뜨리고 승리할 수도 있지만, 수많은 잽을 적중시켜 누적된 충격으로 상대를 쓰러뜨리기도 한다. 옷은 소나기에만 젖는 것이 아니다. 가랑비도 많이 맞으면 옷이 젖는다. 마찬가지로 아무리 사소하고 남들이 보기에 하찮은 성공이라 하더라도, 학생 개인에게는 소중한 것이요, 그것이 누적되면 큰 성공이 되는 것이다. 벽돌 한 장이면 별 가치가 없어 보이지만 그 벽돌이 아주 많이 모이고 아름답게 쌓이면 위대한 건축물이 되는 것과 같은 이치이다.

Turning Point(전환점), Tipping Point(폭발점)

서울대에 합격한 학생 중 상당수는 학업에서 터닝 포인트Turning point와 티핑 포인트Tipping point가 있다. 터닝 포인트는 전환점으로 생활의 방향이 바뀌는 시점을 말한다. 즉 생각이나 태도 마음가짐이 이전의 상태와는 완전히 다른 모습으로 바뀌기 시작한 시점을 말한다. 그 시점은 갑자기 찾아올 수도 있지만 아주 서서히 모습을 드러내기도 한다. 『하워드의 선물』이란 책에서는 전환점에 대해 이렇게 설명한다.

"지금까지와 전혀 다른 방향으로 가는 시점으로, 우리의 숨은 능력을 이끌어 낼 수 있는 잠재적 동기부여 에너지가 있다. 이를 적극적으로 활용하면 마법과 같다."

티핑 포인트는 면역학免疫學에서 따온 말로 바이러스가 병을 일으킬 만큼의 수에 다다르는 순간을 가르친다. 말콤 글래드웰Malcolm Gladwell이 저서 『Tipping Point』에서 사용해 유명해졌다. 이는 예상하지 못한 일이 한꺼번에 몰아닥치는 극적인 변화의 순간을 말한다. 어떤 상황이 처음에는 미미하게 진행되다가 어느 순간 갑자기 모든 것이 급격하게 변하기 시작하는 극적 순간을 뜻하며 갑자기 뒤집히는 점이란 뜻이다. 이는 때로는 엄청난 변화가 작은 일들에서 시작될 수 있고 대단히 급속하게 발생할 수 있다는 의미로 사용된다. 똑바로 균형을 잡고 서 있던 건물이 어느 한쪽으로 급작스럽게 기울어지는 순간이나 그 지점을 의미하기도 한다.

1학년 담임을 맡고 있을 때 아이들에게 백지를 나눠주고 담임에게 자기를 어떻게 소개하고 싶은지 솔직하게 써보라고 한 적이 있다. 대부분의 아이들은 자존감이 매우 낮았고, 따돌림 경험이 있었으며, 학업에 대한 두려움과 함께 좋은 대학에 가고 싶은 소망도 가지고 있었다. 그러나 자신이 원하는 대학에 갈 수 있을 것이라는 자신감과 희망은 없었다. 나는 조례와 종례시간, 수업시간, 개인적으로 대화를 나누는 시간을 통해 아이들의 내면 깊숙이 숨어 있는 자존감과 자신감, 열정을 끌어내기 위해 애를 썼다.

사람들에게 변화를 일으키기는 쉽지 않다. 있더라도 아주 조금씩 장기간에 걸쳐서 일어난다. 이는 강의 줄기가 바뀌는 각도를 보면 알 수 있다. 갑자기 직각으로 꺾이지 않는다. 흘러내려오는 물의 양에 따른 에너지를 다른 방향을 바꿀 수 있는 힘을 가진 방어벽이 있어야 하는 것이다. 학생도, 성인도 자신의 생활을 바꾸고 원하는 목표로 가기 위해서는 그러한 시점에서 강한 에너지로 현재의 생활을 막고 방향을 바꿔주는 방어벽이 필요하다. 그 방어벽을 만났을 때를 터닝 포인트라 할 수 있다.

서울대에 가고, 학업에 대한 성공경험을 하기 시작하기 위해서는 방향을 바꾸는 시점이 필요하다. 능동적이든 수동적이든 과거 생활을 새로운 생활로 바꾸게 되는 동기, 그것이 터닝 포인트로 잘 기록해야 한다. 그리고 그 시점으로부터 바뀌게 된 생활을 지속해야 한다.

학업과 학교생활에서 전환점을 맞더라도 생활은 쉽게 변하지 않는다. 공부도 더 열심히 하고 생활도 더 성실하게 하지만 성적은 쉽게 오르지 않는다. 그래서 좌절하고 다시 예전 생활로 돌아가기도 한다. 그러나 그때마다 나는 아이들에게 좀 더 참고 달리라고 격려한다. 공부를 시작한 후로 성적이 오르기까지는 최소한 6개월이 걸리고, 자신이 마음에 드는 성적을 얻기까지는 다른 사람보다 몇 십 배의 노력을 더 오랫동안 기울여야 한다고 설득한다. 더 열심히 공부하더라도 지금 당장은 성적의 변화가 없지만 어느 한 순간 자신도 모르게 성적이 치솟게 되는 날이 있다고 그래프를 그려가면서 설명을 해 준다. 아직 그 시점이 되지 않았기 때문에 성적이 오르지 않았을 뿐이며, 그 시점은 아무도 알지 못한다고 설명해 준다. 어떤 사람은 내일일 수도 있고 어떤 사람은 한참을 더 지난 후의 일일 수도 있다. 다만 공통적인 조건은 최선을 다해 노력을 경주하고 있어야 한다는 것이다.

내가 지켜본 바로 성공한 학생들은 모두 터닝 포인트와 티핑 포인트가 있었다. 그들은 갈등하고 좌절을 경험하더라도 심기일전하여 다시 정신을 집중하는 계기를 찾았고, 최선을 다하여 어려운 고비를 넘기는 티핑 포인트를 경험했다. 그러한 경험들이 누적되면서 다른 과목으로 확산되고 적용하여 더 좋은 결과를 얻었다. 이러한 경험은 학업뿐 아니라 동아리활동이나 다른 활동에서도 나타났다. 그들은 그러한 경험을 매우 자랑스러워했으며 그것을 기록하거나 기억하였다가 자기소개서에 쓰는 것을 쉽게 목격할 수 있었다.

구체적이고 지속적인 성공경험을 만들어라

내가 1학년 담임을 맡았을 때 만났던 한 아이가 있었다. 택시운전을 하시는 아버지를 둔 아주 착실하고 조용한 성격의 학생이었다. 그 아이는 내게 특별한 의미로 다가왔는데, 우리 아버지도 운전을 직업으로 하셨기 때문이었다. 나는 아버지가 운전으로 생계를 꾸리는 집안 사정에 대해 너무도 잘 알고 있었기 때문에 그 아이도 그럴 것이란 생각했던 것이다.

가정이 넉넉하지는 않았지만 그 아이의 부모님은 자녀에게 많은 애정을 쏟았다. 나 역시 그 아이가 좌절하지 않도록 애를 썼고 자존심을 건드리지 않도록 주의했다. 나 역시 같은 처지였다고 고백하기도 했다. 아울러 현재의 상황을 이겨내고 네가 원하는 사회적 지위를 성취하기 위해서는 자신을 발전시키는 수밖에 없다고 격려했다. 아이는 내 말을 알아들었다. 그리고 노력하였다. 그 모습이 아직도 눈에 선하다, 학급에서 5번째로 키가 작은 아이. 그 아이는 매우 열심히 노력했다. 운동장 조회를 서던 날 현기증을 일으켜 쓰러지기도 하였지만 아이는 단호한 모습을 잃지 않았다.

그 아이는 조금씩 변하기 시작했다. 말수가 적고 잘 웃지 않던 아이였는데, 표정이 조금씩 밝아졌다. 그리고 자신감을 되찾으면서 성적도 오르기 시작했다. 그리고 그렇게 만들어진 생활태도는 관성의 물리법칙으로 계속 이어져 3학년이 되었을 때는 매우 우수한 성적을 올렸고, 결국 자신이 원하던 최고의 대학에 진학했다.

처음 그 아이의 변화는 아주 작은 것에서 시작되었다. 수업시간에 배우는 교과 내용은 그 시간에 이해하자는 것이 목표였다. 그것이 이루어지자 수업이 재미있어졌다. 그리고 선생님들로부터 관심을 받게 되자 점점 더 수업시간이 즐거워졌고, 자신이 세운 계획이 하나씩 이루어질 때의 기쁨을 알게 되었다. 물론 처음부터 성적이 향상된 것은 아니었다. 성적이 눈에 띄게 오르기 시작한 것은 거의 1년이 지난 후였다.

대부분의 서울대 합격자들은 어느 순간에 터닝 포인트를 경험하고 티핑 포인트도 경험하면서 공부가 즐거워지는 과정을 거쳤다고 말한다.[59]

서울대 물리천문학부에 입학한 A는 고등학교 2학년 여름방학 끝 무렵, 학교 논술수업에서 문제를 풀면서 성취감을 느꼈고, 그때에 '조금만 더 하면 된다'는 교훈을 얻었다고 한다. 수학은 원리 하나하나를 꼼꼼히 해결하고 넘어가는 식으로 공부를 했다. 그런 방법으로 방학 중에 독학으로 선형 대수학을 공부하면서 얻었던 기쁨이 큰 영향을 미쳤다고 한다.

서울대 지구환경과학부에 입학한 B는 많이 위축된 상태로 고등

59) 서울대학교 입학본부, 《2018학년도 서울대학교 학생부종합전형안내》 p.45

학교에 진학했다. 1학년 때에는 정답을 고르는 데 급급했다. 하지만 기본원리에 대한 호기심이 생기면서 충실하게 공부하기 시작했는데, 교과서로 개념을 정리하고 설명이 더 필요한 부분은 교사용 지침서로 보충을 하였다고 하였다.

성공경험은 자신을 나타내는 것이다

서울대 의대의 기초의학 연구원 B는 지방 의대 출신으로 나와 가깝게 지내는 후배다. 대구에 있는 고등학교 1학년생이었던 B는 어느 겨울밤, 문득 하늘을 바라보았다. 무수히 많은 별들이 아름답게 빛나고 있었다. 그리고 그 순간, 그는 자신이 몹시도 초라해지는 느낌을 받았다. 별처럼 반짝이는 삶이 아니라 아무런 존재감도 드러내지 못한 채로 인생을 낭비해버리는 것은 아닐까 하는 생각이 들었다. 그는 공부를 해야 되겠다고 결심했다. 쉽지는 않았다. 그래도 가능한 과목부터 시작해 정복하고, 다시 중요 과목에 도전했다. 그렇게 죽기 살기로 공부한 결과 지방대 의대에는 충분히 갈 수 있었다.

터닝 포인트를 맞이하는 것은 목표와 목적에 대한 의지와 열정을 나타낸다고 할 수 있다. 그 터닝 포인트를 꾸준히 끌고가는 것은 열정(Grit)일 것이고, 인내일 것이고, 스스로를 이겨내는 극기일 것이다. 그리고 티핑 포인트에 이르기까지의 노력은 좌절의 극복이고 어려운 환경을 극복하고 최선을 다한 모습을 나타낸다.

입학사정관이 지원자에 대해서 알고 싶어 하는 11가지 항목은 터닝 포인트와 티핑 포인트를 경험함으로써 모두 대답할 수 있는 것이다. 터닝 포인트와 티핑 포인트를 경험하는 것은 자기소개서에서 요구하는 신나는 공부 경험과 어렵게 지속한 공부 경험이 될 수 있으며, 자신이 시간을 들여서 하는 의미 있는 경험이 될 것이다.

터닝 포인트와 티핑 포인트는 학교생활기록부의 세부능력 및 특기사항에 기록할 수 있는 아주 좋은 재료이다. 교사들이 선호하는 재료다. 아주 기쁜 마음으로 기록할 것이다. 이러한 기록은 자신과 겨뤄 이겨낸 승자로서의 모습을 보여준다. 승자의 언어로 기록이 가능하다. 학교생활기록부에 승자의 언어로 기록된 것이 많을 때, 특히 세부능력 및 특기사항에서 승자의 언어가 많을 때 합격의 가능성은 더 커진다.

구체적인 성공경험을 빨리 갖도록 하라. 그 경험이 더 많은 성공경험을 불러오고, 그것이 누적되면서 공부는 즐거워지고 성적과 학업능력은 향상된다.

재미와 보람을 느끼는 활동을 파고들어라

"아, 안타깝네요. 동아리활동을 계속했으면 좋았을 텐데…."

내가 J 고등학교 진로 진학상담에 가서 한 학부모와 학생을 상담하며 내뱉었던 말이다.

그 학생은 1학년 성적이 매우 좋았다. 느낌도 좋았고 발전 가능성도 보였다. 아마도 2년 후에는 그가 원하는 대학 그 이상을 충분히 갈 수 있으리라는 생각이 들었다. 학교생활기록부 내용을 보면서도 그런 생각이 들었다. 그런데 정말 아쉬운 점이 있었다. 동아리활동을 그만두었다는 것이다. 만약에 동아리활동을 계속하고 있었다면 나는 그 학생에게 서울대를 목표로 준비하라고 조언했을 것이다.

나는 그 학생과 어머님께 왜 동아리활동을 그만두었는지 물었다. 그 학생이 속한 동아리는 합창단이었다. 그 학교는 미션스쿨이었기에 합창단이 활발하게 활동했으며 큰 역할을 하고 있었다. 그 학생은 즐거운 마음으로 합창단 활동에 참가했고, 공부로 쌓인 스트레스를 노래로 풀면서 즐거움을 느꼈다. 담당 선생님으로부터도 큰 기대를 받았으며, 1학년을 마칠 즈음에는 차기 단장으로 내정된 상태였다. 그런데 합창단 활동을 열심히 하다 보니 학교 성적이 떨어졌다고 한다. 남들이 중간고사나 기말고사를 준비할 시기에 합창단 연습을 하니 성적이 떨어질 수밖에 없다는 생각이 들었다고 한다.

그런 상황에서 합창단 활동을 두고 주변 사람들이 더 난리를 쳤다고 한다. "공부하기도 바쁜데 무슨 합창단이냐?"고 핀잔을 주었고, 좋은 대학에 가려면 교과성적을 올려야지 그깟 합창단과 같은 동아리활동을 하고 있으면 안 된다고 했다. 결국 주변 사람들의 충고에 따라 학생과 학부모는 합창단을 그만두기로 결정했다. 학생 자신은 합창단 활동을 하면서 매우 행복했고 학업에 대한 스트레스를 날려버릴 수 있었기에 계속하고 싶었지만 포기한 것이다.

내가 보기에 합창단 활동을 지속했다면 더 좋은 결과를 얻을 수 있었을 텐데 하는 생각이 들어 참 아쉬웠다. 어머니와 아들의 관심은 '좋은 대학에 가기 위해서는 지금 무엇을 더 해야 하는가?' 하는 것이었다. 그런데 학생부종합전형을 준비하기 위한 중요한 동아리 활동의 기회가 사라진 것이다.

하고 싶은 학업외 활동은 동아리를 통해 집중하라

성적 때문에 동아리활동을 접었다는 말을 종종 듣는다. 교과성적이 부족하고, 모의고사 성적이 좋지 못해서 동아리활동을 하지 않는 경우가 종종 있다. 학생에 따라서는 옳은 결정일 수도 있지만, 좀 더 고려해서 결정할 필요가 있다. 서울대를 목표로 한다면 교과성적이 좋아야 하는 것은 물론이지만 내신만 좋다고 합격하는 것은 아니기 때문이다.

서울대 수시전형은 교과성적에서 보이는 약간의 등급 차이를 크게 인정하지 않는다. 학교생활 기록부에서 학생의 모든 정보를 얻고 역량을 판단하는 전형이므로 동아리활동도 중요하다. 동아리활동이 학생의 많은 부분을 말해 줄 수 있기 때문이다.

물론 고등학교 과정에서 가장 중요한 것은 학교 공부이다. 아무리 학생부종합전형이 일반화 되었다 해도 입시 전형의 근본은 학교 성적이다. (서울대를 가려면 교과성적 2등급 이내여야 가능하다.) 학교 성적이 여러 가지를 알려 주기 때문이다. 학교 성적은 성실성, 우수성, 적극성 등 많은 정보를 포함한다. 그러나 학교의 시험범위는 정해져 있고, 출제자가 분명하며, 힌트도 충분하다. 그러니 준비할 수 있는 여건과 기회도 충분하다. 단지 그 요령을 모르거나 미루다가 제대로 준비하지 못할 뿐이다. 그리고 학교 시험은 대학수학능력시험처럼 시험 당일의 컨디션에 따라 좌우된다. 그래서 서울대는 성적의 수치를 크게 차별화하지 않는다. 즉 교과성적 1.04등급이 1.4등급보다 공부를 더 잘한다고 평가하지 않는다는 것이다. 이들은 모두 공부를 잘하는 학생으로 평가한다.

동아리활동은 학생이 학교생활기록부에서 보여주지 못한 부분을 보여준다. 공동체의식, 리더십, 책임감, 나눔과 배려 등 교과 이외의 부분에서 보여준 관심과 소양을 확인할 수 있다. 즉 학업태도와 학업 외 소양을 평가하고자 하는 대학에 중요한 정보를 제공하는 것이다. 또한 동아리를 운영하는 이론적 배경을 수업시간에 배운 것을 통해 활용한다면 지식을 확장키키고 심화해 적용하는 우수한 학생으로 평가받을 수도 있다.

그 학생이 나와 먼저 상담을 했다면 나는 일단 합창동아리 단장을 맡으라고 조언했을 것이다. 교과성적은 수업시간에 더욱 집중하고 제때 예습과 복습을 해서 시간을 아끼면 된다. 미리 미리 하면 시간도 절약될 테니까 말이다. 그리고 단장으로서 최선을 다하되, 아주 규모 있고 계획적으로 한다. 그러면 합창단을 통해 학교생활의 즐거움과 행복을 창출할 수도 있을 것이다.

동아리를 맡게 되면 여러 가지 어려움이 있지만 좋은 점도 있다. 일단 단장이 되면 합창단을 운영해야 하는 부담이 생긴다. 이는 리더십을 시험해보는 기회가 될 것이며, 어려움을 극복하고 갈등 관리 능력을 키울 수 있는 기회다. 그리고 다른 사람과 함께하는 공동체의식, 배려 등을 배우거나 실현한 좋은 기회이기도 하다. 합창단장은 개인에게 도전의 기회가 되고, 그 기회에서 물러서지 않고 받아들였으므로 도전을 선택한 것이다.

합창단을 운영하기 위해서는 창의적인 아이디어가 필요하고, 합창단을 이끌어가기 위해 학교에서 배운 지식을 활용할 수도 있다. 그리고 장차 사회생활을 할 때 필요한 능력을 미리 키울 수도 있다. 합창단 동아리활동을 통해 학생부종합전형의 평가기준을 충족할 수 있는 것이다.

동아리활동을 통해 서울대가 평가할 수 있는 요소는 다음과 같은 것들이다.

- 고등학교 기간 중에 했던 의미 있는 경험은 무엇인가?
- 공동체의식을 지니고 있는가?
- 적극적이며 지속적으로 노력하였는가?
- 습득한 지식을 적절히 활용하였는가?
- 학교에서 겪은 어려움은 무엇이며 이를 극복한 경험이 있는가?
- 노력을 통하여 성장한 모습은 어떠한가? 등등

이러한 것은 학교생활기록부에 기록할 수 있도록 충분하고 정확한 자료를 제공할 뿐 아니라, 자기소개서와 교사 추천서에도 또 다른 자료를 제공해 줄 수 있다. 서울대는 전공과 관련된 학습동아리라고 해서 더 중요하다고 평가하지 않는다. 학생이 원해서 참여하는 것이라면 모든 동아리를 같은 선상에 놓고 평가한다는 것이 서울대의 입장이다. 동아리활동은 학생의 소양을 넓히는 기회로 판단하므로 동아리활동을 통해 무엇을 배우고 어떻게 성장하였는지에 관심을 기울인다.

동아리와 같은 공동체활동을 지속해나가면서도 우수한 성적을 유지하는 학생이 서울대가 원하는 인재다. 공부만 잘해서는 서울대에 합격하기 힘든 구조다.

재미와 보람을 느끼는 활동에서 역량이 드러난다

서울대가 요구하는 것들을 보면 거의 완벽한 학생을 선발하기 위한 조건이라는 생각이 든다. 그럼에도 어떤 활동을 해야 된다고 정해놓고 있지 않다. 학업을 제외하고는 모든 활동이 학생의 자율적인 선택을 존중한다. 다만 지속적이고 열정적으로 활동하기를 바라고 있다. 이를 통해 개인적인 특성과 학업 이외의 소양을 파악하고자 하는 것이며, 학생이 가진 학업능력과 배움에 대한 열정, 도전의식, 문제 해결력 등을 파악하고자 한다. 즉 활동 그 자체가 중요한 것이 아니라, 그 활동을 통해 학생이 가지고 있는 역량을 확인할 수 있는 것이다. 지적 역량과 태도 역량, 그리고 관계 역량을 파악하고, 특히 세계를 선도하는 지식공동체를 추구한다는 목표를 가지고 교과 이외의 활동에서도 지식을 좇아서 활동하고, 지식을 확장하며, 그 지식을 다른 활동에 접목시켜 활용하는지 평가한다.

그러면 학업 이외에서는 어떤 활동을 해야 할까? 자신이 좋아하는 활동을 권하고 싶다. 자신이 하고 싶었던 활동을 하는 것이다. 그리고 선택과 집중을 해야 한다. 아주 단순하게 말이다. 음악도 좋고, 체육도 좋고, 과학도 좋다. 좋아하는 것이 없다면 꼭 해야만 한다고 생각이 드는 것을 선택해서 하라고 조언하고 싶다. 자신에게 이익을 가져다주는 활동이라면 된다. 그 활동이 자신의 장점과 강점을 잘 살릴 수 있는 것이라면 더욱 좋을 것이다. 아니면 반대로 부족한 점을 극복할 수 있는 것이라도 좋다. 그 활동에서 자신의 역량이 드러나게 된다.

물론 학업에 충실해야 한다는 것은 필수다. 좋아하는 과목에서 우수한 성적을 거두고, 수업, 탐구대회, 독서 등과 같은 활동을 파고들어 우수한 역량을 발현해야 한다.

서울대는 주도적이고 열정적이며 지속적인 활동을 원한다. 그리고 그런 도전에서 어려움을 극복해나가는 모습을 원한다. 무엇을 해야 할지 모른다면 이렇게 해서 무엇을 할 것인가를 정해보자.

우선 객관적으로 자신을 판단해보자. 다른 사람들로부터 칭찬을 받은 것들을 생각해보면 쉽게 정리할 수 있을 것이다. 그리고 스스로 잘한다고 생각하거나 장점이라고 하는 것을 생각해보자. 이것은 한국교육개발원에서 펴낸 고등학생을 위한 인성교육 자료에서 찾을 수 있다.[60]

다음으로 앞으로 어떤 일을 하면서 살 것인지를 생각하고, 마지막으로 무슨 일을 할 때가 가장 뿌듯하고 행복한지 생각해보자. 이것은 한국교육개발원에서 펴낸 고등학생을 위한 인성교육 자료에서 찾을 수 있다.

자신이 꼭 해보고 싶은 활동이 있다면 과감하게 도전하자. 주위 사람으로부터 의견을 구해 결정하는 것도 좋지만, 자신이 좋다고 느끼고 필요하다고 판단되면 과감히 선택해야 한다. 성적에 긍정적인 영향을 주는 활동이 아니라 자신의 발전을 도모할 수 있는 활동을 선택하라. 그 활동에 몰입해 목적을 성취해 가면서 자신이 배운 지식을 동원해 적용해보고 활동의 질과 품격을 높여보자. 무계획적인 것보다 계획적인 것으로, 다른 사람의 의견을 듣는 것도 중요하지만 자신의 의지대로 다른 사람들을 설득해 함께 하도록 유도해보자. 그런 활동을 통해 자신은 물론 다른 사람들에게도 긍정적인 변화를 이끌고 영향을 미치며 행복을 주는 활동을 해보자. 밥을 먹는 것도 잊고, 잠을 자는 시간도 아끼면서 참여해보자. 그러면서 성장해 가는 자신에 대해 자부심을 가져보자. 전문가 뺨치는 실력을 길

---

60) 한국교육개발원, 〈고등학생 인성교육을 위한 교원연수 자료집〉

러보자.

마이클 조던은 "어떻게 그렇게 농구를 잘하게 되었느냐?"는 질문에 늘 이렇게 대답했다. "농구를 즐기고 농구하는 것 자체가 즐거웠기 때문이었다."라고. 그러면서 후배들에게도 농구를 즐기라고 말하고 싶다고 했다.

나 또한 학생들에게도 이런 말을 해 주고 싶다. "즐거운 일을 찾아서 집중하라. 그리고 입시의 측면에서만 보지 말고 생활의 즐거움으로 바라보자. 그리고 즐기자. 즐겁게 그 활동을 파고들어서 수준을 높여보자."

경험의 횟수가 아닌 내용을 중시하라

학생부종합전형에서는 학생부를 기반으로 학생이 가지고 있는 학업능력과 태도, 소양을 평가한다. 그에 따라 학생들은 학업능력, 열정적인 태도, 소양을 높이기 위한 노력을 기울인다. 할 일이 많다고 볼멘소리를 하면서도 다 하려고 한다. 더 잘 하려고, 더 다양한 활동에 참여하고자 애를 쓴다. 기특한 일이다. 학생부종합전형으로 학생을 선발하기 전에는 정말로 하고 싶어 하는 학생들 일부만 동아리활동을 하고 봉사활동을 했는데, 이제는 전 학생이 이런 활동에 참여한다. 동아리가 없으면 아예 자율동아리를 만들거나 상설동아리를 만들려고 한다. 봉사활동도 다양하게 하려고 한다. 자율활동이나 특강, 체험활동도 다양하게 참여해 학생부를 다양하고 풍성하게 채우기 위해 노력한다. 학교의 분위기가 그런 점도 무시할수 없지만, 하나라도 더 활동을 한 학생이 그렇지 못한 경우보다 더 나은 평가를 받을 것이라고 생각하는 경향도 적지 않다.

하지만 다양한 경험이라고 해도 모두 일회성으로 참여하는 활동만 한다면 좋은 평가를 받을 수 없다. 그러한 활동에는 자기주도성이 없고 방관자와 같은 참여만 있을 뿐이다. 그러므로 왜 그와 같은 활동을 했는지에 대한 동기도 명확하지 않고, 그 활동을 통해 변화하고 성장한 모습을 알 수도 없다.

자신이 좋아하는 활동을 꾸준히 지속해야 한다. 활동 종류는 좀 부족하더라도 자신이 정말 좋아하는 활동을 하되, 자기가 공부하고 싶은 전공과 관련된 활동을 통해서 학교생활을 즐기고 보람을 찾을 수 있다면 더없이 좋을 것이다.

학생들은 다양한 경험을 쌓아야 한다는 부담 때문에 봉사활동과 동아리활동을 의무처럼 여기고 있는 것 같다. 물론 동아리활동이나 봉사활동을 모두 다 할 수 있으면 좋다. 그러나 둘 중의 하나라도 제대로 하는 게 더 효과적이라는 조언을 해 주고 싶다. 이곳저곳 기웃거리며 여러 가지 활동을 찔끔찔끔 하는 것보다 한 가지 활동을 진정성을 가지고 꾸준히 지속적으로 하는 것이 더 효과적이라는 것이다.

동아리활동이나 봉사활동을 하는 데는 동기가 중요하다. 동기가 뚜렷하지 않는 상태에서 남들이 하니까 나도 하고, 그렇지 않으면 대학에 가기 힘들 것 같다는 불안함 때문에 동아리활동이나 봉사활동을 한다면 차라리 하지 않는 것만 못한 결과를 가져올 수도 있다. 시간만 낭비하는 결과를 불러오기 때문이다. 차라리 그 시간에 교과성적을 올리고 궁금한 점을 파고드는 독서가 더 효과적인 대학입시 준비방법이다.

돋보기로 모은 빛이 종이를 태운다

다양한 경험을 갖는 것은 좋다. 맞는 말이다. 하지만 대학에서 공부하는 데 필요한 학업능력이 바탕에 깔려 있지 않은 상태에서는 아무 쓸모도 없다. 시간만 낭비하는 꼴이다. 백화점이 진열대나 뷔페 음식처럼 줄줄이 나열돼 있을 뿐인 활동은 대학으로부터 환영받지 못한다. 빛이 퍼지면 무지개처럼 아름답게 보이지만 종이나 나무를 태울 힘을 갖지 못한다. 그러나 그 빛이 한 곳으로 집중되면 아름답지는 않을지 몰라도 종이나 나무를 태울 힘을 갖는다.

대학은 누구를 선택할까? 당연히 종이를 태울 수 있는 에너지(학업능력)를 요구한다. 대학은 학문을 하는 곳이고, 학문을 하기 위한 강한 에너지를 필요로 하는 곳이다. 학문은 단순히 수박 겉핥기식 활동 경험으로는 따라가기 힘들다.

서울대에 합격한 한 학생은 영어 선생님이 되고 싶다는 희망을 가지고 있었다. 그 학생이 가장 먼저 집중한 것은 수업시간이었다. 수업을 받다가 의문이 생기면 영어로 질문을 했고, 영자신문 동아리에 가입해 영어 기사를 썼다. 물론 처음에는 어려움을 느꼈지만 선생님의 도움을 받으며 해결했다. 일주일에 기사 한 편을 쓰고, 한 달에 에세이 한 편을 쓰는 목표를 정해 실천했다. 친구들과 자율동아리를 만들어 영어로 토론하고 인터뷰하는 활동도 했다. 주말에는 인사동이나 고궁에 가서 영어 안내 자원봉사자로 활동했다. 축제 때는 영어 연극을 하기도 했다. 영어 실력을 쌓기 위해 수업, 자율동아리, 동아리 등 모두 영어와 관계된 활동을 한 것이다.

서울대는 '스펙이 많은 학생이 선발된다.'는 오해에 대해 다음과 같이 설명하고 있다.[61)]

"스펙이 많은 학생이 선발된다는 게 사실일까요?"

"단순히 여러 가지 활동 경험이 많다는 것으로는 긍정적인 평가를 하지 않습니다.

학생부종합전형에서 가장 중요하게 평가하는 것은 학생들이 학교생활에서 보여준 지속적인 노력과 역량입니다. 따라서 서울대학교에서 선발하고자 하는 인재는 학교 교육 내, 주어진 교육 기회 안에서 최선의 노력과 주도적인 열정을 보인 학생입니다. 교외 수상 실적은 평가에 반영하지 않으며, 학교 안에서 이루어지는 교과 활동과 교과 외 활동이 평가의 중심이 됩니다.

또한 교내 활동의 경우에도 단순히 결과의 양이나 실적을 평가하는 것이 아니라 활동 동기, 과정, 결과를 모두 종합적으로 평가하며 때로는 결과보다는 노력의 과정이 중요한 의미를 지니게 됩니다."

앞에서 이야기한 것처럼 서울대는 학교에서 보인 지속적인 노력과 역량을 중요하게 평가한다고 분명히 밝히고 있다. 지속적으로 할 수 없고 자신의 역량을 발전시키거나 충분히 발휘할 수 없는 활동이라면 다시 고려해야 할 것이다.

활동은 단순히 결과의 양이나 실적보다 동기와 과정, 그리고 결과를 종합적으로 평가하기 때문에 뚜렷한 동기기 필요하다. 왜 그런 활동을 했는가에 대한 질문에 충분히 대답을 할 수 있어야 한다. 그리고 어떻게 했는가에 대한 설명, 즉 활동 과정에서 학생 자신의 열정과 역량을 나타낼 수 있어야 한다. 그렇게 하기 위해서는 횟수보다 내용이 중요하다.

---

61) 서울대학교 입학본부, 《2018학년도 서울대학교 학생부종합전형안내》 p.36, 〈서울대 수시모집 평가의 이해〉 동영상 자료

학업활동도 내용이 중요하다

학업 관련 활동도 마찬가지다. 무조건 많은 수업이나 활동에 참여하는 것은 바람직하지 않다. 자신의 장래와 자신의 능력을 잘 고려하여 적정 수준의 활동을 선택해야 한다. 무조건 많은 활동을 한다고 해서 능력을 인정받는 것이 아니다. 몇 가지를 선정하더라도 제대로 하여 자신의 능력을 크게 신장시킬 수 있는 것이 더욱 좋은 선택이다. 깊이 있는 활동으로 학생 자신의 변화를 이끌어내는 활동이 제대로 된 활동이다.

학습과 관련된 심화수업에 대한 오해에서도 서울대는 다음과 같이 설명하고 있다.[62]

"심화학습 경험은 어떻게든 좋게 평가될까요?"

"학교생활 중 보다 깊이 있는 공부 방법을 찾다보면 어려운 교과목에 도전한다든가 탐구활동이나 연구활동 등의 기회가 있을 수 있습니다. 이러한 학습경험은 학교 교육과정의 학습활동을 바탕으로 이루어지며 이 과정을 통해 성장한 지원자의 학업능력을 평가에 고려합니다. 다만, 활동의 개수나 경험의 유무가 평가에 반영되는 것은 아닙니다. 서울대학교는 지속적으로 노력한 경험을 중시합니다.

보여주기 위한 외부 활동이나 실적을 남기기 위한 활동이 아니라 스스로 공부해나가는 과정에서 더 깊고 넓게 지식의 폭을 확장하려는 의지가 바탕이 되는 활동이어야 합니다. 주도적으로 획득한 지식을 활용하고 계발하는 활동의 과정이 의미가 있으며, 그 속에서

---

62) 서울대학교 입학본부, 《2018학년도 서울대학교 학생부종합전형안내》 p.35, 〈서울대 수시모집 평가의 이해〉 동영상 자료

보여주는 학습경험의 동기, 과정, 영향 등을 평가에 고려합니다."

심화수업의 경우에도 개수나 경험의 유무보다도 지속적으로 노력한 경험을 중시한다고 하였다. 학교에서 개설되는 모든 강좌를 다 수강하는 것은 보여주기 위한 활동이거나 실적을 남기기 위한 것으로 해석할 수밖에 없을 것이다. 자신의 학업능력과 진로를 위한 몇 과목을 선택하는 것이 오히려 자신의 학업능력을 신장시키는 데 적절하다. 대학은 단순하게 학생을 평가하지 않는다. 학생 이상의 눈으로 학생을 살핀다. 그러므로 지식을 확장해 나가려는 스스로의 의지가 바탕에 깔린 활동이 가치 있다. 그런 활동에서도 동기가 중요하고 과정이 중요하며, 그 학습활동을 통해 자신이 어떻게 변화했는지를 보여줄 수 있어야 한다.

모 여고에서는 1학년 때 같은 반이었던 친구들이 함께 모여 독서 동아리를 만들었다. 진로와 취향은 제각각 달랐지만 독서를 통해 학업능력을 키우자는 데 의견이 일치했기 때문이다. 그 학생들은 돌아가면서 책을 선정해 함께 읽고 토론했다. 한 학생이 책을 선정해 리드하면서 각자의 관점에서 책에 대한 비평을 하고 느낀 점을 이야기하면서 정리를 한 것이다. 이런 활동은 3학년 1학기까지 지속되었고, 그들을 지도한 교사와 담임교사는 그녀들의 활동 상황을 생활기록부에 기록했다. 꾸준히 그리고 지속적으로 독서활동을 하면서 학업 역량이 많이 성장했고, 다양한 분야의 독서를 통해 교양의 폭이 넓어진 것은 물론이다. 이 학생들은 모두 서울대에 지원해 대부분 1단계에서 합격하는 쾌거를 이루었다. 아쉽게도 합격에 대한 자신감이 부족했던 탓에 미처 면접 준비를 제대로 하지 못해 최종 합격에는 실패하였다.

서울대는 많은 스펙을 요구하지 않는다. 정성평가를 하기 때문에 해당 활동을 하게 된 동기가 중요하고, 과정을 중요하게 본다. 그리고 그 과정에 노력과 역량이 드러나야 한다. 따라서 다양한 활동을 하기 위해 애를 쓰기보다 현재 하고 있는 활동의 질을 높이는 데 역점을 둬야 한다. 활동을 위한 준비와 노력의 흔적이 보여야 한다. 즉 횟수가 아닌 내용이 중요하다. 그런 활동을 통해 학생이 가지고 있는 다양한 능력과 가능성을 평가하고자 하기 때문이다.

전공분야와의 관련성도 중요하다. 하지만 그렇지 않더라도 열정, 노력, 역량을 보여 주는 활동이라면 충분하다. 중요한 것은 활동 횟수와 경험의 유무가 아니라 내용이다.

교사를 인생의 상담자로 삼아라

몇 년 전 서울대 합격자들을 대상으로 교사와의 관계를 조사한 적이 있었다. 그 결과 대부분의 학생들은 고교시절 교사와 돈독한 관계를 맺고 있었다고 답했다. 교사를 단순히 지식 전달자가 아니라 때로는 멘토로, 때로는 인생 상담자로서 부모와 같은 의미를 부여하고 있었다.

양현과 이현지가 쓴 『서울대 합격자 100인의 학생부종합전형』에서 학생부종합전형을 준비하는 동안 가장 큰 도움을 받았던 사람은 교사로, 56%를 차지하고 있다. 부모님 18%, 선배 10%, 학원 강사 6%였다. 또 같은 책에서는 학생들이 가지고 있는 5가지 습관을 요약하고 있는데, 그 습관 중 하나가 교사로부터 도움을 이끌어낸다는 것이다.

학생이 원한다면 선생님은 언제든 기꺼이 조언을 해 준다. 깊은 인간적인 유대를 맺으며 학생과 공감을 나누고 고민거리를 들어준다. 그리고 학생에 대해 객관적인 평가와 기대감을 학교생활기록부에 기록하는 존재이기도 하다.

교사는 멘토이자 상담자다

성적 숫자로 대학을 가던 시절, 교사의 역할은 문제풀이 방법을 알려주는 것에 그쳤다. 물론 수업은 교과 지식을 전달하는 일이지만 실제로는 수능시험에 출제될 예상문제를 푸는 요령을 가르치는 일이었다. 따라서 대학입시에서 교사는 학원 강사나 인터넷 강의를 하는 강사보다도 영향력이 적었다. 그저 학생들을 격려하고 도와주는 역할을 하는 정도였다. 그마저도 사교육이 주도권을 잡고 있던 배치표의 영향력으로부터 벗어날 수 없었기 때문에 일정한 한계가 있었다.

그러나 대학입시가 학생부종합전형으로 전환되면서 선생님들의 역할과 영향력도 크게 달라졌다. 수업시간에 학생을 가르치는 것(teaching)에서 배우는 학생들을 돕는 코치나 멘토의 역할로 바뀌고 있고, 선생님이 중심이 돼 가르치는 수업에서 학생이 중심이 되어 스스로 배우는 것(learning)으로 변하고 있다. 학생들 스스로 배우는 것을 강조하는 학생부종합전형이 그렇게 만들고 있는 것이다. 따라서 학생들은 수업시간을 통해 학업적 성취에 노력을 기울여 성장하는 과정을 보여줄 수 있어야 하고, 선생님은 학생들의 성장 과정을 기록하고 평가하고 격려하고 긍정적으로 피드백을 해야 한다.

대학입시가 학생부종합전형으로 전환되면서 선생님들이 더 많은 업무 부담을 가지게 된 것은 사실이다. 그럼에도 학생들이 더 발전할 수 있도록 수업을 계획하고 학생들에게 더 많은 참여 기회를 주기 위해 노력하는 분들이 많다. 단순히 교과 지식을 전수하는 원맨쇼 수업에서 이제는 한 걸음 옆으로 물러나 학생들의 요청이 있을 때 도움을 주는 선생님과 수업도 생겨났다. 이제는 선생님이 지식을 가르치는 교수자를 넘어 멘토이자 인생의 상담자가 된 것이다.

선생님을 어려워하거나 거리를 두려고 해서는 안 된다. 찾아오는 학생을 뿌리칠 선생님은 아무도 없다. 처해 있는 여건 때문에 전체 학생을 도와주지는 못해도 찾아오는 학생을 냉정하게 내치는 선생님은 거의 없다. 선생님을 찾아가자. 마음을 열고 의견을 구하자. 부모님에게는 차마 할 수 없었던 고민도 함께 이야기할 수 있다. 비밀이 샐 것이라고 걱정하지 말라. 업무 부담으로 인해 기대만큼 만족스럽지 못할 수도 있지만 그래도 선생님은 학생이 한 말과 요구를 꼭 기억한다. 내가 경험했다. 선생님은 학생들이 행복하기를 바라고, 그래서 아이들의 일거수일투족에 관심을 갖고 있다. 그러니 어려워하지 말라. 학생이 거리를 두면 선생님도 거리를 둘 수밖에 없다. 용기를 가져라. 선생님은 무서운 사람이 아니다. 학생을 위해 존재하는 사람이다.

1학년 담임을 할 때 우리 반에 I라는 학생이 있었다. 문학을 좋아했고 장차 작가가 되고 싶다는 꿈을 가진 학생이었다. 문제는 형이 서울대 법대를 졸업한 검사였고, 부모님도 I에게 형과 같은 길을 기대하고 있다는 것이다. I는 그런 부모님의 기대에 큰 부담감을 느끼고 내게 도움을 요청했다. 나도 최선을 다해 그를 도왔다. 그가 꿈을 실현할 수 있도록 조언을 했고, 부모님으로부터 받는 억압성 스트레스를 잘 극복할 수 있도록 상담도 자주 했다. 부모님과 상담을 할 때에는 그의 입장에 서서 이해를 구했다. I는 열심히 공부하면서 학교생활에도 잘 적응했다. 작가가 되고 싶다는 꿈을 실현하기 위해 가고 싶은 대학도 정했다. 그러는 사이 2학년으로 진급을 하게 되었다. I는 내게 2학년 담임이 되면 좋겠다고 했지만 내가 맡은 과목은 1학년이어서 어쩔 수 없이 반이 바뀌게 되었다.

종업식 날 종례를 마치고 교무실로 내려오는데 I가 따라오며 울었다. "선생님 이제 저는 어떻게 하나요? 지금까지 선생님이 저를 지켜 주셨는데 이제는 누가 저를 지켜주나요?" I를 안아주며 함께 눈물을 흘렸다.

2학년으로 진급한 I는 1학년 때처럼 활기차게 보이지는 않았지만, 그럼에도 나와 약속했던 것처럼 작가로 성공하겠다는 의지만은 잃지 않았다. 나 역시 그를 만날 때마다 격려를 아끼지 않았고 용기를 북돋아주고자 노력했다. 결국 I는 부모의 기대와 달리 자신이 원하는 길을 찾아서 국문과로 대학을 갔다.

자신의 모든 것을 알리고 도움을 요청하라

1990년대 초 서울로 발령을 받아서 1학년 담임을 맡았을 때는 모든 아이들이 학교에 남아 야간 자율학습을 하던 시절이었다. 나는 일주일에 한 번씩 자율학습 감독을 했는데, 어느 날 조금 허름한 차림을 한 아주머니 한 분이 교무실로 들어오셨다. 그분은 나를 보고는 "배 선생님 아니세요?"라고 인사를 했다. 처음 뵙는 분이라서 의아하게 생각하며 엉겁결에 "네!"라고 대답을 하자, 그분은 아주 반가워하시며 검은 비닐봉지를 내밀었다. 봉지 속에는 하얀 스티로폼 받침 위에 쑥떡 몇 개가 랩으로 정갈하게 포장돼 놓여 있었다.

"선생님 이것 좀 잡수세요. 쑥떡인데, 오늘 선생님이 자율학습 감독이시란 말씀을 듣고, 어제 제가 수락산에서 쑥을 뜯어다가 만들었어요. 선생님께 드리고 싶어서요. 보잘 것 없는 거라서 선생님이 혼자 계실 때 왔는데, 따뜻할 때 드세요. 선생님께 아주 감사드리고 싶어요."

"네, 감사합니다만 그런데 제가 무슨 일을 했다고 이렇게까지 하셨어요."

그분이 말했다.

"저는 김OO 학생 엄마예요. 아버지는 안계시고, 나라에서 주는 임대아파트에 살고 있어요. 저희는 교회에서 피아노 반주를 하고 받는 돈으로 생활하고 있습니다. 그런데 우리 애가 고등학교 올라가더니 갑자기 공부를 하기 시작했어요. 자기도 충분히 원하는 대학에 갈 수 있다고 하면서. 매일 새벽까지 공부하는 거 같아요. 보통 4시까지 공부를 한다고 하더군요. 우리 애가 선생님을 만나고부터 공부를 하고 싶어졌대요. 자신도 충분히 가능성이 있다고 믿게되었으며, 꼭 갈 수 있다고 생각하면 굉장히 행복하대요. 그 모습을 보는 저는 너무 행복했고 선생님을 꼭 한번 찾아뵙고 싶었어요."

나는 아직도 그 어머니의 모습을 기억한다. 그분이 교무실로 들어오시던 모습과 말씀을 또렷이 기억하고, 그 기억을 떠올릴 때마다 행복하다. 그리고 자신의 미래에 대한 믿음을 갖고 잠을 미뤄가며 공부하던 그 아이도 기억난다. 편모슬하의 불우한 환경에서도 밝게 살려고 애를 썼던 아이였다. 1학년 때에 반에서 중위권이었던 그 아이는 열심히 노력한 결실을 거둬 자기처럼 어려운 사람을 돕겠다며 Y대 신학과에 진학했다. 서울대에는 신학과가 없어서 Y대를 간 것이다.

다른 한 아이는 1학년 때 반장을 하던 I였다. 아버지는 장교로 군대에 근무하고 있었는데, 재혼을 해서 새어머니와 함께 살았다. 어느 날 I의 새어머니가 학교로 찾아와서 나와 상담을 했다. 그분은 아이가 처해 있는 가정환경에 대해 이야기하며 아이와 좋은 관계를 맺으며 잘 지내고 싶다고 했다. 아이를 친아들처럼 생각하고 있으며, 아이 역시 잘 받아들이고 있는 것 같다는 말도 했다. 그리고는 아이가 서울대에 가고 싶어 한다면서 선생님이 잘 도와주셨으면 한다고 부탁했다.

나는 I의 가정환경에 대해 잘 알게 되었고, 새어머니의 부탁을 듣고 나자 더욱 각별하게 신경을 쓸 수밖에 없었다. 주의를 기울여 매사를 살피고, 혹시라도 상처를 입지 않도록 그의 의견을 존중하면서 많은 대화를 나눴다. 그리고 그가 가진 생각을 부모님께 전달해 서로 이해하는 데 도움을 주고자 했다. I는 결국 서울대에 합격했다. 몇 년 전에 만났을 때는 박사과정을 밟고 있다는 이야기도 들었다.

특성화고에 다니고 있던 한 여학생도 교사와 좋은 관계를 맺어 도움을 받은 경우에 속한다. 그녀는 자신의 꿈을 실현하기 위해 자율동아리를 조직하고, 그 동아리를 지도해 줄 선생님을 찾아가 부탁을 했다. 그리고 1학년 때부터 꾸준히 동아리활동을 하면서 최소 한 달에 두 번은 담당 선생님을 찾아가 그동안 했던 동아리활동에 대한 보고서와 결과물들을 보여드리고 조언을 받았다. 어차피 어떤 분이든 한 선생님으로부터 지도를 받아야 하고 추천서를 받아야 하는데, 자신에 대해 잘 모르고 자기가 어떤 꿈을 가지고 어떻게 노력하는지 잘 알지 못하면 추천서도 제대로 써주실 수 없다고 생각했기 때문이다. 그리고 자신이 아무리 잘하더라도 선생님의 도움을 받지 못하면 더 발전할 수 없다는 판단도 있었다.

그 여학생은 3학년에 올라가 수시전형에 지원을 할 때, 그동안 담당 선생님과 함께 이야기를 나누고 피드백을 받았던 내용을 중심으로 자기소개서와 추천서를 작성할 수 있었다. 그리고 원하던 대학, 원하던 학과에 합격했다.

꿈이 있다면 선생님과 대화하고 의견을 교환하면서 그 꿈을 키우자. 특별한 꿈을 가지고 있지 않다고 하더라도 고민을 털어놓으며 대화하는 관계를 맺자. 진로 문제, 학업 문제 등 숨길 것은 없다. 한 번 찾아가는 것으로 끝내지 말라. 꾸준한 관계를 유지하도록 애를 써보자. 그 선생님이 나에 대해 잘 알 수 있도록 하자. 그리고 자신이 결정한 것, 자신이 희망하는 것, 자신의 진로 등에 대해서 조언을 구해보자. 그리고 선생님의 경험을 통해서 인생을 설계하고 싶다고 조언을 구해보자. 그 선생님은 반드시 도움을 줄 것이다.

담임교사와 정기적으로 소통하면서 자신이 가지고 있는 꿈과 꿈을 이루기 위해 노력하는 과정들에 대해 이야기하고 상의하자. 그리고 더 나은 길을 모색하자. 동아리 담당교사와도 정기적으로 만나 소통하자. 동아리 활동에서 자신이 맡아 진행하고 일들에 대해 말씀드리고 성취한 결과물을 알리자. 그리고 새로운 조언을 구하자. 자율동아리 담당 선생님께도 같은 방법으로 조언을 구하자. 교사는 학생에 대해 잘 알게 되었을 때 더 자세하게 관찰하게 되고, 학교생활기록부에 더 구체적으로 자세히 기록할 수 있으며, 더 잘 이해하면서 지도할 수 있다.

교사는 학생을 위해 존재한다. 그들의 피에는 학생들의 마음이 흐른다. 교사끼리 이런 말을 하곤 한다. "학생들의 성장과 발전은 담임의 눈물과 심장 쪼그라듦에 비례하는 것"이라고. 교사의 인생은 자신도 모르게 학생을 위한 삶으로 구성되어진다. 언젠가 코카콜라 사장이 "내 피는 코카콜라가 흐른다."고 한 것처럼 교사의 몸속에는 학생을 생각하는 마음의 피가 흐른다.

자신의 약점은 최고의 강점이 되는 전략이다

사람은 누구에게나 흠결이 있다. 그리고 그 흠결은 약점일 될 수도 있고 강점이 될 수도 있다. 즉 자신이 가진 흠결을 잘 활용할 수 있다면 원하는 대학에 진학하거나 사회적 성공에 도움이 된다. 자신이 가진 가장 큰 약점이 대학 진학에서는 가장 큰 장점으로 작용할 수도 있다는 것이다. 서울대가 특히 그렇다. 입학사정관은 학생이 자신의 약점을 어떻게 극복했는지에 대해 궁금해 하고 큰 관심을 가지고 있기 때문이다. 특히 학업에서 약점을 가지고 있었다면, 그 약점을 극복하는 과정이 하나의 감동적인 스토리로서 자기소개서의 좋은 재료가 될 것이고 좋은 평가를 받을 수 있다.

그러니 자신의 약점을 충분히 활용할 생각을 하라. 자신이 가지고 있는 약점 때문에 낙심하지 말라. 그럴 시간이 없다. 약점 없는 사람은 없다.

흠집이 있는 보석

한 보석상이 해외여행을 하다가 진귀한 보석을 발견했다. 값이 엄청나게 비싸서 망설이던 보석상은 더 큰 이익을 올릴 수 있을 것이라고 판단하고 결국 그 보석을 구입했다. 집으로 돌아온 상인은 보석을 들여다보며 새삼 감탄을 했다. 너무나도 아름다운 보석이었다. 그러나 한참을 보석을 이리저리 들여다보던 보석상은 깜짝 놀랐다. 그동안 보지 못했던 흠집을 발견했기 때문이다. 흠집이 있는 보석은 가치가 크게 떨어질 수밖에 없었다. 보석감정사들 역시 그 흠집 때문에 보석의 가치가 크게 떨어졌다고 했다.

보석상은 고민에 빠졌다. 큰 손해를 볼 수밖에 없었기 때문이다. 보석상은 어떻게 하면 손해를 줄일 수 있을까 고민하며 연구했다. 처음에는 흠집이 보이지 않도록 감출 수 있는 방법을 찾았다. 하지만 바로 들통이 날 것이 빤했다. 흠집이 난 면을 깎아내도 가치가 많이 떨어지게 되므로 선뜻 결정할 수 없었다.

이럴 수도 저럴 수도 없어 며칠을 고민하던 보석상은 바꿔서 생각을 하기 시작했다. 그 흠집을 받아들이고, 더 나아가 이용할 수 있는 방법은 없을까? 하는 생각이었다. 매일같이 보석의 흠을 들여다보면서 어떻게 하면 그 흠집을 더 가치 있는 것으로 활용할 수 있을지 생각했다. 보석에 생긴 흠집을 최대한 자연스럽게 보이도록 활용해보자는 생각을 하게 된 것이다.

며칠 동안 머리를 싸매고 연구를 하던 보석상은 그 흠집을 이용해 장미꽃을 조각하자는 아이디어를 떠올렸다. 값비싼 보석에 칼을 들이대 조각을 하는 건 쉽지 않은 일이다. 보석상은 보석 세공 분야에서 최고 전문가를 찾아 자신이 원하는 장미꽃 조각을 맡겼다.

장미꽃 조각이 완성되자 사람들은 아름다운 보석의 모습에 감탄을 금치 못했다. 보석이 원래 가지고 있던 가치보다 더욱 크게 올라간 것은 물론이다.

보석상은 보석의 가치를 떨어뜨리는 흠집을 이용해 더 높은 가치를 지닌 보석으로 재탄생시켰다. 같은 흠집이라도 그 흠집을 어떤 시각으로 보고 활용하느냐에 따라 가치가 크게 달라졌다. 우리는 여기서 보석상 주인이 흠집을 감추는 데 급급하지 않았다는 점을 기억해야 한다. 보석의 흠집을 감추려고 애쓰는 대신 흠집을 강점으로 바꾸었다는 것을 기억해야 한다. 애초에 흠집이 없었더라면 그 보석은 원래 가지고 있었던 가치 이상을 갖지 못했을 것이다. 흠집이 있었기 때문에 보석상은 고민하고 연구해서 오히려 더 큰 가치를 창출할 수 있었다.

자신의 약점이 최고의 강점이다

지금 이 책을 읽고 있을 학부모의 자녀, 그리고 직접 읽고 있는 학생들은 모두 보석이다. 약간의 흠결을 지니고 있는 살아 숨 쉬는 보석이다. 누구든 다 가지고 있는 흠결을 그들은 가지고 있다. 그 흠결에만 집중한다면 그 보석들은 가치가 떨어진다. 그러나 또 다른 아름다움으로 승화시킬 수 있다면 몇 배의 가치를 가진 보석으로 재탄생할 것이다.

자녀를 원하는 대학에 보내고 싶은 부모라면 자녀가 가지고 있는 흠결을 약점으로만 보고 실망하지 말아야 한다. 또한 그 흠결을 제거해 평범한 보석으로 만들려고 하지 말아야 한다. 오히려 새로운 가치 창출을 위한 도구로 활용해야 한다.

아이가 가지고 있는 약점은 어떻게 대응하고 극복하느냐에 따라 최고의 강점으로 바뀔 수 있다. 학생부종합전형에서 약점을 극복해 낸 스토리는 학업능력이나 학업태도, 소양의 측면에서 대단히 좋은 평가를 받을 수 있는 재료기 때문이다.

사람마다 가지고 있는 약점은 제각기 다 다르다. 어떤 학생은 성적이 약점일 수 있고, 어떤 학생은 성격이 약점일 수 있다. 그런 약점이 오히려 강점으로 바꾸는 기회를 제공할 수 있다. 약점은 고정불변의 것이 아니다. 그 약점을 극복하기 위해 노력한다면, 그 자체가 훌륭한 태도를 보여주는 것이고 열정을 드러내는 것이다. 수학에 약점을 보이는 학생은 최선의 노력을 다해 그 약점을 극복함으로써 최고의 평가를 얻을 수 있다. 다른 과목도 마찬가지이다.

박지성은 축구선수로서 많은 약점을 가지고 있었다. 신체적으로 불리한 조건을 가지고 있었으므로 초등학교 6학년 때 차범근 축구상을 받았음에도 유망주로 평가받지 못했다. 체격은 왜소하고 게다가 축구선수로서는 치명적인 평발이었다. 하지만 박지성은 포기하지 않고 약점을 극복하기 위해 온힘을 다했다. 일기에 축구전술을 쓰며 연구하고 반드시 국가대표가 되겠다는 열망을 불태웠다. 화려하지는 않았지만 꾸준히 성장했다. 그리고 2002 한일월드컵을 통해 화려하게 비상했다. 박지성이 맨유 시절 '두 개의 심장을 가진 선수'라 불리며 성가를 높일 수 있었던 것은 그가 자신의 약점을 극복하기 위해 얼마나 자신을 채찍질했는지 보여준다.

어린 박지성이 유망주로서 칭찬을 받으며 승승장구했더라면 그렇게 큰 성공을 거둘 수 있었을까? 박지성보다 더 뛰어난 신체조건과 재능을 가진 선수들은 수도 없이 많았다. 박지성은 오히려 약점을 가지고 있었고, 그 약점을 극복해 국가대표가 되겠다는 열망과 뼈를 깎는 노력을 했기 때문에 더 큰 성공을 거둘 수 있었던 것이다.

내게는 미국 동부에 살고 있는 외조카가 하나 있다. 그녀는 수석으로 고등학교 졸업하고, 대통령상을 받았다. 졸업식 연설을 하고 그 연설문이 한인 신문에 실리기도 했다. 그녀가 얻은 성적은 과거에 없었을 정도로 뛰어났다고 하는데, 사실 처음부터 그렇게 공부를 잘했던 것은 아니었다.

조카가 미국으로 이민을 간 것은 초등학교 5학년 때였다. 공립학교에 들어간 그녀는 당연히 적응하기가 쉽지 않았다. 영어를 잘 모르니 수업을 따라갈 수가 없었고, 다른 학생들과 대화를 나누는 것도 힘들었다. 친구들과 이야기를 나눌 수 있고, 수업을 따라갈 정도만 되었으면 좋겠다는 게 그녀의 소망이었다. 그런 소망을 가지고 열심히 공부했다. 그러다 보니 차츰 공부가 쉬워졌고 성적도 좋아졌다. 그러면서 친구들도 생겼다. 성적이 좋아지자 다른 욕심이 생겼다. 좋은 성적으로 졸업하고 싶다는 욕심이었다. 한 과목에서 우수한 성적을 거두기 시작하면서 자신감을 얻었고, 곧 다른 과목에서도 우수한 성적을 거둘 수 있게 되었다. 그러면서 전교 1등을 하고 싶다는 욕심이 생겼다. 그리고 이를 악물고 노력했다. 결국 그녀는 수석으로 고등학교를 졸업하고 미국의 유명한 대학으로부터 합격증을 받았다.

만약 그녀가 영어를 아주 잘했다면 그렇게 열심히 공부하게 되었을까? 그녀는 아니라고 대답했다. 영어에 약점이 있었기에 그 약점을 극복하고자 모질게 마음먹고 공부를 했다는 것이다. 그러면서 공부에 재미를 느끼게 되고, 그런 동력을 바탕으로 더욱 열심히 공부를 하게 되는 선순환이 이루어졌다는 것이다.

약점이 없는 사람은 거의 없다. 그리고 그 약점으로 인해 인생에서 발목을 잡히는 경우가 많다. 반대로 그 약점을 극복하기 위해 새로운 도전에 나서고 새로운 삶을 개척하는 사람 역시 많다. 이것은 자신이 가지고 있는 약점을 어떻게 인식하느냐에 달려 있음을 의미한다.

대부분의 학생들은 수학에 약점을 보인다. 많은 학생들은 그런 약점 극복을 어려워한다. 시간도 많이 걸린다. 하지만 포기한다면 원하는 대학을 포기한다는 것과 같다. 수학 성적이 나빠서 포기하게 되는 것이 아니다. 약점을 극복하고자 하는 의지와 노력의 부족, 간절한 열망이 부족하기 때문이다. 하지만 있는 힘을 다해 수학을 극복한다면 자신감을 가질 수 있게 됨으로써 다른 과목에서도 성과를 올릴 수 있게 된다. 약점을 극복한 사례로 좋은 평가를 받을 수 있음은 물론이다.

약점만 보면서 한탄하지만 말라. 약점은 발전을 위한 동력이다. 오히려 다른 사람보다 더 노력하라는 신호이다. 그리고 성공을 거둬들일 수 있는 단초가 될 것이다. 그렇게 믿어라. 약점을 미워하지 말고 감사함으로 받아들이자. 그것을 극복할 수 있는 기회를 얻었음에 감사하고 힘에 감사하고 극복할 수 있다고 믿자. 그리고 노력하자. 충분히 극복할 수 있다.

약점에 초점을 맞추지 말라. 약점을 보완할 수 있는 강점을 찾아라. 흠집을 이용해 보석에 장미꽃을 조각한 보석상을 생각하라. 여러분도 여러분의 자녀도 그렇게 할 수 있다. 자신이 가지고 있는 약점을 정확하고 냉정하게 파악하라. 그러면 그 약점을 어떻게 활용할 수 있는지 영감이 떠오를 것이다. 그 영감을 따라 노력하면 그 약점은 강점으로 전환된다. 또 하나의 강점을 추가하는 것이다.

독서는 서울대 합격의 필수요소이자 성공의 도구이다

"독서는 정신적으로 충실한 사람을 만든다. 사색은 사려 깊은 사람을 만든다. 그리고 논술은 확실한 사람을 만든다." 벤자민 프랭클린의 말이다.

서울대가 매우 중요하게 여기는 것 중 하나는 바로 독서다. 독서를 통해 사고의 폭과 깊이를 키워온 인재를 기다린다. 자기소개서 항목에도 독서가 포함되어 있다. 자신의 인생에 영향을 끼친 3권의 책에 대해 써야 한다. 서울대에 가고 싶은가? 그렇다면 독서는 필수다.

독서는 학업 역량을 측정하는 자료가 된다. 어떤 분야에 관심을 가지고 있고, 어느 정도로 노력을 하고 있으며, 어느 정도 깊이의 지식을 가지고 있는지 확인할 수 있는 자료이다. 독서활동 상황을 보면 지원자가 가지고 있는 역량의 전체적인 윤곽을 그려볼 수도 있다. 서울 K대학의 입학전담 J교수는 독서활동 상황만 보고도 1단계 합격 여부를 결정할 수 있다고 했다. 그만큼 독서는 대학에서 중요하다. 모든 공부의 기초이자 대학생활의 기본 소양이 바로 독서다.

독서는 서울대로 가는 가장 중요한 관문

2016년 12월 27일자 〈대학저널〉에는 두 자녀를 서울대에 합격시킨 권진희 씨의 인터뷰 기사가 실렸다. (http://www.dhnews.co.kr/news/

그녀는 인터뷰를 통해 "독서·운동·예절이 명문대 진학의 기초가 됩니다."라고 말했는데, 그중에서도 독서가 가장 중요하고, '평범한 것을 꾸준히 실천한 것이 비결'이라고 밝혔다. 그 기사의 내용은 다음과 같다.

"첫째 아이가 초등학교 3~4학년일 때 다른 아이들보다 선행학습이 되지 않아 수학 문제를 틀린 적이 있습니다. 그때 제가 택한 길은 똑같은 선행학습이 아닌 독서였습니다." 이후 권 씨는 종로 교보문고에 들러 오전 내내 아이와 함께 책을 읽었다. 마치 슈퍼마켓이나 시장에서 좋은 물건을 고르듯 아이에게 도움이 될 만한 좋은 책들을 골라줬다. 그 다음으로 찾은 곳은 도서관이었다. 인근 어린이 도서관에는 한 세트에 수십 권이나 되는 교원 책 등을 손쉽게 대여할 수 있는 장점이 있다고 권 씨는 설명했다. 그렇게 오랜 시간 자녀들과 함께 책을 읽으며 독서하는 습관을 길러줬다.권 씨는 단순히 자녀들과 책을 읽는 것에만 그치지 않는다. 아이가 독서를 하는 것에 꾸준히 관심을 보이며 공감대를 형성해나갔다. 자녀가 영어책을 읽으면 책의 핵심이 무엇인지, 어떤 내용이 담겨 있는지 물으며 관심을 보임으로써 흥미를 유도했다. 자녀가 시에 대한 개념이 없을 때 함께 산책을 하면서 시를 짓는 등 창의력을 길러주는 데에도 관심을 기울였다. 이렇듯 꾸준한 독서는 자녀들이 공부에 흥미를 갖고 지식을 쌓게 해주는 원동력이 됐다. 특히 첫째 아이는 해외에 한 번도 가지 않고도 영어를 자유롭게 구사할 수 있는 능력을 갖추게 됐다고 권 씨는 설명했다.

내가 담임을 맡았던 L은 서울대 건축학과에 진학했는데, 공무원인 아버지와 전업주부인 어머니 사이에서 태어난 장남이었다. 자기 방이 없어서 베란다를 공부방으로 썼던 그 아이가 공부를 잘하게 된 연유는 이렇다.

초등학생이었던 L이 하도 질문을 많이 하자 어머니는 대답을 해 주기에도 벅찼다고 한다. 그러다가 초등학교 5학년이 되자 질문 수준이 어려워져 답을 해 줄 수 없게 된 어머니는 학생용 백과사전을 한 질 구입해 L이 질문을 하면 이렇게 말했다.

"아들은 그게 궁금하구나. 그런데 엄마는 아들의 질문을 잘 모르겠어. 하지만 이 백과사전에는 아주 잘 설명이 되어 있어. 함께 볼까?"

이렇게 어머니가 백과사전에서 지식을 얻는 즐거움을 찾도록 도와 준 뒤부터 L은 혼자서 백과사전을 장난감 삼아 공부하는 것을 즐기게 되었다. 그리고 사교육 한번 받지 않은 상태에서 서울대에 합격했다.

모든 학부모들은 자녀가 서울대는 물론 좋은 대학에 진학하기를 원한다. 그리고 목표를 달성하기 위해 여러 가지 방법을 모색한다. 하지만 권 씨처럼 독서를 우선적인 요소로 생각하는 이들은 그렇게 많지 않다. 그저 책을 많이 읽으면 좋겠다는 생각 정도는 하지만 눈앞의 성적에 급급해 부차적인 요소로 생각해버린다. 과거 학생부종합전형으로 대학입시가 바뀌기 전에는 학교에서 책을 읽으면 야단을 맞기까지 했다. 하지만 지금은 완전히 바뀌었다. 오히려 독서를 하도록 강조하고 있다. 책을 읽을 수 있는 분위기는 이미 만들어져 있다. 책은 성인들뿐 아니라 학생들에게도 새로운 기회를 제공한다. 지식, 인간관계, 논리력 등 말할 수 없이 많은 도구를 제공하고 사고할 수 있는 바탕이 된다.

서울대 입학본부장을 지낸 권오현 교수는 이렇게 말했다.

"독서하는 습관을 가진 학생들이 입시에서 좋은 성적을 거둔다. 독서는 학교 공부의 기초이며 대학인의 기본 소양이다. 서울대는 자기주도적 탐구과정에서 자연스럽게 행해진 독서를 높이 평가한다. 독서를 강조하는 이유는, 독서를 통해 얻은 지식을 학교 공부와 연결해 지적 경험의 깊이를 더해가는 자기주도적 학교생활이 중요하기 때문이다."

독서는 인생에서 성공한 사람을 만든다

모든 백만장자들은 독서를 통한 배움을 중요하게 생각하는 사람들이다. 그들은 책을 읽고 논문을 읽고 돈을 내면서 세미나에 참석한다. 『독서왕이 성공한다』의 저자 버니스 컬리넌은 독서에 대해서 이렇게 말했다.

"성공한 사람들의 비결은 책을 읽는 것이며, 누구보다 더 많이 읽는 것입니다."

크게 성공한 사람들은 대부분 독서광이다. 빌 게이츠는 매일 밤 한 시간씩, 주말에는 두 시간씩 책을 읽는다. 출장을 갈 때에도 반드시 책을 챙긴다고 한다. 나폴레옹은 전쟁터에 나가 말 위에 앉아서도 책을 읽었다. 그렇게 독서를 통해 쌓은 풍부한 학식과 교양, 예술적인 소양으로 괴테와 베토벤을 매료시켰다고 한다.

책을 읽는 데 부족한 것은 시간이 아니라 의지다. 내 경험도 그렇다. 의지가 약해 너무 쉽게 무너지기 때문에 책을 읽지 않는다. 헨리 데이비드 소로우는 이렇게 말했다.

"한 권의 책을 읽음으로써 자신의 삶에서 새 시대를 본 사람이 너무나도 많다."

헨리 코헨은 이렇게 말했다.

"지속적인 자기계발이 없으면 현재의 당신이 미래의 당신이 될 것이고, 당신이 될 수도 있었던 사람과 당신 자신이 비교될 때, 고통은 시작된다."

괴테는 "지금 네 곁에 있는 사람, 네가 자주 가는 곳, 네가 읽는 책들이 너를 말해준다."라고 하였다.

세계에서 가장 바쁜 사람 중 하나인 미국의 대통령들도 책을 많이 읽는다고 한다. 부시대통령이 2006년에 읽은 책이 95권이었다고 하니 놀라지 않을 수 없다.

아시아나항공 전임강사로 활동 중인 김상경은 『절대영감』을 통해 독서의 중요성에 대해 강조한다. 그는 '절대영감의 법칙 2'에서, 자기 스스로 인재가 되는 방법으로 독서를 권하고 있다.

독서는 습관만 되면 행복과 즐거움을 주지만 자기 인생의 비전이 명확해야만 습관화 될 수 있다고 하였다. 또한 책은 새로운 기회가 들어 있는 선물상자이며, 꿈을 이루게 하는 인생 멘토라 하였다. 독서는 미래를 준비하는 첫걸음이자 경쟁력의 원천이다. 독서는 자기 자신을 마케팅하는 출발점이자 자기 PR의 기초이며, 자신의 삶에 효율성을 선물한다고 하였다.

독서는 고등학생들에게도 이러한 가치를 선물로 준다. 서울대라는 명확한 비전이 있다면 더욱 많은 책을 읽어야 한다. 책을 통해 학업능력을 키우고, 새로운 관점을 갖게 되고, 시대의 흐름을 읽으면서 새로운 기회가 들어 있는 선물상자를 열어볼 수 있을 것이다.

책은 인생 멘토가 되어 준다. 머릿속에 지식을 채워주고, 판단력을 키워주고, 무엇을 어떻게 해야 할 것인지 알려준다. 독서를 통해 문장을 이해하는 능력이 신장되기 때문에 직접적으로 공부에 큰 도움을 받을 수 있는 면도 있다. 또한 독서는 최고의 글쓰기 선생이기도 하다. 독서를 통해 자연스럽게 글의 구조를 습득하게 되고, 이런 글쓰기 능력을 바탕으로 현실적으로 대학입시를 위한 자기소개서 작성에서도 큰 도움을 받을 수 있으며, 나를 PR하고 마케팅하는 출발점이기도 하다. 그동안 읽었던 책의 양과 질을 보여줌으로써 자신의 경쟁력, 즉 학업능력을 보여줄 수 있기 때문이다. 그러나 책을 읽는 시간을 내기 위해서는 학과 공부를 좀 더 효율적으로 해야 한다는 점을 명심해야 한다.

어느 연구에 의하면 성공한 사람들 중 86%가 책을 좋아한다는 결과가 나왔다고 한다. 예일대에서 '건강과 은퇴 연구 프로그램'에 참여한 3,600여 명을 대상으로 12년간 독서 습관을 추적 조사한 결과를 보면, "하루에 30분 이상 종이책을 읽었던 사람은 사망 위험이 20%가 감소하였다."는 결과가 나왔다. 이 연구팀의 예일대 전염병학과 베카 레비 교수는 "독서가 기분이나 수면 향상에 도움이 되고 치매나 인지력 저하를 늦춘다는 과거 연구 결과가 있었지만 이번 연구에서는 독서가 전반적인 신체 건강에도 도움이 되며 장수하는 삶을 이끄는 것으로 나타났다."면서 독서의 긍정적인 면을 밝히고 있다.

독서로 키운 전문 역량은 합격과 성공을 가져온다

지식은 가장 안전한 자산으로 아무도 훔쳐가지 못한다. 『하버드

새벽 4시반』이란 책에 나오는 포드자동차의 예에서 지식의 힘을 알 수 있다.

포드자동차에서 개발한 모터에 문제가 생겼다. 자체적으로 문제를 해결하지 못한 포드는 당시 최고의 전기 공학자였던 찰스 스타인메츠Charles Steinmetz에게 문제해결을 부탁했다. 모터를 살펴본 스타인메츠는 회로 기판을 가져와 선을 하나 그린 다음 이렇게 말했다. "이 선이 끊어졌군요. 다시 연결하면 괜찮을 겁니다."

그 선을 연결하자 모터는 정상적으로 작동했다.

스타인메츠가 수리비로 청구한 돈은 1만 달러였다. 깜짝 놀란 포드의 기술자들이 불평을 하자 그는 청구서에 이렇게 썼다. "선을 그린 가격 1달러, 어디를 고쳐야 하는지 아는 것에 대한 대가 9,999달러."

지식을 가지고 그는 많은 시간을 들이지 않고도 큰돈을 벌 수 있었다.

서울대는 독서활동을 지원자의 지적 호기심, 관심 분야, 독서 역량을 평가하는 자료라고 말한다.[63] 고등학교 3학년 1학기 독서활동 상황까지 대학에 제공되는데, 학창시절에 다양한 종류의 책을 읽되 때로는 넓게, 때로는 깊게 읽기를 권장한다.

독서 능력은 대학 공부의 바탕이 되므로 중요하다. 무슨 책을 읽든 그것은 학생의 선택 문제다. 권장도서가 있지만 거기에 얽매일 필요는 없다. 독서를 통해 학생의 호기심과 관심 분야, 독서 역량을 측정할 수 있다고 한 것은 어떤 책을 선택했는지에 의해 학생을 평

---

63) 서울대학교 입학본부, 《2018학년도 서울대학교 학생부종합전형안내》 p.17, 37, 〈서울대 수시모집 평가의 이해〉 동영상 자료

가할 수 있음을 말하고 있는 것이다.

독서는 학교 공부에 충실하면서 좀 더 깊은 지식을 쌓고 지식을 확장하는 수단으로 활용해야 한다. 관심 분야에 대한 책을 선택해 읽을 때에는 그 분야의 지식을 가지고 친구들에게 전문가 수준이라는 말을 들을 정도의 책을 읽으라고 조언하고 싶다. 자신이 가고자 하는 대학의 학과 교수의 논문을 찾아서 읽어보는 것도 중요하다. 논문을 읽고 이해할 수 있는 정도라면 매우 좋다. 전문성이 있는 주제로 다른 사람들과 즐거운 대화를 이어갈 수 있는 수준의 독서가 되기를 바란다.

독서는 입시뿐만이 아니라 인생 전반에서 중요하다. 하루 한 시간 책을 읽는 시간을 가져라. 영어문제 한 문제를 더 풀고, 수학 문제 한 문제를 더 푸는 것도 중요하지만, 책을 읽고 생각하고 글을 써보는 것이 더 중요하다. 자기의 생각을 표현하고 토론을 통한 비판 활동은 개인 소양을 함양할 수 있는 기회일 뿐 아니라 입시에서도 필수적인 요소다.

전략 7.

마음의 근육을
단련시켜라

서울대가 목표인가? 준비에 많은 시간이 걸린다. 우수한 학업능력을 갖추어야 하고, 도전적이며 열정적인 학업태도를 보여야 한다. 그리고 친구들을 이끄는 리더십, 배려심, 공동체의식을 갖춰야 한다. 무엇 하나 만만하게 볼 수 있는 것은 없다. 이와 같은 준비를 갖추는 과정에서 지레 지쳐 포기할 수도 있다. 목표에 대한 회의가 찾아올 수도 있다.

그러나 목표를 달성하기 위해서는 이런 어려움을 극복해야 한다. 부모의 입장에서는 기대감을 보여주고 격려해 준다고 할 수 있지만 오히려 자녀에게 부담감만 줄 수도 있다. 이런 어려움은 온전히 학생 스스로가 극복해야 하는 문제다. 부모는 그저 자녀가 힘들어하고 지쳤을 때 따뜻한 가슴으로 안아주고, 등을 토닥여 주며 잘 할 수 있다는 믿음을 보여주면 된다. 부담을 느끼지 않도록 어떤 상황에서도 "나는 네 편이야."라는 신뢰를 보여주면서.

원하는 목표를 달성하기 위해서는 먼저 마음의 근육을 단련시켜야 한다. 마음이 약해지면 어려운 문제가 닥쳤을 때 물러서기 쉽고,

도전적인 일을 하기 힘들다.

나침반을 보기 전에 시계를 보지 말라

"나침반을 보기 전에 시계를 보지 마십시오. 방향을 정하기 전에 속도를 내는 것은 침몰하는 배 위에서 의자를 고치는 것과 같습니다."

『성공하는 사람들의 7가지 습관』의 저자인 스티븐 코비Steven R. Covey의 말이다. 이 구절을 읽으면서 나는 커다란 감동을 느꼈다. 지금까지 내가 생각했던 것들과는 다른 새로운 깨우침이었다. 무엇인가를 하기 위해서 열심히 노력하는 것도 중요하지만, 그보다 먼저 방향을 설정하라는 말이 새로웠다. 그때까지만 해도 우리가 가야 할 방향에 대해 큰 고민이 없었던 것이다. 남들이 이야기하고, 그들이 가는 방향이 내가 가는 길이라고 생각했던 관성을 코비 박사의 한 마디가 깨트렸다. 나는 그가 한국을 방문해 강연했던 세미나 영상을 구해 다시 보았다. 몇 번을 되풀이해 보았고, 볼 때마다 새로웠다. 학생들에게도 보여주었다.

코비 박사는 연단에 서서 대중들에게 눈을 감으라고 했다. 그리고 "어느 쪽이 북쪽이냐?"고 묻고는 손을 뻗어 북쪽을 가리키라고 했다. 그리고 가리키고 있는 방향이 북쪽이 맞느냐고 몇 번씩 확인을 받은 뒤 눈을 뜨도록 했는데, 그 순간 세미나에 참석한 사람들 사이에서 웃음이 터져 나왔다. 사람들의 손가락이 가리키는 방향이 모두 달랐기 때문이다. 정확한 방향 감각이 없었기 때문에 나타난 현상이다. 이는 방향을 찾기 위한 훈련이 되어 있지 않았기 때문이다. 아니 그럴 여유 없이 하루하루를 살아가고 있었기 때문이리라. 방향이 옳고 포기하지 않는다면 시간 차이가 있을지언정 언젠가는 목적지에 도착할 수 있다.

서울대를 목표로 가지고 있다면 열심히 공부하는 것은 기본이다. 하지만 그 전에 먼저 명확한 방향이 설정되어 있어야 한다. 그 목표점이 마음에 강하게 자리를 잡고 있어야 한다. 그리고 자신이 서 있는 곳과 목표점을 잇는 마음의 선을 그리고 그 선을 따라 움직여야 한다. 무작정 빨리 가려고만 한다면 엉뚱한 곳으로 가거나 더 많은 시간이 걸릴 수밖에 없다.

사막에서 빠져 나오기

독일 막스플랑크연구소의 잔 소우만 박사 팀은 두 가지 실험을 통해 사람들이 숲과 사막에서 길을 잃게 되는 이유를 찾아냈다. 첫 번째 실험은 숲에서 실시됐다. 실험 참가자 6명에게 위성 위치확인 장치(GPS)를 몸에 부착시킨 채 숲 한가운데 떨어트리고 그들이 숲을 빠져나오는 것을 관찰한 것이다. 이 실험에서, 사람들은 낮에는 똑바로 갔지만 해가 구름 속에 가려지자 바로 방향을 잃고 헤맸다. 직선이 아닌 원의 형태를 그리며 걷던 사람들은 출구조차 지나치기까지 하였다. 두 번째 실험은 사막에서 진행되었다. 이 실험에서도 참가자들은 해나 달과 같이 빛이 있을 때에는 똑바로 걸었지만, 구름 속으로 사라졌을 때에는 방향 감각을 잃고 말았다. 구름에 해와 달이 가려졌을 때 숲과 사막의 참가자들은 모두 원을 그리며 걸었다. 하지만 실험 참가자들은 "똑바로 걷고 있다."고 생각했다.

소우만 박사는 "사람들은 건물, 산, 태양, 달처럼 방향을 알려 주는 기준점이 없으면 똑바로 가지 못하고 원을 그리며 걷게 되는 것으로 나타났다."고 말했다. 이 결과에 대해 연구진은 "작은 실수들이 쌓이면서 직선에서 벗어나 원을 그리며 걷게 된다."고 하였다.

기준점이 사라지면 실험 참가자들이 방향을 잃고 원을 그리며 걷는 것처럼 우리도 목표를 설정하지 못하면 그렇게 될 것이다. 그 상황은 지역에 관계없다.

사하라 사막을 여행하는 많은 여행자들은 사막 서쪽의 사하라의 중심이라 불리는 작은 마을을 방문한다. 이 마을은 레빈이라는 사람에 의해 발견된 뒤에야 외부로 알려진 매우 낙후된 곳이다. 이 마을사람들은 한 번도 사막을 벗어난 적이 없었다. 떠나고 싶은 마음이 없어서가 아니라, 외부로 나가기 위한 시도는 했지만 얼마 후에 다시 마을로 되돌아오는 일이 반복되었기 때문이다. 마을 사람들은 '어느 방향으로 가든 결국 처음 출발한 곳으로 다시 돌아오게 된다.'는 것을 경험적으로 알고 있어서 그냥 포기하고 살고 있었던 것이다.

레빈은 이 말이 사실인지 실험해보기 위해 직접 북쪽을 향해 걸어서 3일만에 사막을 빠져나왔다. 레빈은 자신의 경험에 비춰볼 때 마을사람들을 이해할 수 없었다. 그래서 실험을 해보기로 하였다. 마을 청년 한 사람과 2주간 사막에서 견딜 물과 낙타 및 나침반 등을 준비한 뒤 청년이 가는 대로 따라갔다. 10일 동안을 밤낮없이 걸었지만 결국 마을로 다시 돌아오고 말았다.

그 이유를 분석한 결과 레빈은 한 가지 결론에 닿았다. 끝없이 펼쳐진 사막에는 위치를 파악할 만한 나무나 건물, 지형지물이 없었기 때문에 직감에 의지하거나 남이 남긴 발자국을 무의식적으로 따라 걷게 되면서 원을 그리며 원래의 출발점으로 돌아오게 된다는 사실을 발견한 것이다. 그러므로 방향을 알려주는 나침반이 없거나 방향을 알 수 있는 북극성을 찾을 수 없다면 제자리로 돌아오게 되어 절대로 사막을 빠져 나올 수 없게 된다.

레빈은 그 청년과 함께 다시 마을을 출발하였다. 이번에는 방향을 판단하기 어려운 낮에는 휴식을 취하고, 밤이 되어 별이 뜨면 북극성을 보고 걸었다. 그리고 마을을 떠난 지 3일만에 사막을 빠져 나올 수 있게 되었다.

레빈을 따라 나섰던 그 청년은 그 후 마을의 개척자로서 동상까지 세워졌다. 그 동상에는 이런 글귀가 새겨져 있다고 한다.

"새로운 인생은 방향을 찾음으로써 시작된다."

사막에서 빠져 나오고 싶더라도 방향을 알 수 없으면 불가능하다. 방향을 알려주는 북극성과 같은 지표가 있을 때, 그 지표를 바라보면서 걸을 때만이 빠져 나올 수 있는 것이다. 그러나 북극성과 같은 지표가 있더라도 그 존재 가치를 모르거나 그 지표를 보고 걷지 않는다면 역시 도로 원점일 뿐이다.

경쟁적 가치, 비경쟁적 가치

우리 아이들은 굉장히 바쁘다. 아침에 눈을 뜨자마자 허겁지겁 아침밥을 먹거나 굶은 채로 학교엘 간다. 우리학교는 아침 7시 35분까지 등교해야 하고, 일부 공립고를 제외한 대부분의 학교는 8시 이전까지 등교한다. 그러니 늘 바쁠 수밖에 없다. 밤늦게까지 올빼미처럼 뇌를 쓰다가 아침에 겨우겨우 눈을 뜬다. 그리고 비몽사몽으로 학교에 가서 하루 종일 시달리다가 저녁에는 사교육에 내몰린다. 원하는 대학에 가기 위해 그렇게 바쁘게 살아야 하는 실정이다. 부모 역시 아이를 대학에 보내기 위한 사교육비를 벌어야 하므로 또 바쁘다. 가족이 함께 저녁시간을 공유하기가 쉽지 않다. 바람직하지는 않지만 우리나라에서 살고 있는 이상 어쩔 수 없는 일이다.

조지 소로스는 이렇게 말했다.

"바쁘기는 개미도 바쁘다. 단지 무엇을 하느라 바쁜가가 중요하다."

우리는 무엇 때문에 그렇게 바쁜가? 어른들은 먹고 사는 문제로 바쁘다. 아이들은 대학입시를 준비하느라 바쁘다. 조금은 서글픈 일이다. 좀 더 가치 있는 일에 바쁠 수 없을까?

약 20여 년 전 학생들을 데리고 모 대학을 방문한 적이 있었다. 그 대학에서는 우리 학생들을 위해 철학과 교수님의 특강을 준비해 주었는데, 가슴에 남는 강의였다. 성함은 기억하지 못하지만 아직도 감사한 마음을 가지고 있다.

그분은 사람이 살아가도록 만드는 힘은 가치를 추구하는 데서 나온다고 하였다. 그 가치는 2가지 종류가 있는데, 경쟁적 가치와 비경쟁적 가치라 했다. 경쟁적 가치는 다른 사람과 경쟁에서 이겨야만 획득할 수 있는 것을 추구하는 가치로, 숫자로 표시되는 대부분의 것과 명목이 있는 대부분의 것이 여기에 속한다. 즉 전교 1등, 올림픽 금메달리스트, 판사, 의사 등은 제한된 인원만을 선발하기 때문에 경쟁적 가치라고 할 수 있다. 이러한 가치를 추구하는 사람은 늘 경쟁 상태에 있다고 생각하기 때문에 어떻게 해서든지 다른 사람을 이겨야 한다. 그렇지 않으면 삶의 기쁨도 작다.

비경쟁적 가치는 숫자나 명목으로 표시되는 가치가 아니라, 말로 설명되는 가치를 말한다. 즉 '나는 다른 사람들이 행복하도록 돕는 삶을 살겠다.'라든가, '나는 이 사회의 안녕과 질서를 유지하고 발전시키는 일에 평생을 바치겠다.'와 같은 것이다. 이러한 가치를 추구하는 사람은 다른 사람과 경쟁할 필요가 없다. 오히려 협력을 더 필요로 한다. 그리고 제한된 인원만 할 수 있는 분야가 아니므로 삶의 질과 만족도가 경쟁적 가치를 추구하는 사람보다 높다. 또한 이러한 가치를 추구하는 사람은 직업의 선택 범위도 넓어서 훨씬 용이하게 준비를 할 수 있다. 예를 들어 사회의 안녕과 질서를 유지하는 일에 평생을 바치겠다는 사람은 경찰이나 검사가 될 수도 있고, 또한 언론인이 되어서 그 역할을 할 수 있으며, 작가가 되어 작품을 통해서 그러한 가치를 실현할 수도 있다.

하지만 우리 아이들이 받고 있는 교육을 살펴보면 대부분 경쟁적 가치를 추구하는 환경에 노출되어 있다. 교과성적과 수능시험 성적은 등급이 표시되고, 그 등급에 따라 자신이 갈 수 있는 대학이 정해지므로 친구를 협력자가 아닌 경쟁자로 보기도 하고, 다른 사람보다 조금이라도 잘해야 한다는 강박관념에 사로잡히기도 한다. 시대의 변화에 따르지 못하는 과거의 패러다임이라고 할 수 있다.

집에서 아이들을 가르칠 때에 경쟁적 가치를 추구하도록 가르치기보다는 비경쟁적 가치를 추구하도록 하면 지금보다는 더 행복한 아이들이 될 수 있을 것이다. 세상은 경쟁적 가치를 추구하면서 혼자 사는 곳이 아니다. 더불어 살아가는 곳이다. '천 냥을 들여 집을 사고 만 냥을 들여 이웃을 사라.'는 속담이 있다. 아이들이 친구와 경쟁하느라 바빠서는 안 된다. 더불어 살아갈 수 있는 길을 찾느라 바빠야 할 것이다. 다른 학생보다 더 높은 점수를 얻기 위해서가 아니라 다른 학생들을 높여 주면서 자신의 능력을 함양하기 위해 애를 쓰느라 바빠야 할 것이다.

　서울대를 비롯한 대부분의 상위권 대학들은 많은 합격자를 학생부종합전형으로 선발한다. 경쟁적 가치를 추구하는 학생보다는 비경쟁적 가치를 추구하는 학생을 선발하기 위한 전형이라고 할 수 있다.

속도를 내가 전에 방향을 잡아라

　자녀를 서울대에 보내고 싶은 기대를 가지고 있다면 목표를 향해 속도를 올리기 전에 먼저 방향부터 설정해야 한다. 자신이 진정으로 되고 싶은 것이 무엇인지를 먼저 성찰하도록 하고, 대화를 통해 즐거운 마음으로 목표를 설정하도록 유도해야 한다. 왜 그와 같은 목표를 설정했는지 아이 스스로 자신을 설득할 수 있어야 하고, 목표를 향해 도전함으로써 얻을 수 있는 이익에 대해 스스로 깊이 인식해야 한다. 목표를 성취함으로써 얻을 수 있는 자부심, 행복감, 경제적인 안정, 타인이 보여주는 존경심과 인정과 같은 가치를 느끼게 열의를 불러 일으켜야 하는 것이다.

　물론 그 목표는 아이 스스로의 의지에 따라 정해져야 한다. 부모와 함께 상의하면서 목표를 조정할 수는 있지만 아이의 의견을 더 존중해줘야 한다. 설사 세상물정을 모르는 허황된 꿈을 꾸고 있다고 해도 무조건 말려서는 안 된다. 비록 몽상에 불과하다고 보일 수도 있지만 어쨌든 아이는 그 꿈을 이루기 위해 노력을 할 것이다. 그리고 시간이 지나면서 불가능하다고 느끼게 된다면 자연스레 궤도를 수정할 것이다. 그때까지 기다려야 한다. 너무 조급하게 수정하려 하지 말아야 한다. 아이들은 가르침을 받는 것보다 스스로 배우는 것을 원한다. 게다가 아이의 꿈이 지금 당장은 황당하게 보일 수 있지만 짧게는 10년, 길게 15년 뒤에는 어떤 식으로 다가올지 알 수 없는 일이기도 하다. 10년, 15년 후에 세상이 어떻게 될 것이라는 확신이 있는가? 없다면 아이에게 맡겨두는 게 낫다. 아이들은 생각보다 똑똑하고 똘똘하며, 영악하다.

목표와 방향이 결정되면 속도를 올린다. 속도를 올릴 때는 주의할 것이 있다. 워밍업이 필요하다. 스티븐 코비는 이렇게 말했다. "톱을 가는 시간을 가지세요."

그는 『성공하는 사람들의 7가지 습관』에서 '준비'에 대해 굉장히 많은 강조를 하고 있다. 나무를 자르려면 톱을 먼저 갈아야 한다. 톱의 상태를 알지 못한 상태에서 무조건 나무를 자르려고 하면, 무딘 톱으로 얼마만큼 효율적으로 나무를 자를 수 있을까?

에이브러햄 링컨은 이렇게 말했다.

"내게 나무를 자를 시간이 한 시간 주어졌다면, 톱을 가는 데 45분을 사용할 것이다."

꿈을 꾸고 목표를 설정하자. 그런 다음에 어떻게 속도를 올릴 것인지를 고민하자.

서울대는 이렇게 설명하고 있다.[64]

"학생들의 학교생활기록부에는 각 학년별로 희망했던 진로희망 사항이 기재되어 있습니다. 학생에 따라서는 매년 진로 희망이 달라지는 경우도 있고, 또 희망해오던 진로와 다른 분야의 전공으로 지

---

64) 서울대학교 입학본부, 《2018학년도 서울대학교 학생부종합전형안내》 p.37, 〈서울대 수시평가의 이해〉 동영상 자료

원하는 경우가 있는데, 이렇게 진로를 변경하면 불리한 평가를 받을까요?

고등학교 과정은 진로를 탐색해가는 과정입니다. 또한 대학 입학 후에도 진로를 변경하는 경우도 많습니다. 따라서 각 학년별로 희망했던 진로 희망 내용은 변할 수 있고 진로 희망과 지원 모집단위가 일치하지 않았다고 해서 반드시 불리하게 평가되는 것은 아닙니다.

서울대학교에서 주목하는 것은 학생들이 진로를 탐색하며 학교생활 속에서 고른 학업능력과 경험을 폭 넓게 쌓아왔느냐는 것입니다. 그 안에서 모집단위 학업 수행에 필요한 넓은 의미에서의 학업 소양과 적성을 반영할 수 있습니다.

진로에 대한 뚜렷한 목표가 있는 학생이라도 한 분야에 치우친 폭이 좁은 준비보다는 고등학교 과정에서 넓고 깊은 학업 소양과 학교생활 속에서 다양한 경험을 쌓아서 미래를 대비하는 열린 자세를 갖추기 바랍니다."

상상하고 또 상상하라

2002 한일월드컵 한국대표팀 감독이었던 히딩크는 "나는 아직 배가 고프다."라고 말했다. 지금까지 거둔 승리에 만족하는 대신 더 많은 승리를 꿈꾸면서 더욱 더 노력해야 한다는 의미였을 것이다. 나 또한 그렇다. "나도 아직 배가 고프다." 내가 이루고 싶은 일, 하고 싶은 일을 하고 싶은 마음에서 나는 여전히 배가 고프다. 나는 하고 싶은 일이 많다. 그 일을 이루고 싶다. 지금도 내가 하고 싶은 일을 하는 상상을 한다. 그럴 때 나는 행복하다.

나는 해마다 담임을 맡게 되면 아이들에게 자신의 미래를 상상해 보도록 한다. 어떤 아이들은 매우 긍정적인 시선으로 자신의 미래를 상상한다. 반면에 어떤 아이들은 현재 자신이 처해 있는 현실 상황을 가지고 미리 자신의 미래를 제한한다. 지금 내가 가진 실력이 이 정도니까 어느 대학에 갈 수 있으면 족하다고 한계를 정한다. 그리고 그 이상을 꿈꾸는 것은 몽상에 불과하며 불가능하다는 핑계를 댄다. 그럴 때 나는 매우 답답한 생각이 든다. 물론 우리의 현실 상황에서, 지금 꿈꾸는 상상이 실제로 이루어지기까지는 수많은 난관이 있다. 어느 나라나 상상이 성공을 거둘 확률은 크지 않다. 다 비슷하다. 그래도 상상을 멈춰서는 안 된다. 상상에는 경계도 없고 깊이나 높이의 제한도 없다.

학교에서 아이들을 가르치는 지금의 내 모습을 두고 사회적으로 크게 성공한 모습이라고 할 수는 없다. 그러나 나는 매우 만족한다. 지금의 나는 내 상상의 결과물이다. 상상은 반드시 결과를 가져온다. 이것이 내가 가지고 있는 신념이다. 이런 상상이 꼭 결과로 나타난다고 하면, 그것을 기적이라고 생각할 사람도 있을 것이다. 하지만 나는 기적이 아니라 반드시 그렇게 된다고 믿는다. 내가 상상했던 결과와 반드시 같지 않을 수는 있겠지만 그와 같은 결과를 대체해 주는 비슷한 결과를 가져온다. 운명처럼.

물론 내가 아무리 원하고 노력한다고 해서 모두 이루어지지는 않는다. 이것이 세상일이다. 그렇다고 아무런 꿈도 꾸지 않는다면, 노력도 따라오지 않는다. 그러니 어떤 식으로든 결과가 도출될 확률은 더욱 더 없다. 그러므로 상상하라. 무엇을 하고 싶은지, 무엇이 되고 싶은지, 그리고 어떠한 삶을 살고 싶은지, 누구와 함께 살고 싶은지, 어디서 살고 싶은지, 어떤 일에 종사하고 싶은지 등등….

나는 고등학교 1학년 때부터 남자고등학교에서 아이들을 가르치는 내 모습을 상상했다. 그리고 10년이 지났을 때 임용고시를 거쳐 고등학교 교사가 되었다. 그 후 더 나은 교육 여건에서 학생들을 가르치고 싶다는 상상, 서울 소재 학교에서 아이들을 가르치는 내 모습을 상상했다. 그리고 지금 내가 교편을 잡고 있는 학교에서 나를 뽑아 주었다. 서울대 대학원을 가고, 박사과정을 밟게 된 것도 상상을 한 결과였다.

상상하면 결과가 나온다. 나는 그렇게 믿는다. 강한 믿음을 가지고, 자주 상상을 하면 실제로 나의 현실이 된다.

페르시아의 왕자의 조각상

페르시아의 어느 나라 왕이 뒤늦게 왕자를 얻었다. 그런데 그 왕자는 꼽추로 태어났다. 왕자는 무럭무럭 자랐다. 하지만 왕과 왕비는 늘 불구로 태어난 왕자를 불쌍하게 생각했으며, 왕자가 다른 사람의 눈에 띄는 걸 꺼려했다. 왕자 역시 마찬가지여서 궁에 갇혀 살다시피 했다. 그렇게 13년이란 세월이 흘렀다. 왕은 13세가 되던 해에 왕자를 불렀다. 생일 선물을 주려고 한 것이다. 왕은 갖고 싶은 것이 있다면 무엇이든 해 주겠다며 왕자에게 이야기했다.

며칠 동안 고민을 하던 왕자는 자신의 모습을 조각해달라고 하였다. 현재의 모습이 아니라 정상적이고 건장한 모습을 한 20살 된 왕자의 조각상이었다. 왕은 내심 의아했지만 아들의 청대로 조각상을 만들도록 해, 왕자의 거처 뜰에 세워 주었다. 그 조각상을 본 왕자는 매우 만족하면서 왕에게 감사인사를 하고는 20살의 생일이 되기 전에 그 조각상과 같은 모습이 되겠노라고 말했다.

그 후 7년이 흐른 20세가 된 왕자는 정말로 조각상과 같은 훌륭한 모습을 갖게 되었다. 왕도 왕비도 궁금했고, 다른 많은 사람들도 축제 분위기 속에서도 궁금하게 생각했다. 왕자는 이렇게 설명했다.

왕자는 자신이 꼽추라는 현실을 부인할 수가 없었다. 그리고 장차 왕위를 계승해야 하는 왕자로서 지금의 모습으로 백성 앞에 나타날 수 없다고 생각했다. 자신을 정상적인 신체로 바꿀 수 있는 사람은 자신뿐이라고 판단하였다. 그리고 완벽한 신체를 갖춘 조각상을 닮기 위해 노력한다면 20세가 되었을 때는 온전한 외모를 갖게 될 것이라고 믿었다. 왕자는 매일 아침저녁으로 조각상 앞에서 이렇게 말했다.

"너는 나, 나는 너. 20세에 나는 너와 같이 완전한 모습이 될 것이다."

그리고 왕자는 완전한 신체를 가진 자신의 모습을 상상했다. 하루도 거르지 않았다. 비가 오면 비를 맞으면서, 눈이 오면 눈을 맞으면서, 추우면 추위를 견디면서, 더우면 땀을 흘리면서 그렇게 하였다. 그렇게 조각상 앞에 서서 몇 시간씩 장래의 모습을 상상했다. 그리고 7년이라는 시간이 흘러갔다. 처음에는 아무런 변화도 없었지만 차츰 모습이 변하기 시작했다. 키도 커지고 몸도 정상인처럼 반듯하게 펴지기 시작했다. 그리고는 정말로 왕자가 상상하고 믿었던 그날 아침에는 조각상과 똑같은 모습을 갖게 되었다.

왕자는 현재는 꼽추였지만, 정상이 된 모습을 상상하면서 7년을 지냈다. 온전한 조각상과 자신을 동일시하였고 그런 노력을 7년 동안 쉬지 않았다. 왕자는 스스로의 모습을 상상하고 조금도 의심하지 않았기 때문에 기적을 만든 것이다.

간절하고 간절하게 결과와 과정을 상상하라

세상일은 평범한 노력을 하는 사람에게 기회를 주지 않는 것 같다. 아주 간절함과 절박함을 가지고 노력할 때 기회가 오는 것 같다. 내 경험을 돌아보아도 그렇다. 평범하게 애를 쓰는 것은 그저 그렇다. 그러나 꼭 되고 싶은 것이 있어 간절해지면 이루어지는 경험을 했다. 누군가 말했다. "소망의 크기는 간절함의 크기입니다."

페르시아 왕자를 보라. 그는 왕위를 이어받아 나라를 다스려야 한다. 그에겐 백성들의 존경을 받으며 나라를 다스리기 위해서는 온전한 모습을 갖춰야 한다는 간절함과 절박감이 있었다.

박지성은 축구선수로서의 신체적 조건이 불리하다는 것을 잘 알고 있었다. 평발, 작은 키, 그리고 체력적인 문제 등이었다. 하지만 그는 축구로 성공하고 싶다는 간절함을 가지고 있었고, 평범한 노력으로는 꿈을 이룰 수 없다는 절박함이 있었다. 박지성 또한 페르시아 왕자처럼 어떤 롤 모델을 상상하면서 꿈을 이루기 위한 노력을 계속할 수 있지 않았을까?

어느 대학의 농구팀을 대상으로 실험을 했다. 팀을 3그룹으로 나눠 한 그룹은 실제로 농구장에서 매일 30분간 슈팅연습을 했다. 다른 한 그룹은 실제의 슈팅연습 대신 30분간 상상으로만 슈팅연습을 했고, 마지막 한 그룹은 아무런 연습도 하지 않았다. 그리고 한 달 후에 세 그룹을 모은 후에 실제의 슈팅을 하도록 하였다. 그 결과는 슈팅연습을 하지 않은 그룹은 실력이 줄었다. 실제 농구장에서 슈팅연습을 한 그룹은 약 25%의 실력이 향상되었다. 그런데 놀라운 것은 상상만으로 슈팅연습을 한 그룹도 실제로 슈팅연습을 한 그룹만큼이나 실력이 향상되었다는 것이다. 이것은 우리의 뇌가 작동하는 원리를 말해준다. 우리의 뇌가 실제로 몸이 움직이는 것과 같은 인식을 한 것 같다. 상상만 해도 실력이 향상되고 실제의 결과가 나타난다. 상상하고 또 상상하라.

다른 연구에서도 이를 뒷받침하는 결과가 있었다. 대학생을 두 그룹으로 나누었다. 한 그룹은 매일 성적이 향상되는 상상을 하게 하였고, 다른 한 그룹은 성적이 향상되는 것뿐 아니라 성적이 향상되기 위해 공부하는 방법이나 시간까지 상상하게 하였다. 그 결과는 어땠을까? 두 그룹 모두 성적이 향상되었다. 그런데 과정까지 상상한 그룹의 성적이 더 좋았다.

우리가 상상을 한다고 할 때에는 보통 결과만 상상한다. 그러나 그런 결과가 있기까지의 과정까지도 상상한다면 보다 좋은 효과를 거둘 수 있다. 실제로 결과만을 상상한 그룹에서 생각해 볼 수 없었던 실제적인 어려움을 극복해 가는 과정을 상상함으로 실제의 극복하는 힘을 갖게된다.

서울대 학생이 된 자신의 모습을 상상하라. 그리고 그 결과를 얻기까지의 과정을 상상하라. 그런 과정 또한 상상 속에 포함시켜야 한다. 그리고 성공한 다른 사람의 경험에 빗대 자신도 그러한 과정을 극복할 것이라는 상상을 하라.

뉴욕주립대 심리학과 교수인 가브리엘 외팅겐 교수는 WOOP를 제안했다. 성공한 결과를 소망하고(Wish), 성공 결과를 상상하며(Outcome), 어려움과 극복을 상상하고(Obstacle), 그 어려움을 극복할 계획을 세워 실천한다(Plan). 다시 한 번 강조한다. 결과를 상상하되 과정도 상상하라. 상상할 수 없다면 도전할 여력도 줄어든다.

서울대에 가고자 한다면 그에 대한 절박한 이유와 절박성을 갖고 상상하라. 서울대 학생이 되어 캠퍼스를 누비며 행복하게 웃는 모습을 상상하라. 서울대 캠퍼스를 거닐고 도서관에서 공부하는 모습을 상상하라. 그리고 지금부터 서울대에 합격할 때까지의 과정을 그려보고 상상하라. 그리고 그 과정을 충분히 견딜 수 있다고 상상하라. 1학년 때에는 무엇을 하고 2학년에는 무엇을 하고, 오늘은 어떤 것을 하고 내일은 어떤 일을 할 것인가를 상상하라. 두려워 마라. 지금 바로 그것은 너무 필요한 것이고, 할 수 있다고 말하라. 미리 미리 결과를 상상하고 과정을 상상하면 일은 그만큼 쉬워진다. 당황하지 않게 된다. 나도 모르게 그 상상 속의 상황을 위해서 움직이는 모습을 보게 된다. 그리고 점점 현실로 다가올 것이다.

미국의 유명한 성공학자인 나폴레온 힐은 『성공의 법칙』에서 이렇게 말했다.

"인생의 목표가 무엇이든 간에 이를 성취하기 위해서는 상상력을 사용해야 한다. … 명확한 중점 목표를 세우면 이는 상상 속에서 즉각적으로 현실화된다."

기억보다 영감이다

조 비 테일과 이하레아카라 휴렌이 지은 『호오포노포노의 비밀』에서는 인생을 사는 데는 2가지 길이 있다고 했다. 첫 번째는 기억으로 사는 것이고, 두 번째는 영감으로 사는 것이다. 기억으로 사는 것은 쉼 없이 재생되는 오래된 프로그램이고, 영감은 신이 인간에게 주는 메시지라는 것이다. 즉 기억은 과거의 경험으로부터 현재의 상황을 분석하여 문제점을 찾는 것이고, 영감은 과거와 현재가 어떠하든지 미래의 일에 대하여 상상하면서 그 상상을 현실로 만들 방법에 대한 아이디어를 찾는 것이라 할 수 있다. 그러므로 인생을 분석적으로 살 것인가, 아니면 상상하면서 달려갈 것인가는 선택의 문제이자 가치관의 문제이다.

나는 상상이 습관화된 생활을 유지한다. 그래서 아내에게 자주 핀잔을 듣기도 한다. 나는 하고 싶은 일이나 이루고 싶은 일이 있으면 상상을 하면서 즐거워한다. 그리고 시도한다. 비록 그것이 좋은 결과를 내지 못할지 모른다는 불안감이 있어도, 성취했을 때 얻을 열매를 생각하면 하지 않을 수 없다. 내가 지금까지 살면서 대부분은 상상속의 것을 추구하는 삶을 살았다고 해도 과언이 아니다. 남들보다 성취가 작을 수 있지만 그래도 이나마 성취한 것은 그런 상상과 도전 때문이라고 스스로 대견해 하고 있다.

일단 상상하고 난 후에 반드시 이루어진다고 믿는다. 그리고 시도한다. 그러다 실패하더라도 다시 시도하면 된다. 그것이 나의 전부다. 끝까지 시도한 것 중에서 이루지 못한 것은 거의 없는 것 같다. 작은 것부터 그래도 큰 것까지 모두 다 그랬다.

스스로에게 신뢰받는 리더가 되라

한참 교사의 리더십에 관해 심취해 공부하던 시절, 리더^{Leader}와 관리자(Manager)의 차이에 깊은 관심을 갖게 되었다. 미국 애리조나 주립대학 아프사니 나하반디 교수가 쓴 『The Art and Science of Leadership』을 보면서 행복감을 느끼기까지 했었다.

리더는 비전을 제공하고 자신을 따르도록 이끈다. 그리고 선두에 서서 전진하고, 추종자들에게 목표 달성에 대한 신념을 심어주며 격려한다. 현재 처해 있는 상태는 그리 중요한 것이 아니다. 이순신 장군처럼 하는 것이다. 현재가 아무리 어려워도 도달해야 할 목표가 있다면 그 목표를 달성할 수 있는 방법을 찾아 도전하는 것이다. 그러면서 구성원들의 신뢰를 얻어 내심으로부터 우러나 따르게 한다.

반면에 관리자에게는 비전이 부족한 경우가 많다. 현실을 분석해 안전을 추구한다. 가계부를 쓰며 살아가는 대부분의 민초들이나 사무를 보면서 돈을 관리하는 사람들처럼 말이다. 그들에게는 현실적이지 않고 이론적으로나 인지적으로 이해되지 않는 상상의 목표는 용인되기 힘든 것이다. 현실적인 도움이 되지 않기 때문에, 공상에 불구하고 쓸데없는 일이라고 생각한다. 그래서 분석적인 사람들은 사람들의 힘을 끌어내기보다는 현실적인 사무에 더 무게를 두는 것이다. 그들은 늘 미래의 희망을 말하기보다는 현재의 어려움을 호소하는 경우가 많다.

우리 주변에 분석하는 매니저보다 상상하는 리더가 가까이 있을수록 인생은 더욱 행복할 것이다. 우리의 생활을 분석하다보면 부정적인 느낌과 한계를 많이 느끼게 된다. 그러나 상상하다 보면

뭔가를 할 수 있을 것 같은 자신감이 생기고 방안을 만들어내기도 한다.

모든 것을 분석할 필요가 없다. 상상 속에서 필요한 것만을 분석하면 된다. 모든 것들에서 상상을 잘하는 똘똘한 사람이 되고 분석을 전혀 하지 못하는 사람이 되지 말라는 것은 아니다. 그럼에도 분석적인 것에 너무 얽매이는 것은 삶에 크게 도움이 되지 않는다. 상상이 더 큰 힘을 발휘한다.

조벽 교수가 쓴 『나는 대한민국의 교사다』라는 책을 보면 똘똘이와 똑똑이의 이야기가 나온다.

학교의 우등생인 똑똑이와 동네 개구쟁이인 똘똘이가 산을 넘어가다가 호랑이를 만났다. 똑똑이가 보니까 호랑이는 250미터 앞에서 시속 50킬로미터로 달려오고 있었다. 똑똑이는 거리와 속도를 분석하고는 이렇게 외쳤다.

"야, 우리 이제 17.88초 후면 죽었다!"

그러나 똘똘이는 태연하게 자신의 운동화 끈을 동여매고 있었다. 그것을 보고 똑똑이가 말했다.

"멍청하기는… 네가 아무리 빨리 뛰어도 호랑이보다 빨리 뛸 수 있을 것 같아?"

그러자 똘똘이가 씩 웃으면서 말했다.

"아니야, 나는 너보다 빨리 뛰기만 하면 돼."

똑똑이는 훌륭한 분석을 하였지만 희망적이 못했고, 똘똘이는 자기가 살아날 수 있는 방법에 대한 영감을 받았다. 누가 살아날 수 있었을까? 실제 상황이라면 똘똘이가 살아날 것이다. 이를 보면서 우리 내면의 힘과 잠재력은 분석에 의해서 나타나지 않는 경우가 매우 많다고 생각된다.

상상하고 기도하라

올해도 새 학생들을 받았다. 22년만에 다시 고등학교 1학년 담임이다. 22년 전에 1학년 담임을 해본 이후로는 3학년만 맡았었다. 신선하다. 기대도 크고. 이 아이들을 정말 잘 가르쳐서 훌륭한 삶을 살아가는 남편과 아버지로 키워보고 싶다.

올해의 우리 반 급훈은 〈Imagine and Pray〉이다. '상상하고 기도하라'는 것이다. 과거에도 몇 번씩 학급 급훈으로 정했었다. 아이들이 스스로 하고 싶어 하는 것, 원하는 것을 상상하고, 그것을 이루기 위해 기도하고 노력하라는 의미로 말이다. 상상하고 기도하면 『해리포터^{Harry Potter}』의 작가인 조앤 롤링^{Joan K. Rowling}처럼 될 수도 있다. 상상하기를 좋아하는 조앤은 자신의 상상을 소설로 써서 전 세계에서 4억 부 이상을 판매한 작가가 되었다.

그러나 요즘 학생들은 어른들을 닮아서 상상을 잘 하지 못하는 것 같다. 너무 현실적인 분석에 얽매여 있고 현실적인 점수에 매우 민감하다. 그러니 상상이 주는 즐거움과 행복감이 적을 수밖에 없는 것 같다. 점수와 등급에 매여 학생들은 행복하지 못하고 발전도 느리다. 그래서 나는 늘 학생들에게 상상하기를 종용한다. 그 이유에 대해서도 많은 이야기를 해 준다. 제발 너무 분석적으로 자신을 살피고, 분석적으로 미래로 다가가지 않도록 자주 주지시키곤 한다. 자신의 미래를 상상하고 그것이 이루어질 수 있다고 믿고, 그렇게 되기를 기도하라고 조언한다. 각자의 신에게 말이다.

상상한다는 것은 즐겁게 나아갈 방향이고, 기도한다는 것은 그렇게 행동하겠다는 결심을 말한다. 나는 아이들이 늘 상상하기를 즐겼으면 좋겠다. 상상만 하고 행동이 없다면 그것은 망상에 불과하지만, 상상 후에 기도하는 것은 실현 가능성이 있다는 것이다. 조앤 롤링이 어릴 때부터 상상했었던 이야기를 글로 옮긴 것이 『해리포터』가 아니던가.

호랑이가 달려들고 있는데 잡아먹히게 될 시간을 분석하는 것은 아무런 의미가 없다. 그러한 분석이 살아 돌아갈 수 있는 방안을 찾고 살아갈 수 있는 방법을 제시해 준다면 의미가 있지만 그렇지 않다면 살아갈 수 있다고 상상하는 것이 효과적이다.

올해 맡은 우리 반 아이들이 똘똘이의 특성을 많이 키웠으면 좋겠다. 어떤 이는 현실을 정확히 분석하여 그에 대한 대책을 마련하는 것이 좋은 방책이라고 말할 것이다. 많은 교육자들이 그렇게 말하고 있으며, 많은 입시전문가들이 그렇게 말한다. 맞는 말이다. 매우 타당한 말이고 설득력이 있고 이론적으로 하자가 없다.

그러나 나는 생각이 다르다. 나는 그렇게 분석적으로 살아오지 않았다. 내가 처한 현실을 냉정하게 분석하는 데 머물렀다면 나는 어떤 도전도 하지 못했을 것이다. 나의 잠재력을 믿어주는 사람의 신뢰와 상상에 의지해 자신을 믿으며 노력했을 뿐이다. 그랬더니 지금의 내가 되어 있었다.

나는 아무것도 분석할 필요가 없다는 말을 하고 있는 게 아니다. 다만 세상에는 분석할 필요가 없는 것들이 많고, 분석하지 않는 것이 오히려 삶에 도움이 되는 것이 더 많다. 즉 분석적인 인생보다 상상하는 인생이 더 행복하다.

생텍쥐페리는 이렇게 말했다.

"배를 만들고 싶다면 사람들에게 목재를 가져오게 하거나 일을 지시하거나 일감을 나눠 주는 일을 하지마라. 대신 저 넓고 끝없는 바다에 대한 동경심을 키워주라."

생텍쥐페리는 배를 만들기 위해 해야 할 일을 분석하는 것이 아니라 마음속의 상상을 키우라고 조언한다. 바다를 보고 싶은 꿈과 열망을 가진 사람이 배를 만든다. 그들은 가르쳐 주지 않아도 배를 만든다. 우리도 그럴 것이다. 상상력을 발휘하여 그것을 하고 싶다면 방법을 찾을 것이다. 그래서 상상이 필요한 것이다.

아이를 서울대에 보내고자 한다면, 사랑하는 사람을 만나기 위해 기울였던 노력들을 생각해보자. 어떠했는가? 주위의 반대가 있어도 기어코 만날 구실을 만들었고 결국 만나지 않았던가? 우리 아이들이 하고 싶어 하는 게임은 또 어떤가? 무슨 구실을 대더라도 하지 않던가? 부모를 속이면서까지 그렇게 한다. 이런 마음들이 아이들의 장래에 연결되면 좋겠다. 그 장래를 위해서 무슨 수를 쓰든지 노력하고, 어떤 이유를 들든지 실행하려고 하고, 누가 반대를 하든지 그 반대를 무릅쓰고 헤쳐 나가는 용기와 배짱이 있었으면 좋겠다.

우리 아이들에게 지금 바로 필요한 것은, 그 아이가 가지고 있는 능력이나 성적을 정확하게 분석해 주는 것이 아니라 그 아이의 상상력과 꿈, 그리고 희망에 대한 기대를 주는 것이리라. 그리고 그 아이가 꿈꾸는 것에 스스로의 영감을 받을 수 있으며, 그가 받은 영감을 실천하기 위해 기도하는 모습이 아닐까?

시도하고 또 시도하라

서울대를 목표로 하려면 인내하는 힘이 필요하다. 공부를 하면서 참고 참는 힘이 필요하다. 참는다는 것은 무언가를 시도한다는 뜻이고, 시도하려면 반복적인 연습과 훈련이 필요하다. 그럴 때마다 참지 못한다면 아무것도 이룰 수 없다. 서울대는 무슨 일을 하든지 진정성을 가지고 지속적으로 도전할 때에 유리한 평가를 받을 수 있으며, 그렇게 도전해서 성취를 했다면 더 좋은 평가를 받을 수 있는 곳이다.

갈매기의 꿈

갈매기는 바닷가를 날면서 물고기를 잡아먹고 산다. 나는 갈매기가 물고기를 사냥하는 능력을 타고나는 것으로 알았다. 사실은 그게 아니었다. 갈매기들도 오랜 시간 동안 많은 노력을 기울여 물고기 사냥꾼이 된다. 어떤 교수님의 특강을 들으며 봤던 영상을 보며 알게 된 사실이다.

알을 깨고 세상에 나온 갈매기는 날 수 있게 되면서 물고기를 사냥하는 법을 배운다. 갈매기는 작은 조약돌을 물고 하늘 높이 올라가 떨어뜨린 뒤 쏜살같이 하강하면서 그 조약돌을 채는 연습을 한다. 이런 연습을 수도 없이 반복한다. 처음에는 낮은 높이에서 시작해서 점차 높이 올라가 조약돌이 떨어지는 거리를 늘려가며 조약돌을 채는 연습을 반복한다. 그렇게 사냥 실력이 늘어나는 것이다.

이런 연습을 하는 동안 갈매기들은 부리에서 피를 흘리는 걸 마다하지 않는다. 완벽한 사냥 실력을 쌓을 때까지 연습을 멈추지 않는다. 그런 과정을 거치지 않았다면 갈매기들은 사냥에 실패해 굶어죽어야 할 것이다.

갈매기들도 죽을힘을 다해 사냥 실력을 키운다. 학생으로서의 우리는, 내 아이는 연습을 해야 한다. 갈매기처럼 처음에는 쉽게, 그리고 차츰 고난도의 어려움을 극복하고 숙달되기 위한 연습을 해야 한다. 우리가 미물이라고 여기는 갈매기도 그렇게 피나는 노력을 하여 생존하는 것이다.

우리가 알고 있는 운동선수들의 훈련 경험을 듣다보면 울컥해지는 장면이 많다. 김연아 선수가 그랬고, 박지성 선수가 그랬다. 평범하게 노력해서는 이룰 수 있는 일은 많지 않다. 자신이 원하는 목표가 크면 클수록 우리가 들여야 하는 노력과 에너지는 더 많아야 하고 시간도 더 길다. 그 점을 기억해야 한다. 시도하고 또 시도해야 한다. 그러다 보면 깨닫게 되고 이룰 수 있는 방편이 보이리라.

리처드 바크의 소설 『갈매기의 꿈』을 읽어보자. 주인공 조나단 리빙스턴은 먹고 사는 문제에 만족하는 갈매기가 아니다. 이상을 위해, 자신의 꿈을 실현하기 위해 끊임없이 노력하는 특이한 갈매기다. 조나단은 동족으로부터 추방당하면서까지 끊임없이 한계 속도를 돌파하기 위한 비행에 도전한다.

조나단이 한계 속도에 도전하기 위해 애를 쓰고 있을 때 부모는 말린다. 그러자 조나단은 이렇게 말한다.

"엄마, 저는 뼈와 깃털만 남아도 괜찮아요. 오직 내가 알고 싶은 것은 내가 창공에서 무엇을 할 수 있으며 또 무엇을 할 수 없는지 알고 싶을 뿐이에요."

결국 조나단은 은빛 날개를 가진 갈매기들의 도움을 받아 한계속도를 돌파한다. 소설에서는 그 은빛 갈매기들에 대해서 이렇게 설명한다.

'그들은 모두 무엇을 먹을 것인가에 초점을 둔 갈매들이 아니었다. 그들 각자는 사는 데 있어서 가장 중요한 것이 어딘가에 이르는 것, 혹은 무엇인가를 이루는 것이었고, 그들이 가장 하고 싶어 하는 것은 완벽을 기하는 것이었는데 그들이 제일 하고 싶어 하는 점은 하늘을 나는 것이었다. 그들은 모두 훌륭한 새들이었고 매일같이 나는 연습을 하며 향상된 비행술을 시험하며 세월을 보냈다.'

그들 중에서도 스승이라 할 수 있는 치앙은 조나단에게 이렇게 말한다.

"네가 무엇을 하고 있는지 스스로 알 때, 그건 언제든지 되는 거야."

결국 조나단은 한계 속도를 돌파하기 위한 도전을 하다가 무리로부터 추방된 갈매기들의 스승이 된다. 그리고 그들을 향해 이렇게 말한다.

"우리는 우리가 원하는 곳에 갈 자유가 있고 우리가 있고 싶을 때에 있을 자유가 있어."

목표를 위한 시도를 하고 또 시도하라

성적이 원하는 수준에 이를 때까지 포기하지 마라. 포기하는 순간 그동안 해왔던 노력은 물거품이 된다. 뿐만 아니라 자존감이 낮아지고 효능감이 낮아져서 노력을 포기해버리는 경향도 나타날 것이다. 실패에 대한 트라우마를 겪을 수도 있다. 어쩌면 자신은 안 된다고 단정해버릴 수도 있다. 왜 그런지 자신이 미워질 수도 있다. 자신을 무능력한 존재라고 생각하게 될 수도 있다.

그러나 그렇지 않다. 충분한 능력이 있다. 다만 그 능력을 발휘했던 경험이 부족하고, 충분할 정도의 노력에서 조금 부족했던 것일 뿐이다. 자신이 무능하다고 자책하지 마라. 그러한 과정을 거쳐서 사람은 발전하는 것이다.

한국인이 가장 좋아하는 야구선수 중 하나인 이승엽은 루키 선수들을 위한 워크숍에서 이렇게 말했다.

"재능의 한계를 느꼈을 때 노력의 가치를 알았다. … 노력하지 않으면 성공도 없다."

"욕심 많은 선수가 되십시오. 한번 목표를 정하면 이루고, 그 후엔 더 높고 큰 목표를 세워 이루면서, 상향 조정을 거듭하며 이 자리까지 왔습니다. … 보통의 노력은 노력이 아닙니다."

피겨의 여신 김연아 선수의 말도 아주 유명하다.

"그저 꿈꾸는 것만으로는 오래 행복할 수가 없다. 그래서 나는 꿈을 이루고 싶었다. … 훈련을 하다 보면 늘 한계가 있다. 어느 때는 근육이 터져 버릴 것 같았고, 어느 때는 숨이 목 끝까지 차올라 주저앉고 싶은 순간이 다가온다. 이런 순간이 오면 가슴 속에 무언가 말을 걸어온다. '이만하면 됐어, 충분해, 다음에 하자.' 이런 유혹에 포기하고 싶을 때가 있다. 하지만 이때 포기하면 하지 않은 것과 다를 게 없다. … 누구에게나 우연을 가장한 기회가 찾아온다. 하지만 그것을 붙잡아 행운으로 만드는 것은 자신의 몫이다."

김연아의 말을 들으면, 빙판에서 연기를 할 때의 우아하고 아름다운 모습에 눈물이 어른거림을 느낀다. 얼마나 힘들었을까? 얼마나 많이 울었고, 얼마나 많은 시간을 힘들게 견뎠을까? 그리고 얼마나 긴장 속에 살았을까? 그래도 김연아는 견뎌냈고 세계 최고의 선수가 되었다. 많은 사람들로부터 사랑을 받았고 자부심을 느꼈을 것이다.

세계적인 발레리나 강수지는 『나는 내일을 기다리지 않는다』에서 이렇게 말했다.

"나는 어제의 나와 경쟁한다. 나의 유일한 경쟁자는 어제의 나다. 눈을 뜨면 어제 살았던 삶보다 더 가슴 벅차고 열정적인 하루를 살려고 노력한다. 연습실에 들어서며 어제 했던 연습보다 더 강도 높은 연습을 한 번, 1분이라도 더 하기로 마음먹는다. 어제를 넘어선 오늘을 사는 것, 이것이 내 삶의 모토다. … 끝까지 포기하지 않으면 어느 순간 꿈은 현실로 와 있다. 계속하는 열정이야 말로 꿈을 현실로 바꾸어 가는 일이다."

그녀는 복합골절 판정을 받아 무용수로서 생명이 끝났다는 판정을 받았다. 그러나 그는 더 강한 연습을 위해 남자 무용수의 연습실을 찾아서 18시간을 연습했다. 그녀는 꿈을 이룬 무용수다.

좌절은 우리로 하여금 물러설 곳을 만들어 줄 뿐 우리의 삶이 더 나은 곳으로 나아가도록 하지 못한다. 낭떠러지 끝에서 그 좌절을 만났을 때, 우리가 만약 "할 수 없어."라고 말한다면 그 좌절은 우리를 곧장 벼랑 아래로 밀어버린다. 그렇게 우리는 다시 일어설 기회를 잃게 되는 것이다. 그러나 낭떠러지 끝까지 밀려나 좌절하게 되는 순간에도 "할 수 있어."라며 굴복하지 않는다면 좌절은 우리로부터 흥미를 잃고 돌아선다. 그러면 다시 도전할 기회를 얻을 수 있게 된다.

많은 학생들이 위해 노력하는 과정에서 실제로 좌절감에 빠진다. 어떤 학생은 책을 집어던지고 교실을 뛰쳐나가기도 한다. 우리 둘째 아이는 자신을 학대하기도 했다. 그러나 그 순간이 다시 공부를 시작해야 할 때이다. 정해진 시간은 없다. 하기 싫을 때는 하고 싶어질 때까지 해야 한다.

좌절감이 밀려올 때, 공부로부터 돌아서지 말라. 당당하게 맞서야 한다. 평범한 노력은 노력이 아니다. 이 말의 진정한 의미를 이해하자.

미국의 종교가인 하이버 그랜트Hyber J. Grant는 이렇게 말했다.

"인생의 어려움은 그 어려움을 똑바로 마주하는 사람에게는 잔잔한 파도로 다가오지만, 피하는 사람에게는 큰 파도처럼 밀려온다."

똑바로 정면을 보고 마주하자. 학생의 본분은 공부다. 힘들어도 당당히 맞서자. 그러면 그 어려움도 잔잔한 물결처럼 얌전해질 것이다. 그리고 공부를 정복할 때까지, 할 수 있을 때까지 해보자.

이은상 시인의 '사랑'이란 시를 읽어보자. 그리고 다시 한 번 시도할 용기를 내보자.

탈대로 다 타시오, 타다 말진 부대마오
타고 마시라서 재 될 법을 하거니와
타다가 남은 동강은 쓰을 곳이 없느니다
반 타고 꺼질진대 애제 타지 말으소서
차라리 아니타고 생낙으로 있으시오
탈진댄 재 그것조차 탐이 옳으니다

글을 읽고 글을 써라

대입을 준비하는 고등학생들에게 독서가 매우 중요하다는 것은 앞에서 말했다. 학교에서도 독서를 강조하고 있고, 학생들도 적극적으로 책을 읽기 시작했다. 지식을 확장하고 심화시키는 데 있어 독서는 핵심적인 역할을 한다. 독서하는 방법 또한 중요하다. 읽은 책의 내용이 무엇인지, 왜 그 책을 읽었는지, 내 생각과 어떻게 다른지, 책을 읽고 난 후 내게 어떤 변화가 일어났는지 꼼꼼하게 정리함으로써 독서에 생명을 불어넣어야 한다. 다시 말하자면, 책은 읽는 것 자체로 가치를 드러내지만 글로 정리하고 내용을 이해함으로써 자신의 변화를 이끌어내는 동력으로 삼거나 다른 사람과의 대화에서 활용할 수 있을 때 더 큰 가치를 갖게 된다는 것이다.

하루 한 시간 글을 써라

대학입시를 준비하는 학생으로서 목표를 달성하고 싶다면 독서는 중요한 전략이다. 하지만 인생 전체를 조망하는 더 중요한 전략은 글쓰기 능력을 갖추는 것이다. 하루 한 시간은 글을 쓰는 데 투자하라고 권하고 싶다. 학교에서 독서를 권장하면서도 그 책을 저술한 필자처럼 자신의 생각을 글로 써보라고 하는 경우는 드물다. 교과성적을 올리고 수능시험을 준비해야 하는 학생 입장에서 아예 시간을 낭비하는 것으로 취급되기도 한다. 따라서 자신의 생각을 글로 표현해본 경험을 거의 갖지 못하고, 거기에 더해 글쓰기를 두렵고 어려워하는 학생들이 의외로 많다.

그러나 글쓰기 훈련은 그냥 무시하고 넘어갈 문제가 아니다. 5지 선다형 시험에 익숙한 학생일지라도 대학입시를 위해서는 자기소개 서를 작성해야 한다. 대학에서는 보고서를 쓰거나 논문을 써야 하 고 직장에 들어가면 보고서, 기획서를 쓰거나 프레젠테이션을 해야 한다. 바탕에 글쓰기 능력이 깔려 있는 일들이고, 커뮤니케이션 스 킬이 필요한 일이다.

2학년 담임을 맡았을 때의 일이다. 국내 굴지의 대그룹 인사부장 으로 일하는 분에게 특강을 부탁한 적이 있었다. 명문 K대학을 졸 업하고 미국에 가서 MBA를 취득한 유능한 분이었다.

그분은 기꺼이 우리 반을 방문해 한 시간 남짓 자신의 경험을 바탕으로 아이들에게 유익한 이야기를 들려주셨다. 그때 그분이 해 주었던 조언 중에서 기억에 남는 이야기가 있다. 부장에서 사 장이 되고자 한다면 사장 앞에서 1,000번을 발표해야 한다는 말 이었다. 따라서 프레젠테이션을 잘하지 못하면 사장이 될 기회를 얻기 힘들다고 했다. 즉 발표를 잘할 수 있어야 하고 그렇게 하기 위해서는 듣는 사람이 쉽게 이해할 수 있도록 발표할 내용을 잘 정리할 수 있는 능력이 필요하다고 했다. 글을 잘 써야 한다는 의 미가 된다.

나는 늘 학생들에게 글을 쓰는 시간을 가지라고 말한다. 어떤 형 태의 글이든 꾸준히 훈련을 하라고 강조한다. 1학년생들은 이런 말에 어떤 의미를 담고 있는지 잘 이해를 하지 못하는데, 글을 써 본 경험이 거의 없고, 어떻게 써야 하는지에 대한 교육도 제대로 받지 못했기 때문에 나타나는 현상이다. 그런 학생들은 말도 논리 적으로 하지 못한다. 배운 내용을 발표하라고 하면 한 두 마디로 끝이다. 전체 내용을 파악하고 정리해서 발표하는 경우는 극히 드물다. 머릿속에 들어 있는 생각이 정리가 되지 않아서 생기는 현상이리라.

1학년 수업을 할 때 나는 아이들에게 교과서의 내용을 잘 정리해 발표하도록 시킨다. 생명과학 과목의 특성상 수식이 아니라 문장으로 이루어진 설명이 많아 아이들도 잘 정리할 수 있다.

그리고 옆 사람에게 설명을 하도록 한다. 그렇게 서로에게 설명을 해 주면서 자신이 부족한 점을 알게 되고, 또 느끼게 된다. 그런 후에는 전체 학생들 앞에서 발표할 기회를 주기도 한다. 처음에는 잘 하지 못했다. 그러나 시간이 흐르면서 아이들은 적응해간다. 전체 내용을 읽고 핵심을 파악한 다음 옆 사람에게 잘 설명해 줄 정도로 정리를 하게 된다.

학교에서 학습한 내용을 글로 써서 정리해보자. 처음에는 쉽지 않겠지만 습관이 되면 좋아질 것이다. 성적 또한 기대 이상의 효과를 얻을 수 있을 것이다.

두 번째로는 일상에서의 '감사하는 마음'을 글을 표현해보자고 아이들에게 제안한다. 실제로 지키는 학생이 얼마나 되는지는 모르겠지만 '감사'라는 주제로 글을 써보라고 권한다. 일기 형식이라도 좋으니 자신이 가지고 있는 생각을 정리해 글로 표현해보자는 것이다.

내용과 형식에 구애받지 말고 쓰면 된다. 작가 수준까지 요구하는 것이 아니다. 자기 생각을 정확히 표현하고, 기회가 된다면 상대에게 잘 전달할 수 있으면 된다. 자신이 하고 있는 일이나 처지, 꿈에 대해 감사하는 글로 표현할 수 있을 것이다. 귀찮은 생각은 들겠지만 그렇게 어렵지는 않다. 길게 쓸 필요도 없다. 그렇게 쓰다보면 자신도 행복해지고 공부에 대한 의욕도 생긴다. 자신의 목표에 더

가깝게 다가간 것처럼 느껴지고, 스스로의 능력에 대해 자신감을 갖기 시작한다. 화가 나거나 짜증나는 일도 없어지고 정신력도 강해진다.

이런 과정을 거치면서 자신의 신념과 상상력을 더 강화시킬 수 있다. 사소한 것들에서라도 자신을 성찰하게 되며, 바로 거기서 자신의 강점을 발견할 수 있을 것이다. 아울러 글을 쓰는 데 대한 부담이 줄어들고 점점 익숙해질 것이다.

무엇을 소재로 글을 써야 할지 모를 때는 먼저 감사의 글을 써보자. 부모님, 선생님, 친구, 아니라면 자신이 품고 있는 꿈에 대해 감사한 마음으로 글을 쓰는 동안 품성 또한 저절로 정순해질 것이다. 하루에 한 가지라도 좋다. 당장 시작하자. 간단한 이유라도 좋다. 그 이유를 설명하면서 써보자.

글 쓰는 능력은 입시뿐 아니라 인생의 중요한 자산이다

대학입시에서 자기소개서가 갖고 있는 위력에 대해 웬만한 사람은 다 알고 있다. 수시전형 학생부종합전형에서 입학사정관은 일단 지원자의 자기소개서를 읽는다. 그 후 자기소개서를 바탕으로 학교생활기록부를 본다. 일부 언론에 보도된 자료이긴 해도 신빙성이 있다고 생각된다. 입학사정관이 담당해야 할 학생 숫자가 적지 않은 상황에서 자기소개서는 지원자를 바로 보여주는 항목이기 때문이다.

모두 4문항으로 구성되어 있지만 오로지 자신의 이야기를 써야 한다. 그리고 학생부에 있는 내용의 반복이 아니라, 그런 결과를 얻기까지의 동기와 과정, 어려움을 극복하고 자신의 변화를 이끌어냈던 과정들을 설득력 있게 써야 하는 어려운 작업이다. 그러므로 어떤 학교에선 아주 일찍부터 자기소개서를 쓰도록 권장하고 있으며, 방과 후 학교의 한 과목으로 개설한 학교도 있다. 그만큼 글쓰기가 중요한 요소로 대두되고 있다.

지난 5월 말 한 일간지에 서울대가 자연계열 합격자들에게 글쓰기 특강을 실시하기로 하였다는 기사가 실렸다. 입학한 학생들이 보고서를 쓰는 것을 어려워할 뿐 아니라 상당수의 학생들은 글쓰기 기초가 부족하다는 게 그 이유였다.

하버드대는 글쓰기를 매우 강조하고 집중적으로 지도하는 대학으로 유명하다. 또한 4년간 대학에서 가장 신경을 쓰는 부분도 글쓰기라고 한다. 하버드대가 중점을 두는 것은 '논증적 글쓰기'라고 하는데, 1872년부터 글쓰기를 도입했다. 신향식 기자가 하버드를 취재한 내용에 의하면, 6명의 하버드 학생들이 4년간 제출한 글이 273킬로그램에 달했다고 한다.

하버드생의 71%는 1년에 평균 6페이지 분량의 보고서를 10편 이상 써서 제출한다. 졸업생들의 90%는 그들이 현재 하고 있는 일에서 가장 중요한 것이 '글 잘 쓰는 기술'이라고 말하고 있다.

미국과 유럽에서는 대학에 입학할 때 글쓰기 능력이 핵심이다. 강인선의 『하버드 스타일』에서는 하버드대 입학 에세이 질문 중 하나가 "지금까지 했던 성취 중 가장 중요한 세 가지를 들고, 왜 그렇다고 생각하는가?"라는 것이었다고 짚었다. 과거 경험과 생각을 논리적으로 서술해야 하고 분량에 맞추어서 써야 한다. 프랑스의 대입시험인 바칼로레아에서는 한 가지 주제를 정해 자기의 생각을 에세이로 써야 한다.

현재 우리나라 고등학교 교육은 학생들의 상대적인 내신 위치를 정하고 점수로 우열을 가려야 하기 때문에 단순히 5지선다형 문제의 정답을 고르기 위해 암기하고 이해하는 것으로 구성되어 있다. 당연히 글을 쓸 기회가 없다. 물론 학생부종합전형을 위해서는 자기소개서를 써야 하지만, 전체 학생에 해당되는 것은 아니다.

자사고 교과성적 4등급으로 서울대에 합격한 조승우는 『성적표 밖에서 공부하라』에서 "독서, 신문일기, 토론활동에 매일 한 시간 이상을 투자하라."는 조언을 하고 있다. 나는 학생들에게 책을 많이 읽으라고 권하기도 하지만 글을 쓰라는 조언을 더 많이 한다. 일기 형태도 좋고 감상문 형태도 좋고 독후감 형태도 좋다. 그렇게 시작하면 된다. 자기가 쓴 글을 소리를 내서 읽어보자. 소리를 내서 읽어보면 어색한 문장, 꼬인 문장이 드러난다. 그리고 친구 앞에서도 발표해보자. 친구가 없으면 혼자서라도 발표를 해보자.

교과 수업 내용도 이와 같은 방법을 활용할 수 있다. 교과서를 읽고 자신만의 언어로 정리해보자. 그리고 발표해보자. 발표를 하지는 않더라도 모든 수업 내용을 자신만의 글로 써보고 정리해보자.

우리 학생들의 미래는 국내의 유명대학뿐 아니라 하버드대일 수도 있고, 지시를 받는 직원이 아니라 다른 사람을 이끌어야 하는 지도자일 수도 있다. 그리고 세계의 중심 도시에서 핵심적인 역할을 맡아 일하게 될지도 모른다.

하버드대에서 글쓰기를 강조하는 것처럼 학창시절 글쓰기에 노력을 기울이는 것은 하버드대가 지향하는 방향으로 가는 것이라고 나는 믿는다.

이제 4차산업혁명이 급격히 진행되는 상황이다. 그런 시대 상황에서 아이들이 배워야 하는 교육은 지식을 머리에 집어넣는 것이 아니라 끄집어내는 것이다. 로봇이나 기계로 대체할 수 없는 분야에 종사하는 것이고, 창조하는 것이다.

글쓰기는 읽기를 전제한다. 글을 읽고 쓰는 과정은 학생들이 머릿속에 지식을 집어넣는 것뿐 아니라 지식을 끄집어내는 연습 과정이다. 그런 공부를 통해 아이들은 자신을 돌아볼 기회를 갖게 되고 자존감을 높일 수 있다. 뿐만 아니라 자신이 가지고 있는 생각을 정리할 수 있다. 또한 그것을 발표할 자신을 얻게 되고, 입시 현실에서는 자기소개서를 작성하는 데 큰 어려움을 느끼지 않을 것이다.

서울대에 가고 싶은가? 그렇다면 하루 한 시간씩 책을 읽고 글을 써라. 자신도 모르게 엄청난 잠재력을 발견하게 되고 학업능력을 향상시킬 수 있을 것이다.

이유와 의미를 찾아 감사하라

이 책의 요점은 대학입시를 준비하는 김에 서울대를 목표로 삼자는 것이다. 그를 위해서는 먼저 학교생활에 충실해야 한다. 그렇게 하기 위해서는 스스로 어떤 활동을 하며 학교생활을 할 것인지 선택해야 하고, 그 선택에 대한 충분한 이유가 있어야 한다. 그것이 목적이고 동기이며, 그와 같은 활동을 통해 변화를 가져올 자신의 모습을 그려보고, 또 변화하는 과정을 설명할 수 있기 때문이다.

자신을 신뢰하고 일반적인 통념을 의심하라

보통은 다수의 생각이 옳은 것으로 받아들여지는 경우가 일반적이다. 하지만 소수의 생각이 옳은 경우도 많다. 자신의 인생에 대한 문제에서는 특히, 그렇다. 다른 사람의 의견이 아니라 내 결정이 중요하다. 많은 사람들이 지지하는 의견이라고 하더라도 그것이 반드시 정답이라고 말할 수는 없다.

나는 종종 '18급의 합창'이라는 말을 한다. 18급은 바둑에서 최하 급수를 말한다. 이런 18급 실력을 가진 수백, 수천 명이 함께 의논을 해서 바둑을 둔다고 해도 프로기사 한 사람을 당하지 못한다. 즉 제대로 알지 못하는 수백 명이 아무리 목소리를 높여봐야 전문가 한 사람의 능력을 감당하기가 어렵다. 즉 주변에 수많은 사람들이 나에 대해 아는 척을 해봐야 그들은 내 인생에 있어서 18급에 불과한 경우가 많은 것이다.

여러분은 자신의 인생을 꾸려나가는 점에서 프로기사다. 다른 사람의 칭찬을 받기 위한 활동을 하지 말라고 조언하고 싶다. 그들의 칭찬이 때때로 기분 좋게 들리기는 하겠지만 실제로는 별 도움이 되지 않는 경우가 많다. 많은 사람들의 칭찬보다는 오히려 소수의 신뢰가 더 중요할 것이다. 미국의 저명한 학자이자 종교가인 데이비드 매케이David O. McKay는 이렇게 말했다.

"10인의 칭찬보다 1인의 신뢰가 더 큰 찬사입니다."

잊지 말자. 여러분을 칭찬하는 다른 많은 사람들보다 자신을 믿어주는 여러분 스스로에 대한 신뢰가 더 큰 찬사임을. 다른 사람은 나에 대해서 모른다. 고민도 없다. 연구도 한 적이 없고 내면의 복잡다기한 생각들에 대해서는 더욱 모른다. 그런 사람들의 말에 휘둘리지 말라. 설사 그들의 말이 옳은 것 같아도 내게는 옳지 않을 수 있다는 걸 명심하라.

대부분의 사람들은 내게 해 준 자신의 말에 아무런 책임도 지지 않는다. 그들은 그들 나름 살아가기에도 바쁘다. 그런 사람들의 평가나 말에 휘둘리지 마라. 자신보다 잘 모르는 사람으로부터 조언을 구하려 하는 대신 자신이 하고 싶으면 기도하고 결정하고 시도하면 된다. 절대자에게 기도하고, 자신의 내면의 소리에 귀를 기울여라.

다른 사람의 의견을 구하기 이전에 스스로 고민하고 연구하면서 자신에게 의미 있는 것을 찾고 행하라. 여러분은 충분히 그런 능력을 가지고 있다. 다른 사람들의 칭찬을 구하기 전에, 자신이 그 일을 하는 의미와 이유를 찾도록 하라. 사람들은 칭찬을 즐기기 때문에 목표를 도달하지 못하는 경우가 많다. 이는 외적인 동기가 내재적 동기로 전환되지 못하였기 때문에 일어나지 않는 경우이다. 외적인 동기가 자신의 내재적 동기로 변할 때 큰 힘을 발휘할 수 있는 것이다.

수행목표(performance goal)보다 학습목표(learning goal)를 추구하라

무언가를 하다보면 다른 사람의 칭찬을 의식하게 되고, 그 칭찬에 익숙하게 되고, 그 칭찬을 받고자 애를 쓰기도 한다. 이런 면에서 볼 때, 무엇인가를 성취하였을 때 보상을 주는 것은 동물을 훈련시키는 경우에는 좋은 방법일지 몰라도 사람을 발전시키는 데는 역부족이란 생각을 한다.

우리에게 스스로 무언가를 해냈을 때 얻는 성취감이나 뿌듯해지는 마음은 더 큰 행동을 유발하는 요소가 된다. 프랑스에서 대학생을 대상으로 실험했을 때, 그런 결과가 나왔다.

대학생에게 돈을 주는 대신 개인적인 신념에 따른 봉사로서 초등학생을 가르치도록 했더니 정말 열심히 지도했고 보람을 느꼈다. 그러나 보수를 지불하자 더 불성실해지고 돈을 버는 것으로 목표가 바뀌었다. 즉 보상을 받기 시작하면서 그들의 목표는 순수하게 '아이를 가르친다.'는 목표가 아니라 성과를 평가받는 것으로 목표가 바뀌었으며, 눈에 보이는 부분에만 치중하는 결과를 가져온 것이다.

이렇게 눈에 보이는 것이나 결과만을 추구하는 것을 수행목표 (performance goal)라고 한다. 반면 내면적인 발전과 만족을 추구하기 위해 노력하는 것을 학습목표(learning) 혹은 숙달목표(mastery goal)라고 한다.

고등학생들은 성적에 매우 민감하다. 시험문제 하나하나에 민감하게 신경을 쓴다. 그리고 수행평가의 점수에도 매우 예민하다. 바로 이와 같은 것이 수행목표를 추구하는 것이다. 물론 우리나라 교육과 입시제도가 수행목표를 추구하도록 만들어진 시스템이기 때문에 어쩔 수 없다고 해도 학생부종합전형의 수행목표로는 부족하다. 학생부 기록을 보면 수행목표를 추구한 학생은 깊이가 덜하다는 게 보인다.

서울대를 지망하는 학생이라면 수행목표보다는 숙달목표, 즉 학습목표에 따라 공부하라고 조언하고 싶다. 바로 자신이 알고 싶어하는 내용을 깊게 공부하는 것이기 때문이다. 이 경우에는 그 목표를 달성하기 위해 노력하는 동기와 과정, 그리고 그에 따른 학생의 스토리를 말해준다. 수행목표만으로는 깊은 울림이 부족하다.

서울대는 기본적으로 배움에 대한 열정이 뜨거운 사람을 선발한다. 숙달목표가 있어야 한다. 자신이 정말로 하고 싶고 배우고 싶은 것에 집중해야 한다. 자신의 역량으로는 좀 어렵게 보여도 선택해 성취하기 위해 노력하고, 열정을 갖고 극복하기 위해 학교생활을 한하면 합격이라는 선물이 따라올 것이다. 의미를 찾는 활동을 해야 한다. 꾸준히 지속적으로 함으로써 의미를 찾을 수 있어야 한다. 활동을 할 충분한 이유를 찾아라. 그리고 그 활동 의미를 찾아라.

범사에 감사하고 감사할 이유를 찾아라

나는 지금까지 일반적인 통념을 따르는 대신 자신이 원하는 것을 선택하고, 원하는 활동을 통해 의미를 찾고, 깊이 있는 활동으로 참여할 것을 권했다. 그리고 그와 같은 활동을 통해 자신을 변화시키고 성숙해진 인격체로서의 자신을 자기소개서에 소개하고, 객관적인 관찰을 통해 학생부에 나타나기를 바란다. 물론 이것으로 합격과 불합격 여부를 분명하게 단언할 수는 없다. 합격과 불합격은 지원자 풀에 따라 달라질 수 있는 문제다. 내가 이룬 것보다 더 훌륭한 모습을 결과를 보인 지원자와 경쟁하게 되었다면 당연히 불합격이다. 반면에 내가 가장 훌륭하다면? 당연히 합격할 것이다.

그러나 나를 평가하는 사람에 따라서도 약간은 달라질 수 있다. 그것이 인생이다. 그런 것들에 대해서도 유념해야 한다. 어떤 결과든, 모든 것을 받아들일 수 있어야 한다.

그런 의미에서 나는 항상 감사하기를 권한다. 범사에 감사하라고 성경에는 기록되어 있지만, 입시를 준비하면서 감사한 마음을 갖기는 쉽지 않다. 다만 좋은 결과가 거둘 수 있도록 기도하고 애원할 수는 있겠다. 하지만 어떻게 되든 감사한 마음을 잃지 않도록 애써야 한다. 그렇지 않으면 길고 지루하고 힘든 입시준비 과정에서 너무나 지치고 힘들어 포기해버릴 수도 있을 테니까 말이다.

우선 나 자신에 대해서 감사하자. 숨을 쉴 수 있음에 감사하자. 공부에 대한 열정을 잃지 않은 자신에게 감사하자. 목표 없이 방황하지 않고 무엇인가를 향해 용감하게 도전하고 있는 자신에 감사하자. 잘하든 못하든, 목표가 높든 낮든 그것이 문제가 아니다. 특히 자신을 사랑하지 않는 학생이라면 서울대를 목표로 잡고 도전하기가 힘들다. 모호한 정체성과 자존감이 낮은 학생이 서울대에 간다는 건 거의 불가능하다. 자신의 운명을 위해서도 자신에게 감사하자.

서울대에 감사하자. 미리 합격했다고 생각하면서 감사하자. 서울대가 있기에 나는 목표가 생긴 것이다. 그런 목표로 인해 나는 더욱 발전할 것이고 더불어 살아가야 할 사회에서 중요한 일을 할 수 있는 능력을 갖기 위해 노력하는 기회를 얻은 것이다. 서울대를 목표로 준비할 수 있게 된 것에 감사하자. 그리고 무엇을 해야 할 것인지 고민하고 답을 얻는 것에 대해서도 감사하자. 자신이 읽어야 할 책이 많고 공부해야 할 교재가 많으며, 참여해야 할 활동이 있음에도 감사하자. 그것은 자신이 열심히 공부하고 열심히 활동하고 있다는 증거이자, 자신이 높은 이상을 위해서 최선을 다하고 있는 모습이기 때문이다.

아침에 일어나서는 공부할 수 있게 됨을 감사하자. 내가 공부를 하지 않는다면 나를 더 발전시킬 수 있는 어떤 일이 있겠는가? 공부를 함으로써 미래의 내가 성장하고 있음에 감사를 해야 한다. 그리고 학교에서 수업을 받을 수 있음에 감사를 하자. 지겹게만 생각되는 수학이나 과학도 내게는 도전이고, 그 도전을 극복하는 과정에서 나는 성취감과 행복감을 느낄 수 있다. 성취감과 행복을 느낄 수 없다면 그것을 느낄 수 있을 때까지 노력해야 한다. 그렇게 할 때 더욱 감사하고, 도전에 대해 더욱 쉽게 성취를 할 수 있는 것이다.

건강에 대해서도 감사를 하자. 건강하니까 공부를 하고 미래를 꿈꿀 수 있는 것이다. 내 친구의 딸은 세 살 때 난간에서 떨어져서 척추를 다쳤다. 그녀는 하반신을 쓰지 못한다. 그럼에도 그녀는 늘 감사하는 마음으로 살고 있다. 자신이 처한 환경을 강점으로 전환시키려 최선을 다하였으며, 그 결과 원하는 대학에도 합격했다. 우리는 그 정도는 아닐 것이다. 그녀보다 쉽게 학교에 가고 공부를 할 수 있지 않은가.

학교 선생님께도 감사하자. 선생님의 실력은 둘째로 치고 학생들을 위해서 최선을 다하는 것은 마찬가지다. 인터넷 강사보다 실력이 부족하다고 쉽게 판단하지 말라. 선생님들의 업무는 인터넷 강사와 다르다. 교사로 임용되는 것은 결코 쉬운 과정이 아니다. 어려운 과정을 거쳐 교직에 들어왔고, 제자들의 성공을 간절히 바라는 분들이다. 설사 마음에 들지 않더라도 사랑하고 감사하려고 노력하라. 선생님들은 학생들이 모르는 고충 속에서 학생을 위해 많은 고민을 한다. 그런 탓에 많은 선생님들이 정신과 육체, 그리고 감정 노동으로 에너지가 소진돼 갈등을 겪는다. 그러므로 그들에게 감사한 마음을 갖는다는 것은 다시 한번 나를 잘 관찰하고 관심을 기울여 내가 가진 강점과 잠재력을 더 잘 발굴해 달라고 요청하는 신호다.

　친구들에게도 감사를 하자. 친구는 적이 아니다. 학력고사 시절과 수능시대의 정시전형에서는 친구들도 적이었다. 그러나 학생부종합전형에서 친구는 협력자이다. 대학은 친구와 함께 토론하고 공부하는 학생, 자신의 재능을 친구와 후배에게 베풀어 주는 학생을 더 원한다.

　부모님께도 감사하자. 그분들의 여건이 어떻든 나를 세상에 있게 한 분들이다. 함께 사시든, 이혼을 하셨든 그것은 그분들의 사정이고 나는 그분들의 자녀이다. 그러므로 한없이 감사해야 한다. 어렵더라도 감사한 마음을 표현하고자 노력하자. 그러면 나도 행복해지고 가정 분위기도 좋아질 뿐 아니라 학업도 더 효율성이 높아질 것이다.

　나와 관련을 맺고 있고 내 주변에 있는 이 세상 모든 것들에 감사를 하자. 나의 절대자에게 감사하자. 내 마음속에 모신 신에게는 늘 대화를 통하여 감사의 마음을 전해보자. 내가 존재하는 의미를 그와 함께 이야기를 하자. 그러면 학업을 하는 의미와 이유가 더욱 명백할 것이다.

　온전한 책임에 바탕을 둔 사랑과 감사를 말하는 하와이인들의 지혜인 『호오 포노포노의 비밀』에서는 이렇게 말한다.

　"I'm sorry, I love you, Please forgive me, Thank you." 미안합니다. 사랑합니다. 용서해 주세요. 감사합니다.

　내 인생을 책임지는 것은 유일하게 나 자신이다. 시도하는 것도 내 책임이고 성패도 내 책임이다. 그런 과정에서 힘들고 어려운 많은 일들이 있겠지만, 온전한 평화도 나 자신으로부터 시작된다. 감사함으로 스스로의 책임을 인식하고 평화를 얻을 수 있다. 그것이 성공의 비결이기도 하다.

'전략'을 세우고, '영감'을 받고, '배짱'을 가져라

일반고인 우리학교에서 상대적으로 서울대 합격자를 많이 배출한 이유를 분석하다가 발견한 사실은 입시에 '3요소'가 있다는 사실이다. 즉 '전략'과 '영감'과 '배짱'이다. 전략은 꿈을 실현하기 위한 방법을 선택하는 것이고, 영감은 구체적인 대학, 학과, 진로 등의 세부 방법을 선택하고 실천하는 것이며, 배짱은 자신의 선택을 믿고 성취할 수 있다는 믿음과 확신을 갖는 일이다.

인생에 대한 '전략'을 세워라

인생을 살다보면 전략의 필요성을 절감할 때가 있다. 특별한 사건이나 시기, 도전 기회에서도 전략이 필요하다. 어떠한 전략을 사용하는가에 따라 성패가 갈린다. 전쟁은 물론 하다못해 컴퓨터 게임에서도 전략이 필요하다. 특히 부모로서 일상적인 일에서도 전략이 필요할 것이다.

입시에서도 전략은 필요하다. 상위권 대학 특히, 서울대에 진학하기 위해서는 전략이 필요하다. 그 전략은 학생이 세우거나 교사와 함께 세우기도 하지만, 대부분은 부모님과 세우는 경우가 많았다. 부모님과 세울 경우에 더 지속적으로 실행하고 학생들도 좌절하거나 포기하는 경우가 더 적었다.

할아버지와 손자가 있었다. 눈이 내린 날 두 사람은 눈이 하얗게 쌓인 논으로 나가 눈을 밟으며 즐거운 시간을 가졌다. 아무도 밟지

눈밭에 발자국을 남기며 걷는 것은 여간 기분 좋은 일이 아니었다. 조금 심심해진 할아버지가 손자에게 내기를 제의했다.

"손자야, 저 끝의 논두렁까지 누가 똑바로 가는지 시합하련?

손자는 기꺼이 동의했다. 흰 도화지처럼 펼쳐진 눈밭을 두 사람은 말없이 걸었다. 뽀득뽀득 눈 밟히는 소리만 들렸을 뿐이었다. 똑바로 걷기 위해 노력을 하다 보니 꽤 멀게 느껴졌다. 한참을 말없이 걸어가던 할아버지와 손자가 드디어 맞은편 논두렁에 도착했다. 그리고 뒤를 돌아보면서 누가 똑바로 걸어왔는가를 살펴보았다. 할아버지가 이겼다. 할아버지의 발자국은 일직선으로 나란히 찍혀 있는데, 손자의 발자국은 이리 저리 조금씩 굽어 있었다. 손자가 할아버지에게 말했다.

"할아버지가 이겼네요. 왜 나랑 똑같이 걸어왔는데 할아버지는 똑바로 걸었고 나는 삐뚤삐뚤 걸었지? 할아버지, 할아버지는 어떻게 해서 똑바로 걸어왔어요?"

할아버지가 손자에게 말했다.

"아가야, 너는 어떻게 걸어왔니?"

"저는 옆에 있는 논두렁과 일정한 거리를 유지하며 걸었어요."

할아버지가 말했다.

"그랬구나. 그런데 논두렁을 보렴. 구불구불하잖니?"

"네, 그렇군요. 제가 볼 때에는 똑바르다고 봤는데 지금 보니까 구부러졌네요."

"굽은 것을 기준으로 하면 구부러지게 걸을 수밖에 없단다. 기준을 잘못 잡은 거지."

"할아버지는 어떻게 똑바로 걸으셨어요?"

"할애비는 저쪽 논두렁에서 출발할 때 맞은편 산에 있는 저 소나무를 바라보았단다. 그 소나무를 목표로 삼아 마음속으로 선을 그렸지. 그리고 소나무만을 바라보고 걸었던 거야. 소나무와 할아버지의 사이에 이어진 마음속의 선을 따라서 말이야."

할아버지는 멀리 있는 소나무를 기준점으로 삼았지만 손자는 바로 옆에 있는 논두렁을 기준으로 삼아 걸음으로써 자신의 발자국이 논두렁처럼 구불구불 찍히고 있다는 것을 깨닫지 못했다. 인생도 이와 같다. 바로 옆, 바로 눈에 보이는 있는 것을 기준으로 잡는다면 원하는 목표점까지 똑바로 갈 수 없다. 옆의 상황에 따라 자신의 인생 또한 이리저리 흔들리게 된다. 반면에 멀리, 움직이지 않는 하나의 점을 목표로 삼아서 걷는다면 원하는 목표까지 똑바로 갈 수 있을 것이다. 미래의 목표점, 우리가 성취하고 싶은 목표를 보면서 걸어야 하는 것이다.

전략은 행동을 이끌어내는 것으로 사이먼 시넥 교수의 골든 사이클Golden Circle의 원리를 적용하면 좋다. 즉 학생이 입시준비를 하는 데 있어서 3개의 과정을 거치는 것이다. 즉 인생의 목적을 이해하고 대학을 가려는 이유를 찾는다.(Why) 그리고 그 인생의 목적을 실현하기 위해서 어떻게 하고 대학에 가기 위해서는 어떻게 할 것인가를 고민해야 한다.(What) 마지막으로 그렇게 하기 위하여 무엇을, 어떤 것을 해야 하는가를 찾아야 한다.(What)

아이와 부모가 서로 대화를 나누면서 아이가 인생의 목적을 찾았으면 좋겠다. 그 목적은 모두 다를 수 있다. 그것은 그 아이가 살아가야 하는 삶의 이유이고, 대학에 진학하는 이유이기도 하다.

자신의 앞길에 영감을 얻으라

대입을 준비하는 학생에게 가장 필요한 것 중 하나는 영감을 얻는 것이다. 대학입시에서의 영감은 '학생이 세운 목표를 성취해 가는 데 어떤 과정을 선택할 것인가, 어떤 과목을 수강할 것인가, 어떻게 공부할 것인가 하는 것 등에 대한 아이디어'를 말한다. 이와 같은 영감은 자신이 세운 목적과 목표에 집중하다 보면 자연스럽게 떠오른다. 게으른 자에게는 영감이 떠오르지 않는다. 그 영감은 확신을 주기도 하고, 식지 않는 열정의 에너지를 공급하기도 한다.

뉴욕 주립대의 심리학과 교수인 가브리엘 외팅겐 교수가 제안한 WOOP 4단계는 영감을 얻는 데 아주 좋다. Wish^(성공을 소망하고), Outcome^(성공한 결과를 상상하며), Obstacle^(과정에서 어려움과 극복을 상상하고), Plan^(과정에서의 어려움을 극복할 계획)을 세워 실천한다.

성공 결과를 상상하면서 그 과정을 그리다보면 어떤 길을 선택할 것인지가 보인다. 어느 과목 수업을 들을 것인지, 어떤 방법으로 어디에서 누구와 함께 공부를 하고 활동을 할 것인지에 대한 답이 생각날 것이다. 그런 가운데 생길 수 있는 어려움이 무엇일까에 대한 생각도 난다. 그리고 그것을 어떻게 하면 극복할 수 있을 것인가에 대한 느낌도 생긴다. 이러한 것은 바로 성공한 결과를 상상하고 그 과정을 상상할 때에만 나올 수 있는 것이다.

또한 성공을 상상하며 최선을 다할 경우에도 영감이 온다.

내가 좋아하는 한 교수님이 계셨다. 그분은 형님의 지원을 받으며 인천의 한 사립대학에서 공부를 하셨는데, 형님의 부담을 덜어주기 위해 국비 유학을 가고자 준비했다. 물론 열심히 공부를 했다. 그때는 박정희 정권 시절로 시험과목에 국민윤리가 포함되어 있었는데, 다른 시험 준비를 모두 마치고 시험을 보러 가는 날 아침이 되었다. 여느 날과 다름없이 화장실에 볼일을 보러 갔는데 그날 조간신문이 있었고, 그 신문의 사설을 읽게 되었다. 그리고 시험을 치르기 위해 시험장에 갔다. 다른 과목 시험을 모두 보고 국민윤리 과목을 치르게 되었을 때 주관식 서술형 문제는 바로 아침에 화장실에서 읽었던 사설의 내용이었다. 놀란 교수님은 어렵지 않게 답안을 써 내려갔고 결과는 합격이었다. 그분은 공부를 할 때 자신이 합격할 것이라는 신념을 가지고 있었다고 하였다. 그랬더니 하늘이 도왔다고 말씀을 하셨다. 영감은 확신을 갖고 최선을 다하는 사람에게 쉽게 온다.

지방에 있는 K교대에 재직하고 있는 S교수도 내게 비슷한 경험을 말해 주었다. 그분도 국비로 해외에서 학위를 취득했는데, 대학원에 다니면서 국비유학 준비를 했다고 한다. 결혼을 한 후 교직에 있다가 대학원엘 갔으니 가족이 많았고, 할 일이 너무 많았다. 그러나 한 번도 자신이 실패할 것이라는 생각을 하지 않았고 반드시 신께서 도와줄 것이라고 믿었다. 그리고 시험 준비를 제대로 하지 못한 상태로 시험을 보게 되었어도 느낌대로만 답을 작성하였다. 그래도 합격을 하였다.

대학원을 마칠 때에 우리는 논문 자격시험을 본다. 4학기 동안에 배운 전 과목에서 4문제가 출제되는데 준비가 매우 어렵다. 풀타임 대학원생도 한 번에 합격하기가 쉽지 않은 시험이었고, 나와 같은 파트타임 대학원생에게는 더더욱 어려운 시험이었다. 나는 직장생활과 대학원 생활을 겸하고 있었기 때문에 절대적인 시간이 부족하였다. 그렇다고 시험에 떨어지면 다음 학기에 다시 시험을 봐야 하고, 시험에 떨어지면 논문을 쓸 수 없었기에 매우 절박했다. 어떻게 할까를 고민하다가 그동안 수업하고 발표했던 시험과목의 모든 자료를 꺼내놓고 처음부터 보기 시작하였다. 그리고 생각했다. 교수님이 어떤 문제를 낼 것인가? 바인더 노트를 한 장씩 넘겨가면서 그 느낌을 받으려고 애를 썼다. 그리고 느낌이 오는 대로 옆으로 빼놨다. 전체적으로 한 번 이 작업을 한 뒤에 다시 선정된 내용을 보면서 똑같은 작업을 반복하였다. 아주 깊이 생각하고 영감을 얻기 위해 애를 썼다. 이렇게 몇 번을 하고 나니 가장 핵심적이면서도 시험에 출제할 만한 주제가 추려져 그것을 가지고 공부를 하였다. 시험은 모두 4문제였는데, 90분 동안 B4 용지 6장을 꽉 채운 답안을 써서 합격하였다.

나는 지금까지 해왔던 여러 경험들을 통해 영감을 믿는다. 영감은 개인에게 아주 중요한 것을 가르쳐주고 안내를 해 준다. 그러나 영감은 모두에게 올 수 있지만 아무에게나 오지 않는다. 열정적으로 준비하고 최선을 다하는 사람에게 온다. 간절한 마음으로 자신이 하고자 하는 일에 대한 확신이 있을 때 온다. 확신이 없는 사람에게는 영감도 쉽게 오지 않는다.

김상경은 『절대영감』에서 원하는 목표에 도달하기 위해서는 목표와 현재의 나의 현실 사이에 놓인 갭(gap, 차이)이 있는데 그것을 건너뛸 수 있는 것이 절대영감이라고 했다. 그 차이는 노력의 갭, 지능의 갭, 시간의 갭인데 이것들을 줄이기 위해서는 절대적이고 절박한 노력을 해야 한다고 했다. 그렇게 생각하고 시간을 활용하고 노력할 때 비로소 영감이 온다고 하였으며, 그 영감은 그러한 갭(차이)을 뛰어넘게 해 준다는 것이다.

될 수 있다고 자신을 믿는 배짱을 가져라

배짱은 자신이 선택한 도전을 성취할 수 있다고 믿는 강한 확신이다. 물론 쉽지 않다. 그럼에도 자신이 세운 목표가 반드시 이루어질 것이라는 확신을 가져야 한다. 무언가를 하고자 한다면 이미 그일을 이룬 것처럼 생각하고 기도할 필요가 있다. 확신하라. 자신의 결과를 확신하고 기도하라. 전혀 손해볼 일은 없다. 나도 그런 경험이 있다. 비록 단순한 것이지만 그것은 큰 힘을 발휘하고 자신의 생활을 목표를 향해 정리하게 해 준다.

내가 학생들을 상담하면서 자주 하는 말 중에 하나가 있다.

"된다고 생각하고 부딪쳐라. 안 되면 다시 도전하거나 방향을 바꿔서 다른 것을 선택하면 된다. 그러나 처음 시도하면서부터 되지 않을 것을 걱정하는 것은 옳지 않다. 어차피 인생은 도전의 연속이고, 무엇을 하든지 도전할 수밖에 없다. 그러니 하고 싶은 것이 있다면 과감히 도전하라. 도전할 때에는 된다고 믿고 도전하라. 인생이란 도전하고 깨지고, 그러면 다시 도전하는 것의 연속이다."

황당하게 들릴지 모른다. 그러나 맞는 말이다. 나는 몇 번의 경험을 통해서 감히 그렇게 말을 한다. 내가 임용고시를 볼 때에도 그런 경험을 했다. 나는 정말로 절박한 심정으로 임용고시를 준비했다. 당시에는 돈도 없었고, 책도 없었다. 친구들의 책을 빌려서 공부를 했다. 나보다 성적이 좋은 후배들도 지원했음을 알았다. 나보다 좋은 대학 출신 지원자들도 많았다. 그러니 두려울 수밖에 없었다. 그러나 나는 믿었다. 합격을 해서 교사로 아이들을 가르치는 모습을 늘 머릿속에 그리며 공부했다. 그리고 의심하지 않았다.

공부를 하다 보면 지치고 좌절하는 시기가 찾아온다. 정기고사에서 실수를 해 점수가 낮게 나올 경우도 있고, 계획했던 동아리활동이나 봉사활동이 뜻대로 되지 않아서 좌절할 경우도 있다. 수업시간이나 친구 관계도 맘대로 되지 않는 것 같은 느낌이 들 때도 있다. 목표는 서울대지만 서울에 있는 대학도 힘들 것 같은 불안감이 몰려올 때도 있다.

그러나 그 모든 경우에도 자신의 능력 때문에 그렇게 되었다고 생각하지 말기를 바란다. 자기가 계획하거나 원하던 대로 되지 않는다고 해서 능력이 부족한 것이 아니다. 머리가 나쁜 것이 아니다. 지능은 변할 수 있으며, 다른 방법으로 노력을 하면 충분히 해결할 수 있는 것이다. 노력을 하면 할수록 더 나은 결과가 기다린다. 스스로 유능하다고 믿어라. 자기가 스스로에 대한 믿음과 자신의 능력을 조합해보자. 하지 못할 일이 없다고 생각될 것이다. 설사 실패를 하였다 해도 그것은 능력이 부족해서가 아니라 노력이 부족했거나 노력의 방향을 잘못 잡았기 때문이다.

지금 부족하게 느껴지고 실패를 할 것 같아도 노력을 멈추지 마라. 실패를 하였더라도 그것을 그대로 받아들여라. 괴롭고 힘들지라도 받아들여야 한다. 그리고 자신의 고통을 피하거나 무시하기보다는 열린 마음으로 받아들이고, 자신을 사랑하는 마음으로 그 고통을 치유하고자 애를 써라. 이것이 자기위안이다. 자신을 위로하는 시간을 가져라. 계속 노력하되 걱정에 빠지지 말라.

하지 못한 일에 마음을 쓰거나 좌절하기보다는 할 수 있는 일에 집중해야 한다.

Epilogue

내친김에, 서울대 따라잡기

2016년 8월 말 서울대에서 연수를 마치고 낙성대역으로 가기 위해 노천극장에서 마을버스를 탔다. 버스가 막 출발하려고 할 때 몇 명의 여자들이 황급히 손을 들며 버스를 막고 세웠다. 기사는 버스를 세워 여자들을 태웠다. 다급하게 버스를 세우고 탄 여자들은 한시름 놓은 듯 했다. 그런데 기사는 버스를 출발시키지 않고 큰 소리로 말하기 시작했다.

"출발이 늦더라도 제가 한마디 하겠습니다. 다른 대학이라면 몰라도 서울대 학생이기에 한마디 하렵니다."

이렇게 시작된 말은 버스를 세우고 탄 사람들을 꾸짖는 말들이었다.

"여러분은 우리나라 최고의 지성 서울대학교 학생입니다. 그런데 그런 학생들이 그렇게 법규를 쉽게 어기면 됩니까? 횡단보도도 아닌 곳을 그렇게 마구 건너와서 출발하려는 버스를 붙잡고 타는 것은 옳지 않습니다. 법규를 지키셔야지요. 여러분은 서울대 학생입니다. 우리나라를 책임지고 이끌어갈 인재들입니다. 그런 분들이 작은 법규 하나를 못 지키면, 장차 이 나라를 이끌어갈 때 어떻게 되겠습니까? 제 말이 틀렸습니까? 지식은 여러분이 저보다 나을지 몰라도 길바닥 규칙은 제가 더 잘 압니다. 저는 길바닥 인생 50년입니다. 길바닥 교수 50년이지요."

실제로 노천극장은 차들이 많이 지나다니지 않는 곳이다. 거의 종점 비슷한 수준이다. 그 여자들이 버스를 가로막으며 타려고 한 이유도 충분히 납득이 가는 곳이었다. 그런데 기사님은 못마땅했나 보다. 그것을 감히 말하는 용기도 남달랐다. 참 훌륭한 가치관을 가졌고, 나라와 서울대에 대한 애정과 기대를 느낄 수 있었다. 여자들 중에서 대학원생이나 강사처럼 보이는 여자가 머리를 숙이며 연신 죄송하다고 사과하고 다음부터는 그런 일이 없도록 하겠다고 말했다.

길바닥 인생 50년에 길바닥 교수 50년인 마을버스 기사가 훌륭해 보였고, 그의 말에 머리를 숙이며 죄송하다던 그 여자분의 모습은 더 훌륭해 보였다. 그 여자분은 서울대 구성원일 것이며 그 여자분이 나라의 중요한 일을 하면 좋겠다는 생각도 하였다. 서울대 학생을 보는 국민들의 생각은 비슷할 것이다. 이 나라를 짊어지고 이끌어갈 역량 있는 인재이며, 이 나라를 이끌어갈 책임감을 가져야 한다는 기대를 하고 있는 것이다.

내가 경험한 바로 서울대의 입시를 준비하는 것이 가장 단순한 것 같다. 서울대는 이미 전형을 어떻게 하겠다고 발표를 하였고, 어떻게 준비하라고 많은 자료를 공개하였다. 그 자료를 잘 이해만 할 수 있다면 준비에는 어려움이 없다. 다만 최고의 대학이니만큼 노력해야 하고 성취를 해야 한다. 그리고 생각하기에 따라서는 힘들고 지속적인 노력이 요구되는 여정이다. 자신과의 약속과 자신과의 싸움에서 이겨야만 하는 지난한 과정이기는 하다. 좌절을 가져올 수도 있고 영감을 받을 수도 있는 과정이다.

우리 반의 한 아이도 크게 좌절해 방황을 했지만 곧 극복했다. 그리고 울음을 터뜨렸던 아이도 있었지만 그러한 과정을 거치면서 훨씬 더 성숙해졌다. 그러기에 서울대를 준비하는 과정을 거치면서 아주 훌륭한 능력과 습관을 만들 수 있다고 나는 믿는다.

서울대를 목표로 준비하는 것은 인생에 아주 큰 도움이 될 것이고 아름다운 추억도 될 것이다. 비록 서울대에 가지 못한다고 해도 그와 같은 노력과 준비로 인하여 더 훌륭한 성과를 낼 수 있다. 그래서 서울대 합격하기가 아니라 '내친김에 서울대 따라잡기'라고 하였다.

서울대는 해마다 입학전형에 관한 설명서를 발표한다. 가장 최근에 발표한 자료는 《2018학년도 서울대학교 학생부종합전형안내》와 《2018학년도 서울대학교 신입학생 모집 안내》이다. 이 자료는 서울대학교 입학본부 홈페이지에 탑재되어 있으나 이것을 제대로 접할 수 있는 학생이나 학부모는 많지 않다. 설사 접한다 하더라도 이해하기 어려운 부분도 있다.

이 책은 바로 서울대 진학을 원하는 학생과 학부모를 위해서 위의 두 책을 중심으로 서울대 입시를 설명하고 전략을 세우고자 한 것이다. 이 책에는 다음과 같은 것들을 정리하여 학생과 학부모들에게 도움이 되고자 하였다. 초등학생부터 고등학생 자녀를 둔 부모들까지 다양하게 이 책을 활용할 수 있을 것이다.

우리나라의 청소년과 부모님들께, 대학입시를 준비하는 김에 서울대를 따라잡는 준비를 하도록 권하고 싶다. 높이 나는 갈매기가 멀리 보는 것처럼, 멀리 보기 위해서는 높이 날아야 한다. 인생을 살아가면서 시도하지 않으면 아무것도 할 수 없다. 하지만 그렇다고 생각하고 도전하면 진짜 그렇게 된다. 시도해보자. 그리고 된다고 생각해보자.

인생에 있어서 원하는 것에 도전하고 성취할 수 있는 기회는 많지 않다. 그러니 지금 학생이라면 한번 도전해보는 것은 어떨지. 꼭 합격을 해야 한다는 것이 아니다. 최고의 인생을 위해 최선을 다하는 시간을 갖자는 것이다. 합격과 불합격은 운명의 영역이지만 도전하지 않은 것 이상의 효과만은 반드시 얻을 수도 있다.

예로부터 말은 제주도로 보내고 사람은 서울로 보내라고 했다. 내가 서울대학교 박사과정을 공부하면서 느낀 것은 바로 이것이다.

"아, 이래서 서울대를 가고 싶어 하고 보내고 싶어 하는 것이구나!"

다른 대학을 비하할 생각은 없다. 그저 그렇게 느꼈을 뿐이다.

여러분들은 서울대를 목표로 도전할 수 있는 기회를 가지고 있다. 누군가는 이런 말을 했다. "소는 꼬리를 잡아야 하고 기회는 뿔을 잡아야 한다." 날카로운 뿔 때문에 소는 뒤에서 잡아야 하지만 기회는 꼬리가 없기 때문이란다. 기회는 잡기 위한 준비가 되어 있는 사람만 잡을 수 있다. 준비하자. 이왕에 대학입시를 준비하는 거, 내친김에 서울대를 목표로 도전을 시작하는 것은 어떨까?

카이사르의 말을 다시 한번 반복한다.

"인간이라면 누구에게나 모든 게 다 보이는 것이 아니다. 많은 사람은 자기가 보고 싶어 하는 것밖에는 보지 않는다."

부록

자기소개서

성 명: 생 년 월 일:

1. 고등학교 재학 기간 중 학업에 기울인 노력과 학습경험에 대해, 배우고 느낀 점을 중심으로 기술해 주시기 바랍니다. (1,000자 이내, 띄어쓰기 포함)

2. 고등학교 재학 기간 중 본인이 의미를 두고 노력했던 교내 활동을 배우고 느낀 점을 중심으로 3개 이내로 기술해 주시기 바랍니다. 단, 교외 활동 중 학교장의 허락을 받고 참여한 활동은 포함됩니다. (1,500자 이내, 띄어쓰기 포함)

3. 학교생활 중 배려, 나눔, 협력, 갈등 관리 등을 실천한 사례를 들고, 그 과정을 통해 배우고 느낀 점을 기술해 주시기 바랍니다. (1,000자 이내, 띄어쓰기 포함)

4. 고등학교 재학 기간(또는 최근 3년간) 읽었던 책 중 자신에게 가장 큰 영향을 준 책을 3권 이내로 선정하고 그 이유를 기술하여 주십시오.

선정도서		선정 이유
도서명		
저자/역자		
출판사		
도서명		
저자/역자		
출판사		
도서명		
저자/역자		
출판사		

추천서

1. 지원자의 학업 관련 영역에 대해 'V'로 표기해 주시기 바랍니다.
   (평가하기 어려운 경우 '평가 불가'를 선택)

평가 항목	평가대상			매우 우수함	우수함	보통	미흡	평가 불가
	3학년 전체	계열 전체	학급 전체					
1) 학업에 대한 목 표의식과 노력	☐	☐	☐	☐	☐	☐	☐	☐
2) 자기주도적 학 습태도	☐	☐	☐	☐	☐	☐	☐	☐
3) 수업 참여도	☐	☐	☐	☐	☐	☐	☐	☐

지원자의 학업 관련 평가에 추가적으로 고려할 만한 사항이 있는 경우 기술해 주시기 바랍니다. (250자 이내, 띄어쓰기 포함 / 개조식으로 기술 가능)

> ※ 본 서식은 참고용이며, 서류제출 마감시간까지 지원자가 원서를 접수한 사이트를 통해 입력할 수 있음
> ※ (입학본부 홈페이지(http://admission.snu.ac.kr) → 입학자료실 → 각종지원서류양식 → 2018학년도 수시모집 각종 양식)에서 다운로드 가능

2. 지원자의 인성 및 대인 관계에 대하여 'V'로 표기해 주시기 바랍니다.
   (평가하기 어려운 경우 '평가 불가'를 선택)

평가 항목	매우우수함	우수함	보통	미흡	평가불가
1) 책임감	☐	☐	☐	☐	☐
2) 성실감	☐	☐	☐	☐	☐
3) 리더십	☐	☐	☐	☐	☐
4) 협동심	☐	☐	☐	☐	☐
5) 나눔과 배려	☐	☐	☐	☐	☐

지원자의 인성 및 대인 관계에 추가적으로 고려할 사항이 있는 경우 사례를 기술해 주시기 바랍니다. (250자 이내, 띄어쓰기 포함 / 개조식으로 기술 가능)

> ※ 본 서식은 참고용이며, 서류제출 마감시간까지 지원자가 원서를 접수한 사이트를 통해 입력할 수 있음
> ※ (입학본부 홈페이지(http://admission.snu.ac.kr) → 입학자료실 → 각종지원서류양식 → 2018학년도 수시모집 각종 양식)에서 다운로드 가능

3. 지원자를 평가하는 데 도움이 되는 내용을 기술해 주시기 바랍니다. (1,000자 이내, 띄어쓰기 포함)

> ※ 본 서식은 참고용이며, 서류제출 마감시간까지 지원자가 원서를 접수한 사이트를 통해 입력할 수 있음
> ※ (입학본부 홈페이지(http://admission.snu.ac.kr) → 입학자료실 → 각종지원서류양식 → 2018학년도 수시모집 각종 양식)에서 다운로드 가능

학교소개

가. 학생 현황(단위: 명)

학년	과정/ 계열/ 과	학급수	재적인원(학생수)		
			남	여	계
1학년					
2학년					
3학년					

나. 교직원 현황(단위: 명)

교장	교감	교사	교사 1인당 학생수

다. 기숙사 운영

운영함 ( ) 운영안함 ( )	의무기숙 ( ) 선택기숙 ( ) 기타 ( )

가. 학교 및 교육환경 특성

　① 학교 교육환경

　② 지역 교육환경

나. 구성원 특성

　① 학생(신입생 선발 · 배정 방식 등)

　② 학부모

3. 교육과정 운영 현황 (2쪽 이내)

▶ 학교 교육목표와 운영 방침, 교과별 교육과정 특징(수업 내용과 방법, 평가방법), 심화교육 프로그램, 해당 고등학교 특색 사업(프로그램) 등의 구체적인 교육과정 운영 현황을 소개해 주십시오.

가. 학교 교육목표와 운영 방침

나. 교과별 교육과정 특징(수업 내용과 방법, 평가방법)

다. 심화교육 프로그램(내용, 대상, 교재 등 기재)

라. 특색 사업(프로그램) 등

---

4. 3개년 교육과정 편성표 (별도 파일 업로드)

가. 2018년 2월 졸업예정자(조기졸업예정자 포함)

나. 2017년 2월 이전 졸업자
  * 변동사항이 없으면 졸업예정자 기준으로 1개만 업로드하면 됩니다.

---

5. 교내 주요 시상 내역

▶ 학교에서 주관하는 시상(지원한 학생들의 수상내역과 상관없음) 중에서 특히 의미가 있다고 생각하는 바를 3개 이내로 기록하여 주십시오.

번호	시상명	시상기준 및 선정방법	시상인원/ 시상(참가) 대상	시상횟수	비고
1					
2					
3					

* '시상인원'은 시상 등급이 있는 경우 등급별로 구분하여 기재(예: 최우수 1명, 우수 2명 등), '시상 (참가)대상'은 해당 학년을 기재(예: 1학년, 1~2학년, 전 학년 등)
* '시상횟수'는 연간 시상횟수 기재
* '비고'에는 본 수상을 위해 학생에게 요구되는 준비과정과 노력(시간), 시상이 지닌 의미 등에 대해 설명

6. 기타 사항 (1쪽 이내)

▶ 이전 학년도 대비 주요 변경사항이나 학교를 이해하는 데 도움이 될 만한 내용이 있을 경우 자유롭게 기술하여 주십시오.

※ 서식 파일은
〈입학본부 홈페이지(http://admission.snu.ac.kr) → 입학자료실 → 각종지원서류양식 → 2018 학년도 수시모집 각종 양식)에서 내려받은 후 한글 2005 버전 이상을 사용하여 내용 입력 후 서울대학교 입학본부 제출 사이트(http://ipsi.snu.ac.kr)에 업로드해야 함

유의사항

1. 「학교소개」 는 학교의 지역적 특성, 교육과정 및 운영 프로그램의 내용과 특성에 대한 이해를 돕기 위한 자료입니다. 사실에 근거하여 작성하되, 관련 내용이 없는 경우 에는 작성하지 않으셔도 됩니다.
   ※ 각 항목별로 제한된 분량에 맞추어 작성하시기 바랍니다.

2. 「학교소개」 는 학교장이 지정한 대표자 1인(교사)이 작성하며, 대표자는 회원가입 후 제출사이트(http://ipsi.snu.ac.kr)에 업로드하시면 됩니다. 「학교소개」 의 수정 및 업 로드는 대표자 1인만 가능하며, 「학교소개」 는 하나의 파일로 작성하되, 4번 항목 「3개 년 교육과정 편성표」 만 별도 파일로 업로드해주시기 바랍니다.

3. 「학교소개」 는 2018학년도 서울대학교 수시모집(지역균형선발전형, 일반전형, 기회균형선발특별전형 I) 공통 양식으로 수시모집 「학교소개」 업로드 기간(2017. 9. 4(월) 10:00 ~ 9. 14(목) 18:00) 내 1회만 업로드하시면 됩니다.
   ※ 여러 번 업로드한 경우, 최종 업로드한 파일을 학교소개 자료로 인정합니다.

4. 학교 현황 등 모든 항목은 졸업예정자(2018년 2월)를 기준으로 작성하면 됩니다. 4번 항목 「3개년 교육과정 편성표」 는 졸업예정자와 졸업자를 구분하여 작성할 수 있 으며, 졸업예정자와 졸업자의 내용이 동일한 경우에는 졸업예정자 기준으로 1개만 업로 드하시면 됩니다.

중위권 내아이
서울대 따라잡기

지은이 배상기
발행일 2017년 7월 28일
펴낸이 양근모
발행처 도서출판 청년정신 ◆ **등록** 1997년 12월 26일 제 10—1531호
주　소 경기도 파주시 문발로 115, 세종출판벤처타운 408호
전　화 031)955—4923 ◆ **팩스** 031)955—4928
이메일 pricker@empas.com